RELATION

DES
ENTRÉES SOLEMNELLES
DANS LA VILLE DE LYON,
DE NOS ROIS,

REINES, PRINCES, PRINCESSES,
Cardinaux, Légats, & autres grands
Personnages, depuis CHARLES VI,
jusques à présent.

Imprimée pour Messieurs du CONSULAT.

A LYON,
De l'Imprimerie D'AYMÉ DELAROCHE, Imprimeur de Monseigneur
LE DUC DE VILLEROY, du Gouvernement & de l'Hôtel de Ville.

M. DCC. LII.

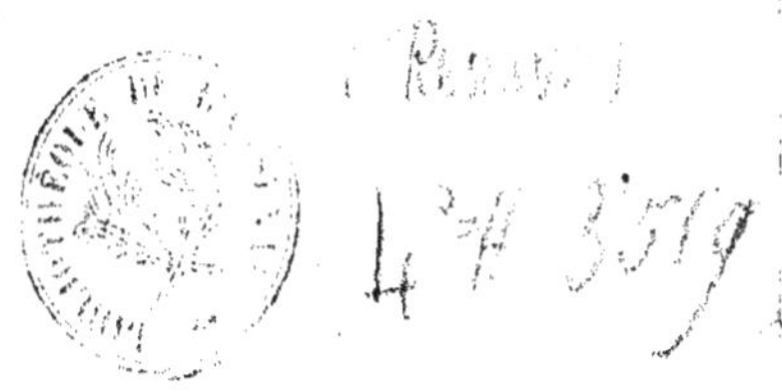

AVERTISSEMENT.

Messieurs du Consulat ayant reçu, l'année dernière, ordre de la Cour, de faire chercher & extraire des Régiſtres de leurs Archives les Procès - verbaux de toutes les Entrées ſolemnelles dans la Ville de Lyon, de nos Rois, Reines, Princes, Princeſſes, Cardinaux, Légats, & autres grands Perſonnages, ont trouvé à propos de les faire imprimer, tant pour la Cour que pour leur utilité particulière, & celle de leurs Succeſſeurs dans les dignités Conſulaires.

On obſervera que quelques-uns de ces Procès-verbaux abrégés, renvoyant pour le détail de la pompe & des décorations à des Relations imprimées qui forment des Volumes, comme par exemple celle de Louis XIII, on a cru devoir ſupprimer ici l'inutilité & le ſuperflu, & ne réſerver que ce qui a paru eſſentiel, en faiſant

quelques tranfitions occafionnées par ces re-
tranchemens : on a jugé à propos de conferver
auffi le ftile de ces différentes Relations, qui
varie fuivant le goût de chaque fiécle. Enfin
l'on verra dans toutes ces différentes Entrées,
bien éloignées les unes des autres, & qui ren-
ferment un efpace de près de quatre fiécles, l'on
verra, dis-je, dans la façon de penfer & d'agir
des Citoyens de Lyon, une uniformité de fenti-
mens, de refpect, de fidélité, de zèle & d'amour
pour leur Prince, qui fait le vrai caractère des
Lyonnois.

TABLE

TABLE CHRONOLOGIQUE

Des Entrées dans la Ville de Lyon , de nos Rois, Reines, Princes & Princesses du sang , Cardinaux & autres grands Personnages, tirées des Régistres des Actes Consulaires de ladite Ville , & des Relations imprimées , depuis 1389 , jusqu'en 1750

14 Octobre 1389.	CHARLES VI.	Page 1
23 Mars 1475.	Louis XI.	5
7 Novembre 1495.	Charles VIII.	76
17 Juillet 1507.	Louis XII.	6
30 Juin 1515.	Monseigneur de Bourbon , Connétable.	7 verso.
12 Juillet 1515.	François premier.	8
23 & 24 Septembre 1548.	Henry II.	9
	Catherine de Médicis , son épouse.	59
13 Juin 1564.	Charles IX.	78
30 Mai 1574.	Mort de Charles I X.	91
6 Septembre 1574.	Henry III.	93
4 Septembre 1595.	Henry IV.	95
5 Juillet 1600.	M. de Bellievre , Chancelier de France.	116
3 Décembre 1600.	Marie de Médicis , femme de Henry IV.	
	Célébration de leur auguste Mariage.	123

TABLE.

1 Février 1619.	*Le Prince Majour de Savoye.*	131
7 Octobre 1619.	*Madame Christine de France, Princesse de Piémont.*	134
3 Septembre 1622.	*Louis XIII, Anne d'Autriche, Reine de France, & la Reine mère Marie de Médicis.*	143
28 Avril 1625.	*Le Cardinal Barberin, neveu du Pape, & Légat à Latere en France.*	167
2 Mai 1630.	*Louis XIII, la Reine, la Reine mère, le Cardinal de Richelieu.*	175
4 Septembre 1632.	*Louis XIII & la Reine.*	181
15 Septembre 1639.	*Louis XIII & le Cardinal de Richelieu.*	189
17 Février 1642.	*Louis XIII.*	195
19 Février 1642.	*Le Cardinal de Richelieu.*	201
7 Juillet 1642.	*Louis XIII.*	205
14 Août 1656.	*La Reine Christine de Suède.*	207
24 Novembre 1658.	*Louis XIV.*	213
28 Novembre 1658.	*Madame la Duchesse de Savoye, les Princesses Maurice & Marguerite de Savoye ses filles, M. le Duc de Savoye, & M. le Chancelier de France.*	223
21 Mars 1663.	*Madame Françoise de Valois, épouse du Prince de Piémont.*	229
3 Juillet 1664.	*Le Cardinal Flavio Chigi, neveu du Pape, & Légat à Latere en France.*	233

T A B L E.

1 Mai 1684.   *Madame Royale de Savoye.*   232

18 Octobre 1696.   *La Princesse Marie-Adelaïde de Savoye, allant à la Cour de France épouser M. le Duc de Bourgogne.*   249

9 Avril 1701.   *M. le Duc de Bourgogne & M. le Duc de Berry.*   255

16 Mai 1720.   *Madame Charlotte-Adelaïde d'Orléans, allant épouser M. le Duc de Modène.*   279

28 Avril 1730.   *Monseigneur le Prince de Conty, & Madame Douairière Princesse de Conty sa mère.*   287

27 Mars 1737.   *La Reine de Sardaigne, née Princesse Elizabeth de Lorraine, allant se rendre dans les Etats du Roi de Sardaigne son époux.*   295

17 Février 1744.   *Son Altesse Royale Monseigneur Dom-Philippe, Infant d'Espagne, Duc de Parme & de Plaisance.*   299

12 Octobre 1749.   *Son Altesse Royale Madame de France, femme de Dom Philippe.*   309

29 Septembre 1750.   *Madame la Comtesse de Toulouse.*   318

19 Septembre 1752.   *Na. Que S. A. R. Madame de France, Infante & Duchesse de Parme, allant à la Cour, a repassé à Lyon le 19 Septembre 1752, où elle a reçu les mêmes honneurs qu'en 1749.*

CET Ouvrage a été commencé d'être imprimé en 1751,
fous la Prévôté de

Meſſire PIERRE DUGAS, Chevalier, Seigneur de Thurin, Quinſonas, Savonoſt, Latour du Champ, &c. Conſeiller du Roi en ſes Conſeils, Préſident en la Cour des Monnoies & Sénéchauſſée de Lyon, Préſident premier au Préſidial y unis, Auditeur de Camp de la ville de Lyon & des Provinces de Lyonnois, Forez & Beaujolois, *Prévôt des Marchands.*

Et le Conſulat de

Noble JEAN-BAPTISTE GARNIER, Seigneur du Chambroy, Avocat en Parlement & ès Cours de Lyon, *Premier Echevin.*

Noble ANTOINE PAUTRIER, Fils, *Second Echevin.*

Noble JEAN-BAPTISTE BONA, Procureur du Roi dans la Juriſdiction des Gabelles du Lyonnois, *Troiſième Echevin.*

Noble DANIEL DUPLEIX, *Quatrième Echevin.*

Il a été achevé au commencement de l'année 1753,
fous la Prévôté de

Meſſire JEAN-BAPTISTE FLACHAT, Écuyer, Seigneur de Saint-Bonnet-les-Oulles, *Prévôt des Marchands.*

Et le Conſulat de

Noble FRANÇOIS PROST, Seigneur de Royer, Avocat en Parlement & ès Cours de Lyon, Juge général de l'Archevêché & du Comté de Lyon, *Premier Echevin.*

Noble FRANÇOIS RIEUSSEC, *Second Echevin.*

Noble JEAN-FRANÇOIS GENEVE, *Troiſième Echevin.*

Noble GEOFFROY CHASSEING, Conſeiller du Roi en la Juriſdiction des Traites & Foraines de Lyon, *Quatrième Echevin.*

RELATION

RELATION

DE L'ENTRÉE DE CHARLES VI,

Roi de France, dans la ville de Lyon en l'année 1389, imprimée dans l'Histoire civile ou consulaire de la ville de Lyon, par le R. P. Ménétrier de la Compagnie de Jesus, en 1696.

E 14 Octobre 1389, le Roi Charles VI fit son entrée solemnelle; ce fut par la porte de Vaize sur le bord de la rivière de Saone. Tout l'espace qui est entre cette porte & celle de Bourg-neuf, qui est assez long, avoit été pavé tout nouvellement, & tous les deux côtés furent parés de verdure en forme d'allée & de berceau, parce que cet entre-deux n'étoit alors qu'une campagne remplie de jardins depuis la porte de Bourg-neuf, qui étoit la vraie porte de la Ville, jusqu'au Cloître Saint Jean, où le Roi

CHARLES VI
14 Octobre
1389.

Cette Entrée
ne s'est point
trouvée dans
les Registres
Consulaires,

A

Charles VI
14 Octobre
1389.

devoit loger dans le Palais de l'Archevêque. Toutes les rues furent non seulement tapissées, mais encore *tendues à Ciel*, dit la Relation de cette entrée, de quatre toiles de large. Au dessus de la porte de Bourg-neuf on avoit peint les Armoiries de France sur une grande bannière; celles des Princes & des grands Seigneurs faisoient une espéce de couronnement à cette porte, autour de celles du Roi. Toutes les rues furent sablées, & cinq cens hommes à cheval vêtus de rouge aux dépens de la Ville, & précédés de deux Trompettes & de trois Hautbois, allèrent au devant du Roi hors la Ville, pour le recevoir. Un aussi grand nombre de jeunes enfans de la Ville furent vêtus de cottes-d'armes ou tuniques bleues fleurdelisées, & tenoient chacun à la main un guidon ou penonceau des armes du Roi, & marchant deux à deux s'arrêtèrent à l'entrée du Palais de l'Archevêque, où s'étant rangés en haie, ils le saluèrent en criant, *Mont-joye Saint Denis, vive le Roi.*

Vingt-cinq des plus notables Dames de la Ville vêtues de bleu, attendirent le Roi à la porte de Bourg-neuf, sous un riche pavillon bleu que l'on avoit fait dresser; & quand il fut entré & eut reçu les complimens des Magistrats, toutes ces Dames lui firent la révérence, & quatre d'entr'elles lui présentèrent le dais qui devoit être porté sur lui le long de la marche : il étoit de drap d'or, & les batans ou campanes de satin bleu à fleurs de lis d'or, relevées en broderie, avec franges vertes de soie mêlées d'or. Quatre notables Bourgeois vêtus de satin, prirent ce dais des mains des Dames, & le portèrent sur le Roi jusqu'à la porte du Cloître, & les vingt-cinq Dames se rangèrent sur un palc ou balcon fait exprès, d'où elles pouvoient voir toute la marche de la Cour & de la suite du Roi. En la place du Change nommée alors la place de la Draperie du côté du Royaume, on avoit élevé une fontaine qui durant toute la marche jettoit par divers canaux du vin blanc & du vin clairet, pour rafraîchir les paſſans, & particulièrement les Soldats de la garde du Roi. Cette fontaine étoit gardée par les deux plus grands hommes qu'on eût trouvés dans la Ville, déguiſés & vêtus en Sauvages.

Comme la marche fut longue & difficile à cauſe d'une multitude prodigieuſe de Peuple accouru à ce ſpectacle & qui bordoit toutes les rues, quand on fut arrivé à la fontaine, le jour commençoit à faillir. Alors ſoixante hommes de la Ville vêtus de rouge avec des torches allumées accompagnèrent le Roi juſqu'à ſon Hôtel. Jean Juvenal des Urſins, Archevêque de Rheims, qui a écrit l'Hiſtoire de Charles VI, n'y a pas oublié le récit de cette entrée, & voici ce qu'il en dit.

" Le Roi s'en vint à Lyon, & les habitans furent moult joyeux „de ſa venue, & parèrent les rues. Et à l'entrée de la Ville joi- „gnant la porte, y avoit un riche poile ſur quatre bâtons que „tenoient quatre jeunes belles filles, & ſe mit le Roi deſſous; & „en certain lieu en la Ville, y avoit juſqu'à mille enfans vêtus „de robes royales, louant & chantant diverſes chanſons ſur la „venue du Roi. Cheres ſe faiſoient, feux & tables furent miſes „par les rues, & ne ceſsèrent pendant quatre jours de ce faire „jour & nuit; jeux & ébatemens ſe faiſoient & tous ſignes qu'ils „pouvoient faire de joyeuſeté pour la venue du Roi leur ſouve- „rain Seigneur, & de le voir en bonne ſanté & proſperité.„ Le Religieux de Saint Denis qui écrivit l'Hiſtoire de ce Roi ſur les Mémoires de ſes Abbés, Guy de Monceaux & Philippe de Villette, a parlé plus avantageuſement de cette Entrée.

„Il traverſa, dit-il du Roi, la ville & Comté de Mâcon pour

„ arriver à Lyon, qui n'épargna rien pour témoigner la joie qu'il
„ eut de voir son Prince: ceux de la Ville lui avoient déja en-
„ voyé leur présent, de bœufs, de moutons gras & de tonneaux
„ de vin ; mais ils firent paroître plus de magnificence à l'entrée
„ qu'ils lui préparèrent : les Bourgeois lui furent au devant tous
„ vêtus de même livrée, & après lui avoir fait compliment à ge-
„ nouils avec offre de leurs personnes & de leurs biens pour son
„ service, ils le firent recevoir par quatre belles Demoiselles toutes
„ richement vêtues & parées de perles & de pierreries, avec un
„ dais de drap d'or, sous lequel ils le conduisirent gravement &
„ pompeusement jusqu'au Palais de l'Archevêché. Je pourrois
„ faire un plus grand récit du magnifique appareil de cette récep-
„ tion ; mais je me contenterai d'ajouter à ce que j'ai dit, qu'il y
„ avoit plus de mille jeunes enfans distribués par troupes en di-
„ vers carrefours, sur des théâtres & des galeries de bois faites ex-
„ près, pour faire des Panégyriques à ce grand Monarque , &
„ que les quatre jours qu'il séjourna en cette Ville, se passèrent en
„ bals & comédies & en tout ce qu'on put inventer de divertis-
„ semens pour exprimer la joie que causoit son arrivée. On lui fit
„ encore de nouveaux présens à sa sortie pour aller à Vienne.

Cet Historien n'a pas fait mention de ces derniers présens ;
mais il est certain que le lendemain de son arrivée après la
Messe, la Ville le servit de six pots, & de six douzaines de
coupes d'argent très-bien dorées & émaillées des armes du Roi,
& qu'elle en présenta trois douzaines à Monsieur de Touraine,
frère du Roi, pareillement dorées & émaillées de ses armes,
& que la plûpart des Seigneurs furent regalés de flambeaux &
de confitures, à qui l'on donnoit pour lors le nom d'épices.

ENTRE'E

ENTRÉE

DU ROY LOUIS XI,

Le Samedy 23 Mars 1475, après dîner heures de Vêpres.

E Roy Loys noſtre Seigneur, fit ſon entrée en cette Ville, & entra par la porte du pont du Rhoſne & diſna à la Guillotiere . . . . & s'en alla deſcendre à la grande Egliſe de St. Jean ; les rues depuis ladite porte dudit pont, juſqu'à ladite Egliſe, toutes tendues & couvertes de toiles & Tapiſſeries, d'un couſté & d'autre ; de draps blancs & rouges, & autres Tapiſſeries honneſtes, avec pluſieurs hiſtoires & moralitez, tant ſur la Nativité de Noſtre Dame, que autrement : & de ladite Egliſe, alla deſcendre en ſon logis, en l'hoſtel (Jacques Caille.)

   Le Poile luy fut porté au deſſus, depuis ladite porte & entrée dudit pont juſques à ladite Egliſe, par Nobles Ymbert de Varey, Maiſtre d'hoſtel, Jean de Villeneuve, Ecuyer d'eſcuries dudit Seigneur ; Meſſire Jean Palmier, & Meſſire André Garnier, Docteurs & Citoyens ; lequel poile étoit d'un

Louis XI.
23 Mars
1475.

B

beau drap, veloux bleu, semé de belles fleurs de lys brouchées & faites de fil d'or fin , bien eslevées ; & estoit doublé ledit drap de tricelin à plusieurs petites estoiles bien faites & bien ouvrées.

Les divers voyages * que Louis XI fit à Lyon, ne furent pas inutiles , ni à sa Couronne en général, ni à cette Ville en particulier ; il en resulta pour l'une & pour l'autre de grands avantages qui subsistent encore en leur entier.

Ce fut dans le voyage de 1476 , que Louis XI engagea adroitement son Oncle René le bon , Roi de Sicile , & Comte de Provence , à venir le trouver à Lyon ; & ce fut dans la longue entrevûë qu'ils y eurent ensemble , que se menagea heureusement la reunion de la Provence & de l'Anjou à la Couronne de France.

Quant aux avantages que la Ville de Lyon en a retiré , les quatre celebres Foires que ce Roy etablit en cette Ville , & auxquelles il attacha de grands privileges, furent le fruit du premier voyage qu'il fit à Lyon en 1462 qui fut la seconde annnée de son regne.

Il falloit que ces Foires fussent devenues en peu de temps fort celebres , puisque quatorze années après leur etablisse-ment , c'est-à-dire en 1476 , Louis XI les fit voir au Roy René son Oncle , comme une chose digne de sa curiosité.

Nota Qu'on n'a point trouvé dans les Registres Consulaires de la Ville de Lyon de l'année 1462 , le procès-verbal de cette entrée.

*Extraits de l'Histoire Littéraire de Lyon. 2 vol. *in*-4°.

ENTRÉE

DU ROY LOUIS XII,

Le Samedy 17 Juillet 1507

EDIT jour à huit heures de matin le Roy noftre Sire, Loys XII, retournant de fon voyage de la conquefte & redaction de Gennes, eft arrivé & entré dans ladite Ville, par la porte du pont du Rhofne, accompagné de plufieurs Grands, Princes & Seigneurs; & marchoit au devant de luy, le Seigneur Galleas fon grand Ecuyer, au devant duquel étoient les Trompettes & Clairons, qui fonnoient au long & parmy la Ville, & faifoient merveilleufement bon voir. Les Seigneurs de l'Eglife allèrent au devant en bonne bande, & fit leur harangue Monfeigneur l'Evefque, Souffragant dudit Lyon. Les Officiers du Roy firent une autre bande, & allèrent au devant, & fit leur harangue Meffire Claude le Charron, Lieutenant general

Louis XII. 17 *Juillet* 1507.

de M. le Baillif de ladite Ville; & les Conſeillers * accompagnés des Notables & Enfans de ladite Ville, en grand nombre; leſquels Enfans étoient habillez de livrée de drap blanc me-party avec de veloux tanney, allèrent au-devant; & fit la harangue Meſſire Pierre Chavet, Juge ordinaire de cette Ville.

Parmy la Ville étoit tendu d'un coſté & d'autre, depuis la porte du pont du Rhoſne, juſques près de l'Hoſpital, de draps jaulnes & rouges, qui étoient la livrée dudit Seigneur; & le demourant de la Ville étoit tendu de belles tapiſſeries, tirant la Grenette juſques à Porte-froc, ſans aucune interrup-tion, excepté ſur le pont où étoient toutes les bannières, qui faiſoient bon voir.

A la porte du Rhoſne étoit poile beau, ſemé de fleurs de lys d'or; lequel tenoient quatre deſdits Conſeillers, qui le portèrent ſur le Roy noſtre Sire, parmy la Ville juſques audit Porte-froc, où Meſſieurs de l'Egliſe reçurent ledit Seigneur Roy.

A ladite porte du pont du Rhoſne étoit le premier eſcha-faut, & y avoit ſix perſonnages; c'eſt à ſçavoir, une fille habillée de taffetas rouge, ſignifiant force; une autre fille habillée de taffetas pers, ſignifiant prudence; une autre fille habillée de taffetas jaune, ſignifiant diligence; une autre fille ſignifiant vaillance, habillée de taffetas violet, tenant en leurs mains chacune un chapeau de laurier: il eut un homme

---

* Meſſires Claude Vaudet, Pierre Chavet, Docteurs ès Droits; Barthelemi de Villars, Amé Bullioud, Jacques Tourveon, Jean Salla, Jean Rambaud l'aîné & Guillaume Darras, Conſeillers de la Ville de Lyon.

habillé

habillé de taffetas jaune & rouge écartelé , fignifiant noble
vouloir; il eut un autre habillé d'une hucque de rouge, fignifiant ardent defir; & un autre homme habillé d'une hucque
de France de taffetas pers , femé de fleurs de lys, fignifiant
le Prince qui étoit au pied d'une grande palme , fignifiant
victoire, lefquels recitoient des vers à la louange du Roy.

Louis XII.
17 Juillet
1507.

Au deuxieme efchafaut qui fe voyoit en la rue de la Grenette,
il y avoit un homme habillé d'une hucque de France,
fignifiant le Prince; une fille habillée de taffetas jaune , fignifiant Proferpine; un homme habillé d'un harnois blanc ,
fignifiant honneur de nobleffe ; un autre homme habillé
d'un harnois blanc , fignifiant droit de nobleffe ; un autre
homme nommé Pluto, habillé de rouge; tous lefquels decla-
moient auffi des fentences & vers à la gloire de Sa Majefté.

Au tiers efchafaut étant en l'Herberie, y avoit un homme
habillé d'une hucque de France, fignifiant le Prince ; une
fille habillée de taffetas blanc, fignifiant pitié; un homme
habillé en Docteur, fignifiant Ariftote; un homme habillé
d'un rochet blanc, fignifiant prudence.

Au quart efchafaut qui étoit ès Changes, où y avoit une
fille habillée de taffetas rouge, fignifiant juftice ; une fille
habillée de taffetas pers , femé de fleurs de lys , fignifiant
France; un homme habillé d'une hucque de France , fignifiant le Prince; un autre homme habillé de rouge , fignifiant bon confeil.

Tous lefquels perfonnages firent à Sa Majefté un compliment en vers, convenable au caractere qu'ils reprefentoient.

B ſ

CHARLES
DE BOURBON.
30 Juin 1515

LE Samedy trentième & dernier jour de Juin mil cinq cent quinze, est entré en la Ville Monseigneur de Bourbon, Connétable de France, auquel comme Connétable, a été fait entrée : c'est à sçavoir, les rues ont été tendues depuis Saint Jean jusques à la porte de Bourg-neuf, & y a eu une Histoire au Change, c'est à sçavoir une fille signifiant force royale, tenant une épée nue en sa main dextre ; de l'autre tenant le fourreau semé de fleurs de lys de l'épée royale, & une ceinture où étoit écrit, *Espérance*, qui est la devise dudit Seigneur ; & les autres étoient deux vertus qui exhaussent l'honneur dudit Seigneur, & un personnage signifiant ledit Seigneur vêtu d'une hucque aux armes dudit Seigneur, & deux Anges tenant un écriteau qui contenoit : *Præibis ante faciem Domini parare vias ejus.*

ENTRÉE

DE FRANÇOIS PREMIER.

L E Jeudi douzième de Juillet mil cinq cent quinze, le Roi notre souverain Seigneur François premier du nom, fit sa première entrée & venue en cette Ville. Au devant duquel Messieurs les Conseillers * habillés de robes de damas tanney, & pourpoints de satin cramoisi, sont allés au devant, accompagnés de Messieurs les Marchands Allemands, habillés de livrées de drap gris ; les Lucquois, habillés de robes de damas noir, les Fleurentins habillés de robes de velours ; & après les enfans de la Ville, habillés d'accoutremens blancs, comme de draps d'argent, velours & satin blancs, bien montés & accoutrés, qui marchèrent deux à deux, &

FRANÇOIS premier du nom. 15 *Juillet* 1515.

* Messires Jacques Baronnat, Jacques Fenoil, Antoine Grolier, Antoine de Varey, Ecuyer ; Benoît Buatier, Jacques Cuchermois, François Deschamps, François Dupré, Pierre Faye, Benoît Mellier, Jean Coyaud, Amé Delaporte, Conseillers de la Ville de Lyon.

après Meſſieurs les Conſeillers accompagnés de bon nombre de Notables.

Ledit jour , la grande rue étoit bien & honnêtement tapiſſée, depuis la porte Bourgneuf juſques à Portefroc, de belles tapiſſeries ; par ladite rue avoit force gravier , au deſſus étoit tendu des toiles de trois couleurs ; c'eſt à ſçavoir, blanc, jaune & rouge , qui ſont les couleurs du Roy.

Le poile du Roy étoit le fond de ſatin bleu, ſemé de trois grandes fleurs de lys , & une couronne d'or , ainſi que l'écu de France , les battans de velours blanc , jaune & rouge , ſemés de fleurs de lys & de ſalamandres couronnées, le tout d'or, & étoit merveilleuſement beau & riche.

Sur la rivière de Saone avoit une belle Yſtoire, & à la porte Bourgneuf une autre ; au Griffon une autre ; à Saint Eloy une autre ; au Change une autre , & au Palais une autre.

Et outre ce parmi la Ville , entre-deux leſdites Yſtoires y avoit huit filles riſſement accoutrées , ſignifiant huit vertus prinſes ſur les huit lettres du nom du Roy qu'eſt François , & lui a fait la harangue Meſſire François Deſchamps, &c.

LA

LA MAGNIFICENCE

DE LA SUPERBE ET TRIOMPHANTE ENTRE'E

de la noble & antique Cité de Lyon, faite au très-Chrétien Roy
de France HENRY deuxième de ce nom, & à la Reine Catherine
fon époufe, le 23 de Septembre 1548.

LE très-Chrétien Roy de France Henry II, voulant à fon heureux avenement, vifiter les frontières de fon Royaume; comme Prince prudent, délibéra de paffer en Piedmont pour y voir fes forterelles, & pour plufieurs autres grands refpects, & de là s'en retourner par Lyon; ce que Monfeigneur le Reverendiffime Cardinal de Ferrare, Archevêque & Comte de Lyon, & Monfeigneur le Gouverneur firent diligemment entendre à M. le Lieutenant du

HENRY II.
23 Septembre
1548.

La Reine
le 24 dudit
mois.

C

Henry II.
25 *Septembre*
1548.
La Reine
le 24 dudit
mois.

Roy & à Meſſieurs les Conſeillers & Eſchevins de la Ville pour ſe préparer à le recevoir à ſon retour; par quoi Meſſieurs de la Ville, ne voulant pas dégénerer de leur antique généroſité Romaine, comme deſcendus d'icelle, & reſolurent unanimement de étendre leur devoir ainſi que de tout tems ils ſe ſont montrés toujours autant dévotement affectionnés à leur Prince que nulle autre Ville ou Nation quelconque, & le recevoir le plus honorablement, & pour enſemblement honorer les nopces de très-hauts & très-vertueux Princes Monſeigneur le Duc de Vendôme & Monſeigneur le Duc d'Aumâle, leſquelles ſe doivent célébrer en ladite Ville; & pour ce tant eux que Meſſieurs des Nations ayant tems & loiſir à faire leur devoir, dreſsèrent leurs préparatives de pluſieurs beaux arcs triomphaux, ſpectacles, jeux, combats, nommouhies, comédies, & maints autres paſſe-temps, tant par eau que par terre, & avec tel & magnifique appareil, comme l'on pourra voir ci-deſſous.

Sa Sacrée Majeſté retournant de Thurin, arriva ſur le tard à Eſnay le vingt-unième de Septembre mil cinq cent quarante-huit, où la Royne & autres Princeſſes & Dames l'attendoient, & là ſéjourna le lendemain.

Le Dimanche vingt-troiſième, fit ſon entrée, par quoi ſur les dix heures du matin, partit d'Eſnay dans une des gondolles expreſſément faite pour le ſervice & commodité de Sa Majeſté, & ſur icelle s'en vint par eau diſner au faux-bourg de Vaize au logis du Mouton, où l'on lui avoit dreſſé une loge ainſi que d'ancienne coûtume, pour recevoir & ouïr les Chefs des Nations & Capitaines des enfans de la Ville,

qui lui venoient faire revérence & hommage ; ladite loge
étoit couverte d'un drap de foye verte à rouleaux, & en-
trelaſſerées de fil d'argent, remplies de croiſſants & chiffres
dudit Seigneur, & tout autour tant dedans que dehors étoient
tendues de riches tapiſſeries de haute liſſe à perſonnages,
avec arcades & appuis ſur le devant, ſemblablement tournoyés de autre tapiſſerie verte, & enrichi le tout à force
feſtons, chapeaux de triomphe, & armoiries dudit Seigneur,
de la Royne, & de Monſeigneur le Dauphin, tournoyés
& environnés d'or clinquant.

Sur ſon diſner, Monſeigneur de Saint André, Gouverneur & Sénéchal du Lyonnois, avec les Gentils-hommes du
Pays, vindrent faire la revérence & hommage à Sa Majeſté,
leſquels ne furent ſi-tôt retirés, que le Conſul de Meſſieurs
les Genevois, pour certains reſpeéts, d'une ancienne contention de procedure, entre la Seigneurie de Genes & de
Florence, comme prudemment diſoient, vint faire la revérence à Sa Majeſté en la ſorte que s'enſuit ; à ſçavoir, ledit
Sieur Conſul, au milieu de ſes deux Conſeillers, veſtu de
robbe courte de veloux noir, & doublé de ſatin noir, la
fente des manches cloſe de boutons d'or, gros & larges,
caſaquins de même veloux, pourpoint & haut de chauſſe
de toile d'argent, ſouliers de veloux blancs, la barrette de
veloux noir ; & marchant devant lui huit lacquais veſtus de
ſatin blanc pourfilé de bizette de ſoie moirée, le bonnet de
veloux, la plume blanche, & étoit le ſuſdit Conſul accompagné d'un bon nombre des ſiens, de deux à deux, veſtus
de ſemblables acouſtrements ; & au devant de chacun d'eux

HENRY II.
23 *Septembre* 1548.
La Reine le 24 dudit mois.

cheminoient deux lacquais veſtus comme les premiers ; & ainſi alloient leſdits lacquais, de quatre à quatre pour rang, au devant de leurs Maîtres, richement montés ſur geneſts Turcs, & chevaux du Royaume, couverts de veloux noir, & en cet ordre, & ainſi pompeux ſe préſentèrent à ſa Royale Majeſté, & après ſe retirèrent en leur lougis.

Sur l'heure de midi, tout le Clergé s'en vint avec les bannières, confréries juſques au long de l'Obſervance, & là les rangèrent, comme de toute ancienneté & coûtume, & de là Meſſieurs les Doyen & Comtes de Saint Jean avec leurs grand-robes de ſatin, damas & taffetas, paſsèrent outre ſur leurs mules & vindrent faire la revérence à Sa Majeſté, puis s'en retournèrent l'attendre devant la grande Egliſe.

Cependant Meſſieurs de la Juſtice, les Métiers, Artiſants, Notables, les Nations, enfans de la Ville & Conſeillers qui s'étoient tous rendus hors la Ville pour ſe ranger, commencèrent à s'étendre pour entrer & paſſer au devant du Roy, qui les attendoit en ſa loge, en l'ordre ſuivant.

Premièrement, le Prévoſt des Marchands & ſon Lieutenant marchoient avec leurs Archiers tous à cheval, & veſtus de ſayes de drap verd, une manche & le bord du ſaye de broderie blanc & verd, ayant chacun manches de maille, & un baſton en la main pour ranger la grande multitude du Peuple inſolemment étendue par les rues, & incroyable tant de ceux de la Ville & gens de Cour, que des Etrangers & lieux circonvoiſins, comme de Bourgogne, Dauphiné & d'ailleurs, venus pour voir ladite entrée, & pour ce moyen y eut meilleur ordre qu'on n'eût penſé, veu la grande foule.

Auſſi

Auſſi fut adviſé que pour éviter confuſion, les Capitaines, Lieutenants & Enſeignes marcheroient enſemble de trois à trois, & ſeroient ſuivis de leurs bandes, l'un après l'autre & chacun enſemble, ordre de trois.

Et en premier, le Lieutenant du Capitaine de la Ville conduiſoit la première bande monté ſur un grand cheval d'Eſpagne richement harnaché de houpes d'or & de ſoie & de pennache, & lui d'une caſaque de veloux noir, tout épaiſſement ſemée de botons d'or faits en roſe, & au devant de lui deux lacquais veſtus de ſatin bleu ; après lui les Arquebuziers de la Ville, de trois à trois en nombre de 338, habillés de blanc & noir, à ſçavoir le collet & chauſſes de veloux noir, chargés de botons & fers d'or, le pourpoint de ſatin blanc & dobleure de chauſſes de taffetas blanc rayé d'or, chaqu'un ſon mourrion doré, avec le pennache de blanc & noir, ſemé de paillettes d'or, la harquebouſe & le reſte des autres armes, ſemblablement dorées, accompagnés de leur Enſeigne, ayant au milieu les armes de la Ville, une harquebouſe au deſſous avec leurs Tabourins & Fiffres de même livrée pour un joyeux commencement de leur ſuite.

Au dos deſquels ſuivoit la ſeconde bande, au premier rang de laquelle, ſelon la déliberation de l'ordre que dit a été ci-deſſus, marchoient trois Capitaines, à ſçavoir des Bouchiers, Cartiers & Couturiers, chaqu'un de la coleur de ſa bande, celui des Bouchiers veſtu de bonnet, collet, pourpoint, chauſſes & ſouliers de veloux cramoiſi de haute coleur, découpés & couverts de gros fers & botons d'or ; celui des Cartiers de coleur de veloux noir paſſementé d'argent, bou-

D

HENRY II.
23 *Septembre*
1548.
La Reine
le 24 dudit
mois.

tonnés pareillement de gros fers d'or ; celui des Couturiers de noir, blanc & verd, richement paſſementé & brodé d'or & d'argent, leurs piques à fers dorés, garnies par le haut & milieu de veloux, leurs Tabourins & Fiffres devant eux, habillés de blanc & noir ; leſdits Capitaines ſuivis des Bouchiers en pareils rangs de trois, les ſix premiers rangs couverts de animes & mourrions dorés, chauſſes & ſouliers de veloux rouge, le pennache de même coleur, épée & dague dorée & fourreau de veloux cramoiſi ; & après eux leurs Compagnons habillés de veloux, ſatin, & le moindre de taffetas cramoiſi, leurs piques la pluſpart dorées, & en nombre de 466 ; après leſquels venoient leurs trois Enſeignes, veſtus preſque comme leurs Capitaines, au devant d'eux, leurs Tabourins & Fiffres, leſdits Enſeignes ſuivis de 172 Cartiers, habillés de blanc & noir, le plus, de veloux & ſatin, après les trois Lieutenants, non moins braves que leurs Capitaines, ayant leurs Tabourins & Fiffres au devant, & ſuivis des Couturiers en compagnie de 333, habillés de blanc & noir & verd.

En la troiſième bande, trois autres Capitaines furent enſemblement rangés, à ſçavoir des Teinturiers veſtus de veloux gris & noir, richement couverts de flots d'or ; des Orphévres, de veloux noir, doublés de taffetas blanc doré, & le collet, pourpoint & chauſſes garnis de gros taffetas entreſemés de petits & gros botons, que de fers d'or ; & les Tiſſotiers habillés d'une même coleur, blanc & noir, tout paſſementé & pourfilé d'or, leurs piques, iagayes de pareille coleur à fers dorés, Tabourins & Fiffres au devant, au pas deſquels

les Teinturiers veſtus de gris & noir, au nombre 446. Les
cinq ou ſix premiers rangs couverts de animes & mourrions,
les plus dorés, étoient ſuivis de trois Enſeignes non moins
braves & richement acouſtrés, tirant après eux 226 Orphévres
tous greſlés & tempeſtés, les uns de fer, les autres de botons
d'or, & pluſieurs de croiſſants d'argent ſur leurs collets, pourpoints & chauſſes de veloux noir, merveilleuſement beaux
à voir, les trois Lieutenants accompagnés de 459 Tiſſotiers,
portant blanc & noir & preſque tous, bonnets, collets &
chauſſes & ſouliers de veloux paſſementés, & pourfilés de
cordons d'or & d'argent, non moins delectables à chacun,
que leurs Compagnons precédents.

La quatrième bande fut ſemblablement conduite par autres
trois Capitaines des Charpentiens & Maçons, & tous bien
en ordre, avec leurs Tabourins & Fiffres, ſuivis de 316 Char-
pentiers veſtus de blanc & noir, & ſur la queue les trois
Enſeignes bravement acouſtrés, marchant devant 286 Selliers,
habillés de blanc, noir & rouge, collets & chauſſes de veloux
noir, doublés de ſatin & taffetas blanc, pourpoint de ſatin
ou taffetas rouge cramoiſi, qui étoit une fort belle troupe,
ſuivie de leurs trois Lieutenants, parés de même que leurs
Capitaines, avec 306 Maçons de livrée blanche & noire aſſor-
tis de Tabourins & Fiffres, augmentant toujours la joie du
Peuple regardant.

Autres trois Capitaines faiſoient le premier rang de la cin-
quième bande, celui des Tiſſeurs, veſtu de bonnet, collet,
chauſſes & boutines de veloux cramoiſi de haute coleur, tout
couvert de riche broderie de gros cordons & canetilles en-

HENRY II.
23 Septembre
1548.
La Reine
le 24 dudit
mois.

HENRY II.
23 *Septembre*
1548.
La Reine
le 24 dudit
mois.

trelacés de gros fers petits & grands boutons d'or, qu'à peine voit-on le rouge ; celui des Cordonniers, bonnet, collet, chauffes & fouliers de veloux noir, pourpoint & le refte de fatin blanc, & tout paffementé & pourfilé d'or ; celui des Epingliers, bonnet, collet, chauffes & fouliers de veloux noir, le pourpoint de fatin cramoifi, la doubleure des chauffes correfpondant rayés de paffements & traces d'or ; après lefquels paffoient quelques premiers rangs, armés & accompagnés de 207 Tifferants portant rouge & noir, les trois Enfeignes derrière eux, braves & bien en ordre, & conduifants 192 Epingliers, portant le pourpoint de veloux, fatin, ou taffetas rouge, le collet & bonnet noir avec plume blanche, & grace, fatisfaifant à chacun.

Tout d'un ordre furvint la fixième bande autant belle que plaifante pour la diverfité des coleurs, laquelle commença par le rang des trois Capitaines de rue Neuve, acouftrés de veloux noir, blanc & bleu, moucheté mêmement de boutons d'or, accompagnés du Capitaine des Chapelliers, veftus de veloux blanc & noir, & verd à petits grains d'or, fuivant d'un même pas, avec celui des Fondeurs, en habits de veloux blanc, noir & aurangé, recanné & bizetté d'argent, & lequel rang avec fes Tabourins & Fiffres de même fut fuivi d'aucuns autres armés de corcellets & animes, & la fuite de rue Neuve en livrée de noir, blanc & bleu & en nombre de 423, lefquels étoient hatés de trois Enfeignes fuivant avec mêmes coleurs de leurs Enfeignes, guidants après eux 176 Chapelliers de blanc, noir & verd, & à la file les trois Lieutenants qui renouvelloient chacun, la braveté de fa bande

au

au devant de 226 Fondeurs en acouſtrement aurangé de veloux, ſatin ou taffetas, barré de blanc & noir, au contentement du monde rejoui de les voir.

Le long de deux piques, après Tabourins & Fiffres, trois autres Capitaines faiſoient le front de la ſeptième bande qui étoient celui de Saint Vincent, veſtu le pourpoint de ſatin cramoiſi decoupé & doublé de pareil taffetas, chauſſes de ſatin cramoiſi doublées de même, les taillades & menuës decoupures envelopées de fer d'or; auprès duquel celui des Pelletiers avec pourpoint de ſatin gris, pourfilé d'or, le bonnet collet & chauſſes de veloux noir, doublé de ſatin gris, garnis d'or, tenoit rang avec celui des Imprimeurs, tout veſtu de veloux jaune paille biſſeté d'argent, laiſſant ſuivre après eux 330 de Saint Vincent, un grand nombre des premiers armés, & les autres de blanc, noir, & rouge avec leurs trois Enſeignes ſemblables à leurs Chefs, & marchant devant 187 Pelletiers, habillés quaſi tous de bonnets & collets de veloux ferrés d'or, pourpoint & chauſſes de ſatin gris, la plume blanche, piques & autres armes dorées, avec les trois Lieutenants, faiſants montre au dernier ſquardon de leur Compagnie, qui étoient 413 Imprimeurs, portant pourpoints, chauſſes & ſouliers jaunes, le collet & bonnet noir, avec le petit toupet de plume blanche ſur le derrière, pour la dernière troupe des Gens de métiers, leſquels furent tous grandement loués, & priſés du Roi & de tous autres, & mêmement pour le grand ordre, gravité & ſilence qu'ils tenoient, autant que gens de guerre ſçauroient faire, & ſans que l'on vît aucun Sergent de bande courant parmi

E

HENRY II.
23 Septembre
1548.
La Reine
le 24 dudit
mois.

HENRY II.
23 *Septembre*
1548.
La Reine
le 24 dudit
mois.

eux comme c'eft de coûtume, ains marchant toujours avec le Capitaine de Squadre & fans abandonner fon rang pour hâter ou ranger la troupe, qui fut chofe aux regardants émerveillable, & même à tous Capitaines, & entendants le fait de la guerre, de voir fi gros nombre de gens de Ville en fi peu de temps que d'une heure & demie, être & fi bien rangés & en fi bel ordre, fans que l'on vît tout le long de la Ville, touffir, ne parler un feul, & fans entrerompre fon ordre, fût pour faluer aucun, ou autre occafion quelconque, qui montroit affez aux connoiffeurs, que la plufpart d'eux avoient les armes ; ors nous les lairons paffer devant, pour faire place aux Nations qui fuivoient en cette fuperbe Pompe.

Et premièrement, venoient quatre jeunes Pages de la nation Luquoife, habillés à la mode de l'antique Cavalerie Romaine, comme de corcellets d'un fin drap d'argent, artificiellement umbragé, à gros timbres fur les épaules, bouffans de toile d'argent, fur lefquels étoient attachés gueules de Lyons, petits hauts de chauffes venant jufqu'à demi-cuiffe, petites mafquines fur les genoux, & par deffus un paludament militaire, qui eft un manteau pareil à celui que les Bohemiens portent aujourd'hui, toutesfois court jufques aux genoux, & lequel étoit de toile d'argent la plus fubtile & deliée, qu'on fçauroit trouver, brodée tout au tour d'un petit bord de frange noire de foie, & femé par deffus de petits botons noirs, à deux doigts l'un de l'autre, lequel manteau étoit noué fur l'épaule droite & rebraffé fur l'autre : le demourant du corps tout nud, comme bras & jambes &

la tête, à cheveux crêpés à Cefarienne, monté fur quatre grands chevaux, autant beaux qu'il eft poffible, harnachés d'une petite houppe de même toile d'argent jufques au deffous du ventre du cheval, le bas à lambeaux, ronds, émouchés de force houppes de fil d'argent, la bride feulement d'un gros cordon d'argent, le pennache blanc pailletté d'or, & iceux marchant iceux Pages le petit pas, affez loin l'un de l'autre & quelquefois par intervalle, faifant bondir leurs chevaux de fi bonne grace, que chaqu'un prenoit grand plaifir à les voir, & fe tenir fi bien fans felle ni étrieux.

Henry II.
23 *Septembre*
1548.
La Reine
le 24 dudit
mois.

A leur queue marchoient les gens de pied en bon nombre de deux à deux, veftus de veloux blanc à petites menues bandes de veloux noir, par deffus & du long dudit acouftrement.

Après eux venoit la Seigneurie Lucquoife, tous veftus de bonnets, chauffes, luppes & robes de veloux noir, doublés de fatin noir, & collet renverfé, montés fur mulles, harnachées & houffées de même veloux, marchants femblablement deux à deux en gravité & magnificence, & nombre requis pour merveilleufement ébahir & contenter les yeux des regardants.

Tout joignant d'eux chevauchoient fuivemment les Pages de la Nation Florentine en nombre de fix, les deux premiers beaux enfants de fept ou huit ans, la feconde couple de l'âge d'environ treize ans, les derniers defdits de dix-fept ans, montés tous fur fort beaux chevaux Turcs, harnachés de toile d'argent brodé de foie noire avec petites houffes de veloux noir à broderie de fil d'argent, & grand plumes

Henry II.
23 *Septembre*
1548.
La Reine
le 24 dudit
mois.

noires & blanches fur l'oreille, lefdits Pages veftus de cafaques de toile d'argent, un grand mauffe pendant du côté gauche, brodée de noir & blanc, fort beaux chapeaux de toile d'argent à la Pollacque, marchant fiérement, & d'un efpace entre eux, moyennement diftante, lefquels furent preffés de la Seigneurie Florentine au nombre de 37 s'acouftoient deux à deux fur grands chevaux Turcs & genets d'Efpagne, & en grand refpect & ordre, à fçavoir un rang de chevaux Turcs & l'autre de genets, tous harnachés & couverts de houffes de veloux noir, & lefdits Seigneurs Florentins veftus de robes de veloux cramoifi rouge de haute coleur, à collet carré double d'un fort beau drap d'or violet, plufieurs gros botons d'or aux manches, le faye de fatin violet cramoifi brodé d'or, les hauts de chauffes de veloux rouge cramoifi & le bas d'écarlatte, bonnets & fouliers de veloux noir: chaque rang avoit devant foi quatre lacquais, ayant bonnets, pourpoint & chauffes de fatin blanc bigarré de noir, & un collet de veloux noir, plumes blanches & noires, chaqu'un fon épée garnie d'argent; au dernier rang leur Conful, au milieu de fes deux Confeillers paffants quelque peu leurs compagnons en riche magnificence, d'un même acouftrement, & telle certes qu'elle ne pouvoit être affez contemplée.

Tout d'un fil vindrent Meffieurs les Milanois en pareil ordre de deux à deux veftus de robes de même façon de damas noir à grand fleurs, trois petits canons de veloux tout autour, fers & botons d'or femés épais fur les manches, fayes à manches brodés comme deffus, chauffes de veloux à

broderie,

broderie, bonnets & souliers de veloux, montés tous sus hacquenées en harnois de veloux jusques aux étrivières, avec la grande housse de drap noir à trois bandes de veloux, chaqu'un deux lacquais devant soy, en pourpoint & chausses de satin cramoisi, doublés de taffetas rouge, bonnet, souliers, ceinture, fourreau d'épée & dague de veloux rouge, la plume blanche & en compagnie suffisante, pour satisfaire aux plus délicats voyans.

HENRY II.
23 Septembre
1548.
La Reine
le 24 dudit
mois.

Pour les derniers des Nations, venoient Messieurs les Allemands, portant pourpoint de satin blanc decoupé & doublé de toile d'argent, la casaque de satin noir à grand bande de veloux noir decoupé, le bonnet de veloux & montés sur gros roussins, les harnois & housse courte de veloux noir frange d'argent, chaqu'un son lacquais, habillé de chausse & pourpoint de satin blanc à passemens blancs frisés, bouffans de taffetas noir.

Furent suivis lesdits Sieurs Allemands de la Justice de la Ville, à sçavoir, en premier les Sergens de Monseigneur le Revérendissime Cardinal de Ferrare, Archevêque & Comte de Lyon, venant à cheval, deux en saye de drap incarnat, une manche & bord large de broderie blanc & noir, couleurs dudit Seigneur Cardinal, avec le Prevost, les Greffiers devant le Lieutenant de M. le Juge, accompagné de Messieurs le Promoteur, Avocat & autres Officiers dudit Seigneur Revérendissime.

Et peu après marchoient les Sergens royaux à cheval, portant leurs bâtons peints d'azur, & semés de fleurs de lys d'or au devant des Greffiers de la Sénéchaussée, après

F

HENRY II.
23 *Septembre*
1548.
La Reine
le 24 dudit
mois.

lefquels venoient Meffieurs les Elus & Receveurs, non loin de Meffieurs les Lieutenant Général & Particulier, Monfieur le Confervateur fuivis de Meffieurs les Gens du Roi & Confeillers du Parlement de Dombes, tous veftus de grand-robes de fatin, damas & taffetas, fur mules harnachées de veloux, grand-houffes de fin drap noir.

Meffieurs les Notables, Bourgeois & Citoyens de la Ville, fur leurs mules & hacquenées, la bride de veloux, la houffe de drap, & eux acouftrés honnêtement chaqu'un felon fon état & pouvoir, de robes de foie & drap, tenoient le dernier rang devant les enfants de la Ville, en grande multitude & bel ordre.

Ici commença à fe montrer l'avant-garde de la fanterie des enfants de la Ville, laquelle étoit de foixante tant corcelets que animes, avec mourions, épées & dagues, le tout mignonement doré, le pennache de la coleur defdits enfants de la Ville, comme blanc, noir & rouge, la pique à fer doré au bout & au milieu, reveftue de veloux, & ainfi marchoient en rang de trois, qui étoit une troupe de grand montre & brave à merveilles.

Après lefquels venoient douze Gladiateurs ou combattants defarmés, fix veftus de fatin blanc, fix de fatin cramoifi, en quatre rangs de trois à trois, lefquels arrivés devant la loge du Roi, fe plantèrent en la prefence de Sa Majefté, & là commencèrent un combat à l'antique, non quant aux armes, mais quant à l'ordre de fe fçavoir fecourir & entrer les rangs les uns dans les autres fans fe rompre ; au refte ils combatoient, premièrement à armes différentes, à fçavoir une corfeque ou jagaye contre une épée à deux mains, &

combien que ce fuſſent armes longues, & qui requièrent lieu large & ſpacieux pour s'en aider, ſi étoient elles au milieu de leur rang & en rue non guéres ouverte ; les autres combatoient de deux épées contre une épée & une imbraſſiature, qui eſt un pavois le long d'un bras & un pied de largeur ployant en rond ; les autres de l'épée & poignard Boulonnois, contre épée & bouclier Barcelonnois, & ainſi ordonnés, le ſecond rang ſe tourna devers le tiers, & après s'être regardés l'un l'autre, commença d'une grande roideur à aſſaillir le troiſième rang avec leurs ſuſdites armes tranchantes & non feintes, & en telle fureur, qu'après avoir longtemps chamaillé l'un ſur l'autre, les ſeconds rembarrèrent leurs adverſaires juſqu'aux quatrièmes, leſquels voyant leurs compagnons hors d'haleine & repouſſés, entrèrent dans eux, repouſſant auſſi virilement les ſeconds jà laſſés & travaillés, ſe deffendant toutesfois & ſoutenant courageuſement juſques à leurs compagnons qui faiſoient le premier rang, lequel pareillement entra au ſecours par dedans eux, & cependant que les deux rangs qui premiers avoient combattu reprenoient vent, ſe joignit à leurs ennemis, en celle ruſe de ordre, le premier & dernier rangs ſe trouvèrent au milieu, combattants en telle force, qu'il n'y eut ſi bonne jagaye qui ne fût coupée en deux & trois tronçons, la pluſpart de leurs épées tant à deux mains que des autres, quelques vieilles lames qu'elles fuſſent, volèrent en piéces, ce qui épouvanta de prime face les regardants, ignorant leur adreſſe, & tellement, que de pluſieurs lieux l'on crioit qu'on les ſecourût, ou qu'on les departît, & ſur ce l'un des deux premiers rangs

HENRY II.
23 Septembre
1548.
La Reine
le 24 dudit
mois.

HENRY II.
23 *Septembre*
1548.
La Reine
le 24 dudit
mois.

laffé ayant pris le frais, entra dans le rang de fes Compagnons, & ainfi en front de fix fe jettèrent, tous enfemble
fur le rang de trois qui tint affez long-temps bon, combattans deux contre un, jufques à ce que étant par trop
preffés de fi grande charge, fut contraint de fe retirer, en
foutenant toutes fois virilement, jufques aux derniers,
lefquels pour leur fecours fe rangèrent parmi eux, d'une fi
grande adreffe, qu'ils fe trouvèrent fix, contre fix, & alors
fe chargeant d'une grande violence, fe rencontrèrent armes
pareilles, jagaye contre jagaye, épée à deux mains, contre
épée à deux mains, deux épées contre deux épées, & ainfi
des autres, & de telle impetuofité, qu'à la fin les uns enfoncèrent les autres, & toutesfois, tant les rompus que les autres,
fans fe mettre en defordre, foudainement montrèrent face
les uns aux autres, & fe chargèrent fi vertement que les premiers rompus enfoncèrent auffi les autres, avec autant de
bonne grace & joie fur la fin qu'ils avoient au commencement donné d'effroi & crainte aux Spectateurs, lequel paffe-
temps fut le premier & celui qui ait donné autant de fatisfaction à Sa Majefté, comme d'une nouvelle mode de combattre, & fi dangereufement, enforte qu'il la voulut encore
revoir fix jours après fon entrée. Le plaifir de ce combat
dura quelque peu plus de demi-heure, & eût recommencé
fi leurs armes ne fuffent fi-toft faillies, au bon vouloir qu'ils
avoient de mieux faire, quelques pleins de fueur & hors
d'haleine qu'ils fuffent, & ainfi s'étant retournés en leur
premier ordre, fe mirent après l'avant-garde qui les attendoit au retour de la rue, fans s'émouvoir de leur ordonnance,

quelque

quelque envie que le fon & bruit des armes leur donnât, & mêmement que peu fçavoient cette entreprife qui ne pouvoit moins que leur augmenter le defir de voir.

Et ainfi en cette conftance & gravité de marcher tant ceux de devant, que les prémiers fuivants, lefdits Gladiateurs pourfuivirent leur ordre, au premier rencontre les Fiffres & Tabourins devant douze Pertefanniers de la garde du Capitaine de la fufdite Fanterie, veftus de gris, blanc & noir, livrée de leur Chef & à l'antique, fe rangèrent à la file des autres trois à trois, & à leur dernier pas venoit le Capitaine feul, & premier marchant devant toute fa bande, & prefque d'une même façon d'acouftrement avec les fiens, de leur même coleur, le corps & tout ce qui en pouvoit dependre de rouge, le refte de blanc & noir, différemment toutefois & à chaqu'un felon fon pouvoir, les uns de veloux rouge cramoifi, & de haute coleur, les autres de toile d'or rouge, quelques autres de drap d'or figuré de veloux rouge, & autour dudit veloux enrichi de broderie de cordons & petites chaînes d'or, & les moindres de fatin cramoifi, leur acouftrement fuivoit à-peu-près la mode des fayes militaires Romaines ou bien leurs cuiraffes, & néanmoins fans haut de manches, ce que les Romains portoient, & tel le portoit auffi le Capitaine fufdit à la différence des autres, mais tous ceux de fa bande, & des gens de cheval avec une trop plus grande grace, imitoient plus proprement la forme du corps d'un Allecret d'aujourd'hui, à fçavoir le devant du faye ne montant plus haut que le devant de la poitrine, & le deffus quarré, jufques aux jointures des épaules, vuidant en rond

G

HENRY II.
23 Septembre
1548.
La Reine
le 24 dudit
mois.

HENRY II.
23 *Septembre*
1548.
La Reine
le 24 dudit
mois.

par deſſous l'aiſſelle le dernier de ſemblable quarrure & finiſſant en bas à l'étendue de la buſte, tout autour un tiſſu
ou paſſement d'or ou d'argent, large de deux pointes de
doigt garnis de perles à gros botons, faits à bouillons de Tur-
quoiſes ou autre pierrerie, tout le reſte couvert d'une Mo-
reſque de la plus riche broderie de guipure de fin or, enrichie par dedans de roſes & fleurs de moyennes & menuës
perles, le bas du ſaye, à doubles lambeaux, les deſſus quarrés,
les autres ronds en écaille, chaqu'un d'iceux bordé de paſſements d'or & recamé de même guipure, au deſſous deſquels
lambeaux pendoit une falde qui eſt un bas de ſaye deſcendant un peu plus que demi-cuiſſe, de toile d'or, noire,
veloux ou ſatin noir de ſemblable recamure que celle du
pourpoint, lequel étoit auſſi de toile d'or, veloux ou ſatin
noir, couvert d'écailles à gros doubles cordons de fil d'argent, le collet haut & par le deſſus duquel le collet auſſi
de la chemiſe ouvré à fin or & perles, ſe renverſoit en bas,
& deſſus le devant de la manche étroite dudit pourpoint,
& dans chaque écaille, en lune ou boton d'or, en l'autre
une perle & en pluſieurs étoiles & croiſſants d'or ou d'argent,
le devant & derrière du corps dudit ſaye ſe joignoit par
deſſous l'aiſſelle avec courtes bandes en mode de lames qui
étoient pareillement de tiſſu ou paſſement d'or ou d'argent,
& par deſſus chaque épaule de deux corroies comme d'un
corcellet, le deſſous plus large & rouge ſelon le ſaye, le
deſſus tout d'or à gros botons garnis de pierreries & autre
riche étouffeure, au plus haut de la poitrine, droit au milieu
& au deſſous du tiſſu ou paſſement étoit attachée une groſſe

tête de lion, aux uns toute d'or, à plusieurs d'argent doré, ferrant une boucle d'or entre les dents, & en lieu des yeux, diamants, rubis ou grosses perles, & une autre pareille tête entre les deux épaules ; aux anneaux desquelles étoient attachés à plusieurs grosses chaînes d'or, & à maintes autres, deux tissus ou corroies de veloux ou satin cramoisi garnies de botons, étoffes de divers enrichissements, au bout desquelles pendoit la petite cimeterre, expressement forgée de deux pieds & demi pour le plus, dont le pommeau étoit d'une tête de lion ou griffon d'or, les yeux & langues de pierreries, & pour la garde, une tête de bouc saulvage, les cornes duquel étoient étenduës & servoient de croisées, & le bout d'une masque d'or, de bête étrange, par gueule de laquelle issoit le bout de la gaine qui étoit de veloux ou de satin cramoisi & servoit de languette, les chausses étoient au surplus toutes de drap blanc & le haut recamé d'or, semé de perles, & les petites botines de toile d'or veloux ou satin, non le derrière, vuide, selon le bottet de la jambe, & le devant étoit en pointe jusques à mi greve, aucunes brodées d'écailles d'argent, & au milieu force botons d'or & perles, autres de diverses broderies, le morion arrêté de veloux ou toile d'or, moyre à gros feuillages relevés de fine broderie d'or, & par dedans à petites écailles, & cordons d'argent, entresemées de perles & botons, & autres riches pierreries, le dessus de la creste & tout le bord d'autour, listé de perles uniment grosses, le gros pennache double sur le derrière de rouge, blanc, & noir, reluisant d'un grand nombre de paillettes d'or & perles menuës, portants tous en la main droite

HENRY II.
23 Septembre
1548.
La Reine
le 24 dudit
mois.

Henry II.
23 *Septembre*
1548.
La Reine
le 24 dudit
mois.

une jagayette d'un dard & demi de Brezil, ayant fon fer à chaque bout expreffement forgé à l'antique à double reprife tout doré, & les deux bouts de la haute garnis de veloux, bouquets de franges & hopes à cordons pendantes de blanc & noir, car le bois qui étoit rouge parfaifoit la coleur de leur devife, & en cette mode, le Capitaine marchoit au devant des fiens qui le fuivoient de affez long intervalle, de trois à trois, le bras du bâton long pendant & l'autre main fur fa poignée de la cimeterre qui faifoit émerveiller le monde de voir tant amirable compagnie, de environ huit vingt, tous d'une parure, d'un ordre & d'une gravité, leur Porte-enfeigne au milieu avec fa garde, Tabourins & Fiffres de même forte, la grande enfeigne de taffetas cramoifi traînant jufques à terre, & au milieu un grand lion d'argent rampant, qui font les armes de la Ville, le Lieutenant à la queue conduifant l'arrière-garde des autres foixante, tant allecrets que animes fuperbement dorés, & fur le morion doré, le gros pennache blanc, noir & rouge, & chauffes d'écarlatte, fcalpins ou botines de veloux rouge cramoifi, & en tel filence requis à leur braveté entrefuivants de pas lent & grave ; je vous laiffe à penfer lequel étoit plus grave ou le contentement ou les ébahiffements de chaqu'un de tous ceux qui en les regardant leur fembloit perdre la vue en admiration d'une chofe incroyable.

Mais ainfi que chaqu'un fe feignoit des merveilles qu'il ne pouvoit croire non à fes propres yeux, voici une fanfare de douze Trompettes à cheval, chaqu'un fa cotte d'armes avec la banderolle de taffetas bleu pendante à leurs trompettes,

lefquels

lefquels firent remettre le monde aux feneftres, & fe preffer l'un l'autre pour voir fix Pages d'honneur qui venoient après eux fur les grands chevaux du Capitaine de la Cavalerie des enfants de la Ville, veftus auffi de bleu coleur dudit Capitaine, les chevaux tous harnachés de veloux de la propre coleur, brodé & profilé d'argent, le grand pennache fur l'oreille pailleté d'or, chofe non moins rejouiffante que agréable, non loin defquels le Capitaine, fon Lieutenant & Enfeigne en la fuite de foixante & dix, venoient tous parés de la même façon & enrichiffement, que ceux de pied, fors des botines & du morion qui étoient rouges de toile d'or, veloux ou fatin cramoifi brodé de la même guipure de leurs fayes, & en telle & pareille richeffe de pierreries, leurs épées non pendantes, ains attachées au cofté, la plufpart à groffes chaînes d'or, chaqu'un fes deux lacquais devant foi, les uns portant la devife de leurs Maîtres, les autres de la Compagnie, & étoit ledit Capitaine & fa troupe fur grands chevaux Turcs, barbes & genets d'Efpagne, harnachés de doubles caparaffons, celui de deffus de drap d'argent, à bandes, croifures & entrelaffures de fatin cramoifi ou toile d'or rouge, couverte de riche broderie femée de perles, & le bas fait à lambeaux carrés, à grandes houppes d'or & de perles, & celui de deffous de toile d'or noire, veloux à lambeaux ronds brodé à double écaille de cordons d'argent, & en chaqu'une écaille un boton d'or & perle entremeflés, correfpondant au pourpoint & bas du faye, pour augmenter la grace, force houppes de fil d'argent & foye noire, avec petites tymbales d'argent fi plaifamment refon-

HENRY II.
23 Septembre
1548.
La Reine
le 24 dudit
mois.

H

Henry II.
23 *Septembre*
1548.
La Reine
le 24 dudit
mois.

nantes que charmoient de leur doux son , ne chatouilloient moins les esprits du Peuple étonné que l'éclat des pierreries reluisantes éblouissoit les yeux de tel qui en les voyant ne sçavoit s'il songeoit ou veilloit, & à la verité, c'étoit plutôt une droite fayerie, que chose vraisemblable ; & ce qui accroissoit merveille sur merveille , c'étoit de voir le Capitaine, Lieutenant & Porte-enseigne & bonne part des autres si dextres à cheval & si bien le sçassant manier faire pennades, bondir, voltiger, redoubler le saut en l'air, qui ne pouvoit donner que grand plaisir au Roi, aux Princes & autres Gentilshommes , non sans s'ébahir de les voir (pour gens de Ville & non appellés à cela) si adroits, qu'il seroit presque impossible de mieux faire , ce qui tourna non à une petite louange mêmement à ceux qui s'y portèrent glorieusement à leur honneur, & contentement du monde tout éperdu de joie & d'aise.

Suivamment venoient à cheval les quatre Mandeurs de la Ville avec leurs grands robes à une manche d'écarlatte aux armoiries & devise de la Ville à riche & grosse broderie, & après eux le Capitaine de la Ville , ayant devant soi douze hommes vestus de satin bleu & blanc, & lui vestu d'un casaquin de veloux noir épaissement greslé de grands & petits, tant botons que fers dorés , monté sur un grand genet harnaché de veloux noir couvert de divers passements & profilements de gros cordons & houppes d'or, venant le pas au devant de Messieurs les Conseillers & Echevins de la Ville, vestus de robes de satin noir , sayes de veloux, pourpoints de satin cramoisi, montés sur mules harnachées de veloux noir, la houſſe longue de fin drap noir, marchant deux à deux, & chaqu'un devant ſoi deux lacquais, veſtus de ſatin cramoiſi violet, decoupé & doublé de taffetas blanc, & après eux le Procureur, Controlleur, Voyeur, Receveur, Secretaire & autres Officiers de la maiſon commune, repreſentant tout le Corps de la Ville, en magnificence honorable, condigne certes au degré de leur état, & honneur requis au devoir politique, & néanmoins quant à l'œil & plaiſance, ſervant de luſtre comme bien loin inferieurs à la braveté, & allegre ſuite des Gentilshommes de la Chambre du Roi, qui auſſi-toſt ſurvindrent après eux avec les autres de la maiſon dudit Seigneur ſur leurs grands chevaux, deux à deux, tant braves & richement équipés que rien plus, aucuns voltigeants à la fois devant les Dames, puis ſe remettant en leurs rangs, les autres deviſants modeſtement enſemble qui étoit un paradis de plaiſir à regarder, ſur la fin deſquels Monſeigneur le Maréchal de Saint-André venoit bravement & mignonement menté.

Sur ce le Capitaine des Suiſſes de la garde du Roi, avec ſon Tabourin & Fiffres & toute ſa troupe de trois à trois, veſtus de chauſſes & pourpoints écartelés de toile d'argent & veloux noir decoupés à grands ballaffres & doublés de taffetas argenté, chaqu'un ſa halebarde ſur l'épaule, firent ſigne que Sa Majeſté ne reſteroit guère à venir, eux marchant devant Meſſieurs les Cardinaux de Ferrare, Guize, Vendoſme, Lorraine, Bourbon & la Chambre, les Pages d'honneur portant chaqu'un un éperon doré en la main devant M. le grand Ecuyer, mamant un bâton blanc, & chevauchant à main gauche & laiſſant la place de Monſeigneur le Connétable à la droite comme s'il y fût préſent: ici venoit Sa Sacrée Majeſté, veſtu d'un riche ſaye, tout d'orphévrerie de fin or, & preſque tout couvert de pierreries de prix ineſtimable, & tant reluiſant de toute part, qu'elle ôtoit la vue aux regardants, ſon cheval couvert ſi mignonement & richement de harnachure & caparaſſonnement d'une ſi gentille entrelaſſure de gros cordons & houppes d'or, qu'il ne ſeroit poſſible de les pouvoir repréſenter comme preſque incomprenables; après lui venoit Monſeigneur de Vendôme ſeul, & ſuivi d'un rang de Meſſeigneurs ſes Frères, M. le Prince de la Roche-ſur-Yon, & Monſeigneur de Nemours.

Après leſquels ſuivoit M. de Saint-André, M. de Maugiron, M. de Canaples & autres Chevaliers de l'Ordre, ſuivis des Archiers de la garde.

En ce triumphant & admirable équipage, le Roi marcha le long du fauxbourg de Vaize juſques à Pierre-Scize, au deſſous du château vit à main gauche une haute Obeliſque en forme de pyramide carrée de ſoixante-trois pieds & plus de hauteur, le piedeſtal de douze, taillé à la ruſtique, aux deux fronts duquel étoit écrit:

NOMEN QUI TERMINAT ASTRIS.

rencontrant convenablement bien à un Croiſſant d'argent de trois pieds & plus de centre, lequel étoit au fin ſommet de la pointe de ladite Obeliſque, haute de cinquante pieds & ſoutenue ſur quatre grands lions de la hauteur d'un pied & demi couchés ſur les quatre coins du piedeſtal, & tenant chaqu'un l'écuſſon de la Ville; le plus haut de ladite

Obeliſque

Obelifque jufques affez bas fe montroit taillé à la ruftique, Henry II.
23 Septembre
1548.
La Reine
le 24 dudit
mois.
& en certains endroits fur l'arefte des coings d'icelle, aucunes
pierres quarrées qui fe dementiffoient, & entre les fentes
herbe naturelle, approchant mieux fon antique, le bas qui
venoit en élargiffement fait à pans l'un fur l'autre feparés &
environnés tout autour de leurs mouleures de marbre gris,
le dedans peint, le premier de la devife du Roi, de deux
grands arcs Turquois avec leurs forces rompues, le croiffant
d'argent au milieu, & une grande couronne de France tim-
brée au deffus. Au fecond la chiffre dudit Seigneur qui font
deux D. & une H. entrelaffés enfemble, & couronnés, au
plus bas, les armoiries de France; vrai eft, que fur les deux
fronts regardants tant fur le cofté de la rivière que fur celui
du chemin droit, au lieu defdites armoiries étoit un compartiment orné de grotefques de bien bonne grace de aucunes
victoires par le deffus avec leurs chapeaux de lauriers & palmes
ez mains, & en bas comme fous leurs pieds difcordes avec
leurs grands aîles de papillons diftinguées à yeux, lefquelles
fouffloient & allumoient feu dans des vafes bas antiques,
lequel étoit éteint par petits amours verfans eau de grace
deffus, & fembloit que les fufdites Furies fouffriffent bien
grand peine à fouffler pour le rallumer, & au milieu de tout
le fufdit compartiment étoit écrit en groffes lettres romaines.

TOTIUS GALLIÆ RESTAURATORI,
M. PLANCUS LUGDUNI RESTAURATOR.
P. C.

A cofté de ladite Obelifque & de la main droite étoit un
preau fur le grand chemin ceint d'une muraille de quelque

I

HENRY II.
23 *Septembre*
1548.
La Reine
le 24 dudit
mois.

peu plus de fix pieds de hauteur, & ledit preau auffi haut
de terre, & lequel avoit été diftinctement rempli d'arbres de
moyenne futaye, entreplantés de taillis épais, & à force
touffes d'autres petits arbriffeaux accompagnants la defcente
de la montagne du château pleinement & femblablement
remplie d'arbres fruitiers, & en cette petite foreft s'ébatoient
petits cerfs, biches & chevreuils, toutesfois privés, & Sa Majefté entreouit aucuns cornets fonner, & tout auffi-tôt apperçut venir à travers ladite foreft, Diane chaffant avec fes compaignes, elle tenant en la main riche carquois avec fa trouffe
pendante au cofté, acouftrée en atours de Nymphe, le corps
duquel étoit avec un demi bas à fix grands lambeaux ronds
de toile d'or noire femé d'étoiles d'argent, les manches &
le demeurant de fatin cramoifi avec pourfileure d'or, trouf-
fées jufques à demi jambe, decouvrant fes boutines à l'antique
& de fatin cramoifi couvert de broderies & perles, fes cheveux entrelaffés de grands cordons, de riches perles avec
quantité de bagues & joyaux de grande valeur, & au deffus
du front un petit croiffant d'argent, fes compaignes ornées
de différentes façon d'acouftrement antique, de fatin & taffetas tant rayés d'or que autrement, & de plufieurs couleurs
hautes, entremeflées pour la gayeté, chauffes & boutines riches de veloux ou fatin, la tête illuftrée de divers joyaux de
grande montre, aucunes conduifoient petits limiers & épa-
gneux, en leffe de gros cordons de foie blanche & noire,
autres portoient petits dards de Brefil, le fer doré, à belles
petites houppes pendantes de blanc & noir, le cornet de
buffle morné d'or ou d'argent pendant en efcharpe à cor-

dons de fil d'argent & foie noire, & ainſi qu'elles apperçurent ſa Sacrée Majeſté, un lion ſortit du bois qui ſe vint jetter aux pieds de ladite Déeſſe, lui faiſant fête, laquelle le voyant ainſi manſuete, doulx & privé, le print avec un lien noir & blanc, & ſur l'heure le preſenta au Roi, ainſi qu'il paſſoit, & s'approchant avec le lion humilié juſques ſur le bord du mur du preau, joignant le chemin & à un pas près de Sa Majeſté, lui dit aſſez hautement :

HENRY II.
23 Septembre
1548.
La Reine
le 24 dudit
mois.

Le grand plaiſir de la chaſſe uſitée,
Auquel par monts, valées & campagnes
Je m'exercite avecques mes. Compagnes,
Juſqu'en vos bois, Sire, m'a incitée,
Où ce lion d'amour inuſitée,
S'eſt venu rendre en ceſte notre bande,
Lequel ſoudain à ſa privauté grande,
J'ai reconnu, & aux geſtes humains,
Etre tout vôtre ; auſſi entre vos mains
Je le remets, & le vous recommande.

Ce dit d'une bien bonne grace, toutes lui firent la revérence, & Sa Majeſté l'ayant attentivement écoutée & toutes regardées & ſaluées, ſe partit content de leur plaiſante chaſſe & d'aſſez jolie invention. Non loin de la veit la porte de Pierre-ſcize, contre laquelle étoit affigé un placard d'un portail antique à doubles colonnes tortuës, canelées & feuillées, au front duquel étoit peint un parc de France ſemé de lys, environné d'une cloiſon de chiffres & deviſes royales entrelaſſées d'une ſubtile grace bien à propos controuvée, ayant

HENRY II.
23 *Septembre*
1548.
La Reine
le 24 dudit
mois.

une entrée ouverte & gardée par un lion : au milieu dudit parc deux Dames étoient aſſiſes en atours de Deeſſes, celle de la part droite embraſſant l'autre du bras gauche, & lui aſſurant la foi de la main droite, avec un petit chien ſe jouant à elle, & laquelle ſignifioit fidélité; l'autre lui preſentoit un baiſer, & de la main dextre lui confirmoit auſſi la foi, s'appuyant du bras gauche ſur un joug de bœuf tout droit, montrant qu'elle étoit obeiſſance ; dedans le frontiſpice au deſſus d'elle étoit écrit en un compartiment de maſſonnerie :

SEDES UBI FATA QUIETAS.

Et au premier des deux rouleaux qui le tenoient attaché :

TUÆ SECURITAS REIPUBLICÆ.

Et en l'autre :

CUI FIDES ET AMOR OBEDIUNT.

Aux piedeſtaux ſeparément étoit écrit :

Salve ô Rex fœlix, qui noſtra ad limina tendis,
Viſurus fidamque domum, fidoſque Penates.

Au dedans de la Ville ſur ladite porte étoit peinte l'Hiſtoire d'Androdus, comme elle eſt taillée en marbre à Rome, lequel tire une épine à un lion; & au deſſus écrit :

GENEROSE PIO, GENEROSA PIETAS.

Et tout à l'entour enrichi de feſtons, armoiries, maſques de bronze, d'or & d'argent, entrefichés & ceints d'or clicant.

Suivant plus outre, parvint à la place de la porte de Bourg-neuf, en laquelle étoit un arc triomphal, ſervant d'entrée de porte d'environ cinquante pieds de hauteur à doubles grandes colonnes de douze pieds cannelées , le chapiteau &

baze

baze dorés & élevés fur faces de pedeftaux ; enrichis de mafques & têtes de lions d'or , avec pentes de feftons au deffus
des compartiments dans lefquels étoit écrit moitié d'un côté,
moitié d'autre :

> *Hoc quoniam non es veritus concredere nobis ,*
>
>   *Accipe communis munera lætitiæ.*

Entre les Colonnes étoient deux nids , ou parquets de chaque côté, au premier & plus bas defquels étoit en l'un *Bel-
lona* prefentant au Roi un armet , à fes pieds un tableau
droit où étoit gravé :

> *Quæ tibi jam focia eft , tibi non Bellona timorem*
>
> *Incutiet.*

De l'autre part oppofitivement étoit Victoire lui préfentant
fa palme & coronne de laurier , ayant auprès de foi efcript :

> *Cedetque tibi victoria palmam.*

Au deffus étoit d'un côté Paix, tenant d'une main fon rameau d'olivier, & de l'autre, un flambeau duquel elle brûloit
un harnois, & en fon tilet :

> *Seu pacem terris fecurè aut vivere cures.*

De l'autre, Concorde , portant entre fes bras une ruche de
mouches à miel , en fa table d'attente étoit :

> *Concordes animos , fœlicia regna videbis.*

Au grand front en grandes & groffes lettres étoit efcript :
INGREDERE HENRICE, INGREDERE
FRANCORUM REX CHRISTIANISS.
URBEM TUAM ANTIQUAM ROMANORUM
COLONIAM UT DEVOTISS. CIVIBUS TUIS,
SECURITATEM REIP. PRÆSTES ÆTERNAM.

K

HENRY II.
23 *Septembre*
1548.
La Reine
le 24 dudit
mois.

Le retour joignant ledit front étoit fait de deux parquets en ligne perpendiculaire des deux côtés, en l'un defquels Mars tenoit fon épée au poingt, fon pavois au bras & fa louve alaictant Remus & Romulus, & étoit efcript :

Et regere Imperio, dabiturque domare fuperbos.

Et de l'autre part, Jupiter appuyé de la main gauche fur fon aigle regardant en bas, le bras droit haut, en fa main fon fouldre, & étoit infculpé.

Quos ego fub terras, adigamque hoc fulmine ad umbras.

Et au tympan du frontifpice, Diane affife fur un roc, montrant un grand croiffant d'argent, auquel étoit efcript, en lieu des caractères noirs qu'on voit en la lune, *Lumen æternum*, accompaignée de deux Nymphes affifes bas auprès d'elle avec leurs chiens; fur la montée du frontifpice & au deux bouts de fa defcente, trois affiettes, & fur cha-qu'une un grand lion accroupi fur fes pattes de derrière, les deux extrêmités ferrants entre leurs jambes d'en bas, & par le haut foutenant des deux pattes de devant l'ecuffon des armoiries du Roi & de la Reine, & celui du milieu, & le plus haut des trois étoit coronné d'une grande coronne à pointes d'or, foutenant entre fes bras un Croiffant d'argent.

A côté dudit arc, joignoit une muraille à la ruftique, ruinée en plufieurs lieux, & au deffus de laquelle étoit encor refté quelques fragments de cornices avec bazes, & demi colon-nes, pour mieux repréfenter fon antiquité, & regnoit ladite muraille jufques aux roches de ladite place, lefquelles étoient couvertes en plufieurs endroits de genevres, genets, & bouis, fous l'umbre defquels s'ébatoient plufieurs Satyres & Faunes, depuis le bas du nombril en deſſus, hommes nuds, toutesfois haſlés, les cheveux & barbes heriſſés, deux cornes ſur le front, & dès le ventre en bas, les jambes courbes & veluës avec pieds de chievre, l'un perché tout de bout ſur le ſommet d'un roc, l'autre couché ſur la mouſſe, autres aſſis une jambe ſeulement pendante en bas, jouants tous enſemble de divers inſtruments à vent, comme hautbois, douſſaines, ſourdaines & cornets, & d'une ſi allegre harmonie, qu'elle reveilloit le cœur & les oreilles des paſſants.

HENRY II.
23 Septembre
1548.
La Reine
le 24 dudit
mois.

Cela vû & contemplé bonne eſpace, paſſa ſous l'arc, la voûte duquel étoit compartie de pluſieurs beaux compartiments remplis de groſſes & diverſes roſes & fleurs de boſſe dorée & argentée, laquelle alloit mourir en profondeur de quarante pieds juſques au deſſus de la porte de la Ville, un grand ſoupirail au milieu en forme ovale pour recevoir le jour, lequel étoit environné par dehors d'une grande coronne d'or à fleurs de lys au deſſus de la montée, & des flancs de ladite voûte, peinct de belles & plaiſantes groteſques, le deſſous à la ruſtique; ſur ledit portail de Bourg-neuf ſont les armoiries de France, taillées en pierre, avec un lion derrière qui les ſoutient, & deux Anges qui les accompaignent, richement étoffés d'or & d'azur, les deux Anges tenant les bouts d'un écriteau pendant auquel eſt écrite l'ancienne deviſe de la Ville:

UN DIEU, UN ROY, UNE LOY.

Au coſté droit eſt peint ſur le mur Foy en Deeſſe aſſiſe ſur nues, & en ſes bras une Croix plate, & s'appuyant la tête ſur l'un des croiſons, tournant toutesfois la vue vers les paſſants, & eſt écrit en un rouleau ce mot:

IN FIDE.

HENRY II.
23 *Septembre*
1548.
La Reine
le 24 dudit
mois.

Et de l'autre part eſt Juſtice tenant ſon épée & balances avec ce mot:

ET JUSTITIA.

A cette porte Sa Majeſté rencontra quatre des plus anciens Conſeillers de la Ville veſtus de robes de ſatin, leſquels lui preſentèrent un grand poile tout de drap d'argent par le dedans, & par le dehors figuré de veloux noir avec les armoiries, & l'ordre dudit Seigneur, faits de riche broderie ſous lequel il ſe mit, & fut toujours ainſi conduit juſques à Portefroc par leſdits Conſeillers, ayant la tête nue; ainſi comme il commença à marcher en cette pompe, il apperçut les rues de la Ville toute tendues de tapiſſerie de haute liſſe, comme Cité qui en eſt richement meublée, laquelle pendoit par les fenêtres en bas, & ſe renfonçoit dans les boutiques ſemblablement tapiſſées & remplies d'échaffauts, barrières & appuis tapiſſés dedans & dehors juſques bien près de terre, & ſi proprement que l'on eût dit que ladite tapiſſerie fût colée, tant induſtrieuſement elle joignoit le long des voûtes, arcades & pilliers des boutiques, ce qui avoit été ainſi ordonné pour vuider les rues de la grande foule de Peuple qui y étoit, & afin que chaqu'un pût voir commodement, les fenêtres auſſi garnies de beaux tapis de Turquie, & en maintz lieux, mêmement d'aucunes banques & riches maiſons ſe voyoient tapiſſées de veloux blanc, noir & verd & en d'autres, le deſſus d'une liſte de drap d'or, & le deſſous de tapis de veloux extrêmement grands, les rues ſur le haut des fenêtres, toutes couvertes de toile blanche, noire & verte, & tout le long de la Ville juſques à l'Egliſe Cathédrale, avec force écuſſons des

armes

armes du Roi & de la Roine, & feſtons de triomphe environnés des liens des ſuſdites coleurs pendant en l'air eſpaiſ-
ſement, qui rejouiſſoit grandement le Peuple regardant par
les feneſtres, boutiques, loges & parquets dreſſés en pluſieurs
carrefours ſomptueuſement tapiſſés, & tant chargés & pleins
de Dames, Damoiſelles, Bourgeoiſes & belles jeunes filles,
qu'il ſembloit que toute la beauté du monde fût là aſſem-
blée. Ainſi avec le plaiſir que le Roi pouvoit prendre à voir,
& ſon Peuple rejoui de ſa venue, & en l'aſpect de tant de
belles figures vives & bien en ordre, il parvint juſques au
Griffon, où ſe montroit dreſſé un trophée de France, de cin-
quante-trois pieds de montée, & lequel étoit d'une colonne
de quinze pieds, peinte de porphyre, toute cannellée d'or,
la baze & chapiteaux de marbre blanc, enrichis de feuillages
dorés, avec ſon piedeſtal & ſoubaze : au deſſus de la colonne
une Statue un peu plus grande que le naturel pour ſe preſenter telle à ceux qui la regardoient d'en bas, & couronnée
à fleurs de lys d'or, le manteau & tout autre atour royal de
bleu, ſemé de fleurs de lys d'or fourré d'hermine, repréſentant
France, tenant en l'air une grande couronne Imperiale, au deſſus d'une H d'or, qui au devant de ſoi étoit en grandeur élevée.

Au col de ladite colonne pendoient depouilles de toute
ſorte d'armes antiques de diverſes couleurs, argentées & dorées,
avec gros faix de haſtes, piles & autres baſtons liés & attachés
enſemble ; au piedeſtal étoit gravé :

SUO REGI FŒLICISS. FŒLICISS. GALLIA.

Et aux deux coſtés, autres deux grandes ſtatues ſeoient ſur
la ſoubaze ; l'une un Vieillard tout couché, les cheveux gris

HENRY II.
23 Septembre
1548.
La Reine
le 24 dudit
mois.

Henry II.
2 ; *Septembre*
1548.
La Reine
le 24 dudit
mois.

espars sur ses épaules, la barbe chauve pendant sur la poitrine jusques à la ceinture, sans avoir obmis ses deux grands aîles au dos, & en la main droite une Clepsydre qui est une horloge à sable, & de l'autre bras s'appuyant sur une grande faulx, figurant le temps ; l'autre la Fame, avec sa trompette d'or en la main, deux aîles au dos ; au dessus du temps un tableau écrit :

Huic ego nec metas rerum, nec tempora pono.

Et en celui de la Fame :

Unum quem video fama super æthera notum.

Et en la soubaze :

Semper honore meo, semper celebrabere donis.

Aux deux flancs du trophée l'on avoit érigé deux Arules comme deux petits Autels en forme de piedestal presque tous carrés, sur lesquelles se présentoient deux jeunes Dames de la Ville, ornées en Déesses, & autant richement parées qu'il en fût oncques, la tête acoustrée de leur chevelure avec entrelassures & garnitures à gros diamants, rubis, émeraudes, bagues, joyaux & grosses pierres de perles pendantes aux oreilles ; autour du col, la gorge couverte d'inestimable richesse : leur acoustrement de diverse façon de Nymphes, de satin cramoisi associé d'autres couleurs, porfilés de passemens & bizettes d'or ; les botines d'une suite ; l'une figuroit vertu, tenant en la main une palme verte à feuilles dorées & entrelassées, & en l'autre main une nasse à prendre poissons, faite de filets & retz de soie & fil d'argent & d'or, dedans laquelle étoient châteaux, villes & tours, le tout entremeſlé de toute ſorte de couronnes Imperiales, Royales & Ducales, avec leurs Sceptres tant modernes que antiques : l'autre étoit immortalité, non encore aſſez pleinement repréſentée, toutesfois excellemment diaprée, avec deux aiſles de Paon, les canons & dos des plumes diſtinctement argentés & dorés pour accompagner leur luſtre azuré ; la tête couronnée de laurier doré, entrelaſſée de ſes cheveux précieuſement couverts d'une infinie richeſſe de joyaux, & étoit montée ſur une montioye, amas ou monceaux d'armes, & livres entremeſlés, comme victorieuſe ; & comme voulant dire que par armes, lettres & monuments, on ſe rend immortel en terre, elle s'appuyoit de la main ſeneſtre ſur un petit monument en forme de piedeſtal, auquel étoit gravé :

Henry II.
23 Septembre
1548.
La Reine
le 24 dudit
mois.

SOLA VIRTUS IMMORTALITATE DIGNA.

Au bras droit, deux couronnes de laurier & de cheſne, & en la main une d'or à pointes ; & au front de leurs arules, tout étoit illuſtré de têtes de lions d'or, feſtons & compartiments, & étoit le dicton d'immortalité :

Aurea jam properat luſtris labentibus ætas.

Et celui de vertu étoit :

Fiant ut meritis regna minora tuis.

Et ſelon cet ordre, immortalité commença à parler au Roi la première d'une honnête aſſurance, en ces mots :

L'heur qui t'attend d'immortalité digne,

Fait retourner ſous toi l'âge doré :

Par quoi la France ici t'a honnoré,

De ce trophée à ta vertu condigne.

HENRY II.
23 *Septembre*
1548.
La Reine
le 24 dudit
mois.

Vertu fuivit après avec une gravité quelque peu honteu-
fement modefte, en ces termes :

Le temps auffi lequel tout extermine,
Egalera la Fame à tes merites,
Sceptres rendant & couronnes petites,
A ta grandeur de Majefté benigne.

La revérence faite gracieufement & leur grace affez louée,
le Roi paffa outre, venant au port faint Paul, où à cofté
gauche à la place du Port, étoit dreffé un double arc triomphal, de grande beauté pour ce mêmement qu'il étoit richement doré, tant en canelures de pilaftre, guillefchis de la
frife, qu'en autres feuillages enrichiffement de l'architrave,
& cornice, d'avantage pource que iceux arcs pofoient fur
une bafe en forme de berceau antique, repréfentant fon vafe
ou cuve de fontaine avec fes gros goderons dorés, deux
mafques étranges, au rembourfement des coins, & une belle
de femme entre deux, de la gueule defquelles pendoient
deux feftons de toute forte de feuilles & fruits moulés au naturel, & fous chaqu'un arc une figure de toute rondeur, moitié
plus grande que le naturel & toute de fin ftuc de marbre,
& toutes deux couchées & decouvertes tout le corps, le demourant autour du bas ventre & le haut des cuiffes couvert
d'un linge ; l'une defquelles figures, & la première en rencontre, étoit la ftatue de la Saone, laquelle tenoit fa tête
appuyée de la main gauche, comme fi elle dormoit, pource
que elle repréfentoit un fleuve lent & doux, & fous le coulde
de fadite main un vafe antique couché & verfant vin rouge

en

en lieu d'eau, en la main droite qu'elle tenoit languide & Henry II. 23 *Septembre* 1548.
pendante fur le genouil droit à demi levé, des rofeaux,
joncs & cannes, demontrans qu'elle a fes rivages pleins d'her-
bages & marecageux; fon linge bleu : en l'autre arc, étoit La Reine le 24 dudit mois.
le Rhofne femblablement couché & accoudé du bras droit
fur fon vafe, jettant vin blanc, & fe montroit demi levé
avec face terrible & furieufe fuivant fa nature, fes cheveux
& barbe grands & mouillés, empoignant de la main gauche
le manche d'un timon doré antique, pour montrer qu'il eft
navigable, fon linge de pourpre : derrière eux étoient roches
artificielles, couvertes de mouffes & arbriffeaux, chargés de
petits oifelets, par induftrieux artifice, imitant le chant des
oifeaux naturels, la voûte au deffus du roc, & toute enrichie de compartiments différents, remplis de différentes fleurs
& rofes de boffe dorées & argentées : au pillaftre du milieu,
étoit appofé un grand mafque de femme riant, fa tête toute
environnée de ferpens, jettant eau par la gueule, & elle par
quatre parts d'entre fes dents, & fi menuement, que ceux
qui cuidoient venir boire du vin, ne s'en doutants, fe trouvoient incontinent tous mouillés, qui fervoit d'une grande
rifée; & au deffous d'icelle une table de riche compartiment,
en laquelle fe lifoit cet écrit:

TANTUM NATURÆ BENEFICIUM
ARARIS ET RHODANI FŒLICITER
CONFLUENTIUM PERPETUAM TIBI
TUISQUE SPONDET UBERTATEM.

Cela vu & paffé, fuivit Sa Majefté jufques au retour du
Porcellet, qui lui decouvrit un autre grand arc triomphal

M

HENRY II.
23 *Septembre*
1548.
La Reine
le 24 dudit
mois.

conftruit pour temple d'honneur & de vertu, felon que anti- quement on les difoit mariés enfemble, pource que l'honneur ne fe peut acquerir fans vertu, & lequel étoit de foixante pieds de hauteur équipolente à la largeur de la place ; ledit arc étoit à deux faces de chaqu'une quatre termes de relief, deux d'hommes, deux de femmes feparés, defquels le nud étoit de prefque de fix pieds bronzé & rehauffé d'or moulu, pour mieux reffembler fon antique airain de Corinthe, qui étoit allié d'or ; & au deffus de leur chaffe d'en bas, qui étoit au deffous du nombril, une tête de mafque d'or, de laquelle fortoient gros liens de mines d'acier, qui fe venoient nouer fur les hanches les bouts pendants, & au deffous de ladite mafque, une table d'attente, en laquelle étoit quant à l'homme :

HONORI PERPETUO.

Et pour le regard de la femme,

VIRTUTI ÆTERNÆ.

La tête de l'homme couronnée de chefne étouffée de di- verfes fleurs, & celle de la femme de laurier, & au deffus cet écrit, en la frife des deux coftés :

HONORIS VIRTUTISQUE PERPETUÆ
HENRICO PRINC. INVICTISS. SACRUM
D D.

Dedans le tabouret fur la baffe cornice, étoit Honneur peint, armé à la Romaine, affis en chaire, en fa tête une couronne folaire à rayons, & pointes tendant à dextre à une femme defignant foi, & de l'autre empoignant un enfant

par le bras qui étoit amour , voulant dire que la ville de Lyon HENRY II.
23 *Septembre*
1548.
La Reine
le 24 dudit
mois.
qui lui avoit érigé ce Temple à l'honneur de Sa Majesté, lui
portoit honneur , foy & amour. Sur le frontifpice étoient
dreffés fur trois affiettes, trois fimulacres ; au milieu Victoire,
fa palme d'une main, de l'autre préfentant une couronne de
laurier & chefne : à l'un des coftés la Fame prête à fouffler
dans fa trompette ; à l'autre, Eternité fe tournant à cofté &
écrivant en un livre, quafi comme fi elle figuroit, que nul
ne peut voir immortalité que par écriture, & pource étoit
embefoignée à décrire les hauts faits qu'elle attend du Roi à
fon avénement heureux ; au dos defquelles s'élevoit une tour
quarrée à la ruftique, & fur le haut d'icelle une grande cornice, en la frife de laquelle & du rencontre du Porcellet,
étoit peint le triomphe d'honneur fur fon charriot triomphant
tiré par deux élephants , fuivi & environné de gens de
guerre , avec leurs tibies , cors & tous inftruments belli-
queux, Soldats & Captifs menés après lui , & au deffus de
l'architrave une infcription en ces mots :

Terra tuos etiam mirabitur Inda triumphos.

De l'autre part du Change, le triomphe de la vertu , conduite en un charriot par deux licornes, accompagnée de
Nymphes fonnant lyres, timboux, tympannes, cymbales &
flutes à fept tuyaux, avec autres pefle mefle, portants rameaux de palme , laurier & olivier, vafes pleins de fruits,
au deffous telle infcription :

En tibi quos nec habent alii virtutis honores.

Au plus haut du Temple , une plate-forme environnée
d'appuis à cloifon, comme jardins, penfiles à l'antique, faits

HENRY II.
23 *Septembre* 1548.
La Reine le 24 dudit mois.

de baluſtres de marbre blanc, à petits fillets d'or ; & au milieu de la plate-forme un dome rond ſur la montée de trois rangs de degrés perſé à jour, comme faits de ſix colonnes de huit pieds, gentement dorées, enrichies & couvertes d'un toit à cul de berceau, & au deſſus de icelui un grand Croiſſant d'argent de trois pieds de centre, le dedans du dome lambriſſé richement, & le dehors, & les colonnes reveſtues par le milieu d'autres diverſes dépouilles d'ennemis & par le haut de groſſes maſques & têtes de lion d'or, d'argent & de bronze pour attachements de feſtons à fruits pendants. Au long de la gallerie de la plate-forme, étoient ſix perſonnages avec cornets ſonnant reſonnamment & allegrement haut, feſtoyant la bienvenue de leur Prince & Seigneur, lequel paſſant ſous la vouſte de l'arc, pouvoit juger qu'elle étoit autant belle, que tout l'édifice égaloit en beauté d'architecture tous les arcs qui aujourd'hui nous reſtent de tant de monuments excellents & reliques de la gloire des Romains ; aux parois dudit arc étoit peint honneur, combattant l'épée au poing & en habit qui pouvoit être reconnu à la ſemblance de celui de deſſus, devant ſon épée ſanglante étoient les Ennemis vaincus, & lui montrant aucuns des ſiens morts autour de lui, ſembloit parler au reſte de ſes Soldats & dire ce qui étoit écrit deſſus lui.

PRO ARIS ET FOCIS SUB PRINCIPE GLORIOSE OCCUMBERE, PRO PATRIA VIVERE EST.

Et de l'autre coſté étoit ſemblablement peint un homme & une femme nuds & bataillants : la femme tenant une épée

nue

nue fignifiant raifon, qui tranche de tous coftés : & l'homme
un arc bandé, la flefche deffus preft à delafcher, demontrant
le fens qui par fon aftuce & pénétrante providence, tire &
frappe de loin, à leurs pieds une grande ftrage & meurtre
de Centaures, tant moitié taureaux que moitié chevaux, pour
fignifiance de force & violence, entremeflés de Satyres &
Monftres, avec eux occis pour gens ruftiques & ignorants;
& pour montrer les vices être domptés, en denotation que
le fens & la raifon furmontent tous Monftres de vices, force,
violence, ignorance & beftialité, ce qui fe montroit par cette
infcription :

NON VI, SED VIRTUTE.

Paffant toute la rue de Flandres, Sa Majefté entra au Change
ou étoit une perfpective d'une place de Ville, refigurant Troye,
joignant laquelle s'élevoient deux plates-formes, fur l'une un
Dieu antique fa couronne à pointes, & un trident en la
main, un roc devant foi ; de l'autre une belle jeune fille,
l'armet en tête, riche & reluifant de pierreries, fa robe trouf-
fée decouvrant fes bottines, & le tout couvert de merveilleufe
richeffe ; en la main une lance, s'appuyant de l'autre fur un
pavois auquel étoit la tête de Medufe, defignant tous deux
la contention que Neptune & Pallas eurent fur le nom d'Athe-
nes, lequel des deux procréeroit chofe plus utile à la vie de
l'homme. Sa Majefté là arreftée, Neptune frappa de fon trident fur le roc, & foudain fortit un cheval jufques à demi de
terre, tournant les pieds, tête, oreilles & yeux, tout ainfi
que s'il fût vif, & fur ce Neptune dit à Pallas :

N

HENRY II.
23 Septembre
1548.
La Reine le 24 dudit mois.

HENRY II.
23 *Septembre*
1548.
La Reine
le 24 dudit
mois.

De mon trident ce cheval je procrée,

Non tant pour être à l'homme familier,

Que pour servir cet heureux Chevalier,

Qui tout ce siécle, à son venir recrée.

Auquel Pallas incontinent repondit d'un gracieux & pudique maintien, en ces termes :

De cette lance qui toute force encrée,

De Mars jadis confondoit les allarmes,

De ses hayneux humiliant les armes,

Lui rendra paix qui tant au monde agrée.

Son dire fini, elle planta sa lance en terre, & tout aussi-tôt commença à fleurir & fut convertie en olivier, voulant donner à entendre que la force & puissance de Sa Majesté fera telle crainte à ses ennemis, que leur malveillance se convertira en paix.

Alors le Roi après avoir pris plaisir à cette joyeuse feinte & représentation, tourna à gauche suivant son chemin vers la grand rue Saint Jean ; au milieu de laquelle il s'arrêta quelque peu à contempler le simulacre d'occasion érigé en la place du grand Palais, lequel étoit d'une statue de femme, & toute ronde de huit pieds de hauteur taillée de main d'excellent Ouvrier, montée sur un vase antique, ayant aux deux coftés deux gros dragons fantaftiques dorés, & une masque au milieu, avec pentes & feftons à fruits. Et lequel vase fervoit de piedeftal à une haute colonne plantée au milieu d'icelui toute femée de H d'or couronnées, chiffres, fleurs de lys & devifes du Roi, les arcs entrelaffés fervants d'une damafquine fubtilement controuvée ; & au deffus du

chapiteau, une grande double fleur de lys & devifes, & la
ftatue en cette forme toute nue avec un toupet de cheveux
fur le fommet du front, & quelque partie pendant fur les
temples au droit des oreilles, le derrière de la tête, tout rafé
& chaulve, fe foutenant fur une jambe feulement, & pied
gauche, & le droit en arrière, ne touchant terre que de la
pointe du gros arteil, le bras gauche lié & attaché d'une
groffe chaîne d'or au deffus de la ftragale de la colonne,
fa rouë fous fes pieds, un crefpe de foie qui lui paffoit entre
le haut des cuiffes, montant fur le bras droit, de la main
duquel elle prefentoit avec une face mignarde & foufriante
un globe terreftre géographiquement portrait en fa dimen-
tion. Tout lequel fimulacre étoit environné par le derrière
d'un demi rond de Théâtre à quatre grands termes de Satyres
mafles & femelles, fourniffant le lieu de pilaftres du mur,
tous de relief & étouffés d'incarnation, & illuftrés de diverfes pentes de chefnes à feuilles, fleurs autour du col en bas,
peintes & dorées ; les fpondilles des bras couvertes, ou bien
finiffants en feuilles & rofes à plaifir ; les jambes entrefichées
dans un grand confolador de piedeftal, en chaffe de terme,
tellement que les cuiffes forgetoient hors, à force fruitages
entre deux ; puis fe perdant les jointures des jambes dedans
ladite chaffe en mode de compartiment, les pieds & bas des
jambes reffortoient hors fur la moulure du pied dudit piedeftal, avec groffes cornes de bouc & mouton, dorées & argentées, foutenant fur leurs têtes chacun un pannier plein de
feuilles, fleurs & fruits au deffus de l'architrave & cornice
magnifiquement dorés, la friche embellie de têtes de cerfs

HENRY II.
23 *Septembre*
1548.
La Reine
le 24 dudit
mois.

HENRY II.
23 *Septembre*
1548.
La Reine
le 24 dudit
mois.

cornus & biches toutes de relief & rondes, accompagnants trois ronds; dans le premier defquels, Opis étoit couronnée de tours rondes, & affife tenant une montaigne chargée d'arbres, comme mère de toute la terre, & autour d'elle étoit écrit:

Hanc tibi jurarunt Superi.

Dans le fecond étoit Amphitrite Déeffe de la mer, affife fur une balaine, & en fon giron une nef, & de la main dextre verfant eau avec un vafe, ayant pareillement autour de fon rond :

Quafcumque per undas.

A celui du milieu deux Déeffes, feants fur un monde, l'une Profpérité tenant fon cor d'abondance plein de fruits, l'autre étoit Felicité avec fa fphere en la main, & écrit :

Ultra anni folifque vias.

Tout le refte peint de diverfes & bigerres grotefques qui feroient trop long à raconter, & encore plus la fubftance. Aux deux fronts des deux pilaftres, au lieu d'épitaphes, ta- bleaux, écriteaux, rolleaux & compartiments par ci-devant affez empruntés, comme triviaux & communs, pendoient à deux têtes de cerf attachées en la frife en l'ordre des autres, leurs dépouilles, c'eft-à-dire, les têtes avec toute la peau & pieds encore entiers, & au dos du dedans de ladite dépouille fervant d'une peau de parchemin, étoit écrit en l'une:

Manent immota tuorum fata tibi.

Et en l'autre :

Imperii fpes alta futuri.

Tout lequel fpectacle pofoit fur une plate-forme de deux pieds de hauteur pour refifter aux injures de l'indifcretion

de

de plufieurs, & tout le long du front du vafe étoit écrit:
Imperium fine fine dedi.

La magnificence duquel fpectacle après avoir quelque peu
amufé les paffants, on vint à Porte-froc, auquel étoit un
placard de portail antique à quatre colonnes enrichi de mo-
refques & l'entre-deux de grotefques pofants fur deux linres
longuets. Sur la face du placard, fous une voûte trois Dames
feoient, Foi veftue de blanc, Religion en nonain & habit noir,
Efpérance de vert, convenant leur habit aux couleurs du Roi
& de la Roine; & au deffus de la cornice étoient Juftice &
Prudence foutenant les armes du Roi, qui paffant outre fut
reçu du Révérend Cardinal de Ferrare, lors Archevêque de
Lyon, en fon grand habit de Cardinal, fon Maffier avec
fa maffe d'argent doré, & la croix devant, & accompagné
des Doyen, Archidiacre, Prefenteur, Secretain, Chamarier,
Chantre, Prevoft, Comtes, Chevaliers & autres de l'Eglife
Cathédrale en leur habit Eccléfiaftique, lefquels lui préfentèrent un poile de damas blanc & noir enrichi de fes armoiries, fous lequel il fut conduit jufqu'à la grande Eglife,
où en lui donnant l'eau benite, lui fut préfenté un furplis,
lequel il tint entre fes mains jufques après fon Oraifon, puis
fe levant fortit hors pour entrer en fon logis qui étoit en
l'Archevêché que ledit Seigneur Archevêque avoit fait fomptueufement préparer pour y recevoir Sa Majefté, en la place
de laquelle Archevêché étoit érigée une grande colonne de
Victoire de cinquante-fix pieds de haut & le ravalement de
trois, étant dreffée fur un grand piedeftal de vingt-cinq pieds,
toute pleine & compofée, fon chapiteau à la dorique,

HENRY II.
23 *Septembre*
1548.
La Reine
le 24 dudit
mois.

O

Henry II.
23 *Septembre*
1548.
La Reine
le 24 dudit
mois.

deſignant une ſolide ſtabilité & permanence de perdurable mémoire. Sur le piedeſtal ſeoient quatre Vertus cardinales, toutes de boſſe ronde, & de hauteur beaucoup plus que du naturel, & ſur les quatre coins de la rondeur de la baze toute dorée à feuillages, & tenant chaqu'une une hampe à fallots pour éclairer la nuit : cette colonne ſoutenoit ſur ſon chapiteau un globe du monde de huit pieds de circonférence, toute la face de la terre dorée, le reſte qui eſt mer étoit d'azur, au deſſus duquel monde ſe contournoit une Victoire de ſix pieds & plus, les aiſles étendues à tout vent, ſans s'ébranler, ni mouvoir de la conſtante promeſſe de la liberale volonté, & en chaque main une couronne de laurier. Au fond du piedeſtal étoit peint de tout coſté, comme en couleur de bronze claire, quantité de faits & liaſſes de diverſes depouilles d'ennemis ; & en celui de devant, étoit écrit dans le ventre d'un pavois :

HENRICI FRANC. REGIS VICTORIÆ
AC VIRTUTIBUS INDELEBILITER.

Sur le portail de ſon logis, étoient deux figures d'homme & de femme à la Romaine, s'entrebraſſant & ſe ſoutenant d'une des mains ſur leurs vaſes verſant, un grand lion entredeux, & montroient au deſſus d'eux l'inſcription que s'enſuit :

OB ADVENTUM HENRICI OPT. PRINC.
VOTIS ANTEA EXPETITUM RHODANUS
ATQUE ARARIS GRATULANTUR.

Deçà & delà du portail, chaque coſté une figure contre le mur, l'une avec le bras gauche ſe couvrant le chef de ſon manteau, & de la main droite fe ferrant la bouche d'un doigt, en figne de perpetuel filence; l'autre portant une Eglife pour foutenement de l'union de la Chrêtienté. Ainfi que Sa Majefté entra leans, l'artillerie de la Rigaudière, tant groffe que menue, deflacha, avec épouvantable bruit; & fut reçue magnifiquement en une grande fale tapiflée de riche tapifferie à perfonnages, toute d'or, d'argent & de fine foie; le planchier berfé & lambriffé de fes devifes & couleurs, avec grands écuffons de France & de Monfeigneur le Dauphin, accompagnés de grands arcs Turquois, trouffes & croiffants, le refte femé de chiffres, & le tout de relief autant richement eftouffé qu'il feroit poffible, avec fept grands chandeliers pendant à croiffants d'argent : & pource que le logis du Roi avoit fur l'eau un tourrion en forme de baftillon , l'on en dreffa un autre pour l'accompagner fus & le long de la rivière , tous deux d'une même forme, à fçavoir ronds & crenelés , & fur chaque creneau, un croiffant d'argent, l'entre-deux defquels fut clos d'une ceinture de muraille à deux recoins ou petits fronts, joignant les deux tourrions, le refte du milieu fait en demi centre, pour clorre en forme d'un port à trois portiques , & couronné tout le circuit du deffus d'une cornice avec fa frife à trigliffes & metopes fur fon architrave foutenu à jour, de douze colonnes de dix pieds toutes rondes, & au mur peint en bronze quatre nids ou parquets, en chaqu'un un Dieu fluvial & maritime, comme Portumnus tenant fon timon. Dudit circuit l'on defcendoit en la rivière par feize degrés bas, les huit premiers fuivant la ceinture du demi centre , devallans fur une petite plate-forme ronde , reprenant fon centre en autres huit ordres

HENRY II.
23 *Septembre*
1548.
La Reine
le 24 dudit
mois.

de degrés, forgettés en rond jufques fur l'eau. Ce port contenoit en foi plufieurs & divers vaiffeaux de toutes fortes, lefquels avoient été fabriqués tout à neuf, petits & grands pour conduire Sa Majefté, à prendre le plaifir de cette belle & amiable rivière de Saône, fur laquelle fe firent infinis jeux & ébattements, comme jouftes, combats, & naumachies avec autres paffetemps de divers inftruments de mufique d'une incredible recréation. Lefdits vaiffeaux étoient, premièrement, un Bucentaure, d'un des plus grands bateaux de toute la rivière, lequel fut couvert uniment d'une affez ample plate-forme, fervant de plan à une fale de plus de treize pas de long, fix de large & de douze pieds de haut, deux portes à l'antique aux deux bouts, cornice tout le tour du deffus de fon dehors & foutenue par les coins, devants & flancs, de pillaftres forieftant du mur environ trois doigts, grandes feneftres à l'antique entre-deux, & des deux coftés clofes de chaffis de toile blanche cirée & peinte de croiffants & devifes. Au deffus de cette fale une autre plate-forme ceinte d'appuis d'un environnement & cloifon de baluftres : tout le dehors rougiffoit de couleur haute & vive, les chapiteaux de pillaftres, portes & feneftrages dorés, avec autres enrichiffements de têtes de lion & fleurs de lys d'or ; ladite fale dedans mignonement tapiffée de damas blanc & noir, & par terre de tapis Turquois, & le planchier lambriffé, des devifes fufdites, le plus grand panneau du milieu fourniffant d'une table quarrée qui fe defcendoit quand on vouloit, à quatre groffes cordes de foie blanche & noire, & y pouvoit-on tenir la collation toute prête, fans qu'on s'apperçût que

le

le planchier fût autre que tout entier. Le plan de la fale s'élargiffoit en une galerie forgetant fur l'eau, ainfi & femblablement clofe, & environnée de telle cloifon que celle de deffus, peinte de rouge à baluftres dorés, & en laquelle on fe pouvoit promener tout autour, deux à deux; & fus le derrière du bateau une autre petite plate-forme d'un degré plus haute, où s'élevoit une pouppe de navire à trois pans, peinte & enrichie, comme deffus, de fiéges; tout le circuit du dedans tapiffé de damas blanc & noir, ouvert de deux fenêtres à cofté, enforte que Sa Majefté étant affife au dos de la proue, pouvoit voir baller ceux qui étoient dans ladite fale, & toutesfois fans rien perdre de la plaifance, ébat & joyeuſeté de la rivière, fût d'un cofté ou d'autre: la pointe de la proue étoit d'une tête de Géant dorée, & ferroit entre fes dents une corde rouge avec laquelle le Bucentaure fe tiroit par un autre bateau plein de Matelots veftus de rouge. Le fufdit vaiffeau fut accompagné de cinq autres, d'un brigantin à la moderne peint de rouge & doré, la pouppe couverte de veloux cramoifi, les rames & tout l'altillage rouge pourfilé & frangé d'argent, toute la chiorme veftue de robes & capuchons longs, de fatin cramoifi, les rames & tout l'altillage rouge; & y avoit une barque longue pour la Roine peinte de blanc & verd, couverte par le milieu d'un berceau, avec fes pendants de veloux verd, paffementé & frangé d'argent; douze Matelots devant & deux derrière, veftus de robes longues à capuchon haut, le tout bigarré de fatin des mêmes couleurs, verd & blanc, & vogants à la Venitienne: une autre petite gondole fubtile & legère pour Sa Majefté

P

HENRY II.
23 Septembre
1548.
La Reine
le 24 duuit
mois.

Henry II.
23 *Septembre*
1548.
La Reine
le 24 dudit
mois.

peinte de noir & de croiſſants avec chiffres d'argent, au milieu un pavillon quarré, comme d'un lit avec ſes cuſtodes & pentes de veloux noir à grands paſſements & franges d'argent, le dedans de tapis de Turquie, deux Matelots devant & un derrière veſtus de jupes Turques de veloux noir, paſſementés d'argent & ſoie noire, leurs bonnets hauts, le rebras à quatre pointes de veloux noir, & tout autour bordé des ſuſdits paſſements, à travers le corps ceints d'une groſſe ceinture Turque, de taffetas blanc. *Item*, une autre gondole plus grandette couverte à berceau de veloux noir, clos & paſſementé d'argent ; & davantage une petite fuſte tannée, la pouppe de veloux frangé d'argent : tous leſquels vaiſſeaux ſe ſerroient dans le port, prêts pour obéir au bon vouloir & plaiſir de Sa Majeſté, laquelle le lendemain voulut voir l'entrée de la Roine, comme elle avoit veu la ſienne, étant deſcognue, en une maiſon de la rue Saint Jean.

Nota. Que pendant le ſéjour que le Roi fit à Lyon, Monſeigneur le Cardinal de Ferrare, Archevêque de cette Ville, donna une fête à Sa Majeſté dans une maiſon de campagne à lui appartenante, dont la magnificence & le bon goût répondoient à l'honneur que Sa Majeſté faiſoit à ſon Eminence.

ENTRÉE DE LA ROINE.

L E lendemain vingt‑quatre de Septempre, la Roine s'en vint fur fa barque au logis du Mouton, où elle difna, cependant que toute la Ville fe rangeoit en la prairie du fauxbourg. Et là Meffieurs les Genevois lui vindrent faire femblable revérence que celle du jour précedent, veftus toutesfois de robes de fatin doubles de veloux noir: pourpoints & haut de chauffes de toile d'or incarnat, le bas d'é‑carlate & fcalpins de veloux cramoifi; leurs laquais, de fatin & veloux blanc nervés de veloux verd, un petit cordon blanc par le milieu, la plume verte, puis fe retirèrent; après la retraite defquels les Meftiers entrèrent file à file au devant d'elle, & du même ordre & équipage du jour paffé, fors que le verd pour fa couleur fut meflé tant en collets, pourpoints, cornettes & pennaches: les Imprimeurs portants tous bonnet verd, la plume blanche qui n'étoit point hors de grace, étant eux fi groffe bande, & tous d'une livrée.

Les Seigneurs Luquois avec leurs mêmes Pages, hormis que leurs manteaux étoient frangés de verd; leurs gents de pied au lieu de bandes noires prindrent deux bandes de veloux verd, collets de même veloux, la plume verte fur bonnet blanc, eux veftus de robes de fatin noir doublées de même fatin.

Les Seigneurs Florentins avoient leurs Pages habillés à la

Catherine
de Medicis,
Femme
d'Henry II.
24 Septembre
1548.

même façon du jour devant , & de toile d'argent à manches de broderie , plumes & autres accouſtrements verds ; & eux portoient robes de damas rouge cramoiſi , tout autour franges & broderie d'argent , ſayes de veloux rouge cramoiſi figuré ; leurs laquais, de ſatin blanc, collet de veloux verd , plumes blanches & vertes de plus gaye allegreſſe que le jour précedent.

Les Seigneurs Milanois , de robes de veloux noir doublées de ſatin à manches couvertes de boutons & fers d'or , le ſaye de veloux , les laquais du jour devant , reſervé qu'ils portoient plume blanche & verte.

Les Seigneurs Allemands , de caſaques de taffetas à gros grains bandées de paſſements veloutés , leurs laquais pourpoints & chauſſes de ſatin blanc , bandes de paſſements blancs, friſés bouffants de taffetas verd.

Les Enfants de la Ville avec le Hocqueton du jour paſſé , un collet de veloux verd par deſſous à demi manches juſques au coulde, & la falte de veloux ou ſatin verd , recamés d'argent, le pourpoint de ſatin blanc brodé de gros cordons & biſettes d'or, le pennache blanc , rouge & verd. Après eux Meſſieurs les Conſeillers veſtus de robes de damas noir. Leſquels vuiderent leur ordre avec le Capitaine de la Ville marchants devant les Gentilshommes & autres de la maiſon du Roi & des Suiſſes de ſa garde. Après leſquels la Roine venoit dans une lictière toute découverte avec Madame Marguerite ſœur du Roi veſtues d'une même parure en coeffe tant chargée de pierrerie reſplendiſſante , qu'elle ſembloit plus proprement un autre Ciel étincellant que gemmes ; leurs robes de riche drap d'or à figures de cannetilles , & drap d'argent

friſé.

frifé. La lictière couverte de même avec les Pages, & harnois
des mullets. Après la Roine de Navarre avec Madame la Princeffe dans une lictière de veloux noir découverte par le milieu,
Monfeigneur de Vendôme tenant propos à ladite Roine :
puis Madame de Saint-Pol, autres Princeffes, & après elles
fuivamment toutes les Damoifelles de la Roine veftues d'un
même accouftrement de blanc, le cuffion d'or en tefte garni
de riche pierrerie, accompaignées chafcune d'un Prince, grand
Seigneur & autres Gentilshommes de la maifon du Roi,
qu'étoit une des plus belles compaignies que l'on aye de long
temps vue : & en cet équipage la Roine vint jufques à Pierre-
fcife, où elle trouva Dyane chaffant avec fes Nymphes di-
verfifiées d'accouftrement de veloux, fatin & taffetas verd,
& le même lion du jour devant, fors qu'il fe ouvrit la poitrine monftrant les armes d'elle au milieu de fon cœur, &
à l'heure Dyane lui dit en cette forte :

> *Vous faifant part, Princeffe très-prudente,*
> *De notre chafte & honnorable quefte,*
> *Vous prefentons cette amoureufe bête,*
> *Qui de fon gré toute à vous fe préfente.*

Et lui ayant fait la révérence, la Roine paffa outre, non
fans fe delecter de la devife du portail de Pierre-fcife, & arc
triumphal de Bourgneuf, à la porte duquel quatre de Meffieurs les Confeillers veftus de même damas de leurs compagnons, lui prefentèrent un poile de drap d'argent figuré
de veloux verd avec les armoiries d'elle en riche broderie, &
lequel ils lui portèrent au deffus de fa lictière, la tête decouverte.

Q

Au Griffon elle veit les Vertus accompagnants le Trophée de France, veftues & entremeflées d'accouftrements verds: Vertu commença ici la première.

Si la vertu, Princeffe vertueufe,

Vous a rendu fur toutes fleuriffante,
Encore plus de votre fleur iffante,

Se voit le France en votre honneur heureufe.

La revérence dûement faite par elle, Immortalité fuivit.

Parquoi de vous étant toute amoureufe,

Se rejouit de vous voir jouiffante

Du bien ôté à Fortune puiffante,

Pour mieux vous rendre en terre glorieufe.

La Roine avoir pris grandiffime plaifir tant à leur accouftrement, qu'à leur grace de bien dire, paffa outre fans pouvoir bien bonnement contempler (& felon le defir de fa générofité) l'excellence des fpectacles & théâtres pour la nuit, qui avançoit davantage par l'umbrage des toiles tenduës, enforte qu'on fut conftraint allumer grand nombre de torches par les ruës : elle doncques ainfi conduite jufques au Change, trouva auffi Neptune avec Pallas, lequel avant que rien dire fit fortir fon cheval, puis dit :

Si je voulus le Roi tant eftimer,

Que mon cheval dès Troye lui donnai,

Ce mien Trident auffi vous deftinai,

Pour avec moi dominer la grand mer.

Lui ayant montré fon Trident doré, comme le lui préfentant, Pallas pourfuivit, après avoir premièrement fait con-
vertir fa lance en arbre de paix :

> *La France alors commençant à aimer,*
> *Muai pour vous, Princeffe fage & bonne,*
> *La guerre en paix, comme le Ciel s'adonne*
> *A vos vertus hautement confommer.*

Le plaifir reçu de leur affeétueufe demonftration, fe dé-
tourna en la rue faint Jean, ou elle veit l'Occafion qui lui
prefentoit fa moitié de la Monarchie du monde préparée par
elle au Roi, fon heureux Prince & confort. Delà fuivant
fon chemin en grand joie & jubilation de tout le peuple
grandement rejoui de fa venue, arriva à Portefroc, où Monfeigneur le Cardinal de Ferrare, comme Archevêque, en
l'ordre du jour précédent, & avec Meffieurs les Doyen, Cha-
pître & Clergé de faint Jean, reçurent Sa Majefté avec un
poile de damas blanc & verd, fous lequel elle vint defcendre à la grande Eglife, en laquelle ayant prins l'eau benite,
fut reçue en l'Archevêché avec un magnifique & fumptueux
feftin en la grand fale, où le bal folemnel dura long temps
après les tables levées.

Le Mardi enfuivant, Meffieurs les Confeillers de la Ville
vindrent faire la révérence à Sa Majefté, & lui prefentèrent
leur préfent en un étui de veloux noir à paffements de fil
d'argent & de foie noire, le dedans doublé de fatin cramoifi : le prefent étoit d'un Roi armé à l'antique affis en une
chaire, de laquelle le devant doffier & braffiéres étoient de

CATHERINE DE MEDICIS, Femme D'HENRY II. 24 *Septembre* 1548.

quatre Croiſſants gentement & à propos bien inventés, & le bas des arcs joints & entretenus des chiffres de ſa deviſe : au devant deux Déeſſes préſentant au milieu d'elles un lion qui s'humilioit ; l'une étoit Foi deſignée ſelon l'antique, tenant un pain en une main & en l'autre un vaſe ; l'autre Liberté avec une teſſere qui eſt un dé en forme de pirouette, & ſous le pied droit le diſque ; & tout ſur une plate-forme quarrée mignonement & artiſtement ouvrée de moulures & armoiries de la Ville. Aux deùx milieux des coſtés deux compartiments ou étoit écrit :

FIDEI LIBERTATISQ. PUBLICÆ D.

Après avoir été humainement reçus du Prince, & remerciés, allèrent faire leur devoir envers la Roine, à laquelle après la revérence & harangue en recommandation de la Ville, lui preſentèrent ſon préſent dans un étui couvert de veloux verd paſſementé d'argent, le dedans de ſatin cramoiſi. Le préſent étoit la Déeſſe Proſperité, tenant entre ſes bras deux cors d'abondance pleins de fruits ; ſur le haut deſquels ſortoit un lys au milieu, & lequel s'ouvroit par la cime, & en iſſoit deux têtes d'enfants juſques aux épaules, & à ſes pieds un autre enfant grandet, ſe jouant à une boule ronde émaillée de rouge, repréſentant les pommes de ſes armoiries, & toutesfois ceinte à travers d'un cercle d'or figurant le Zodiaque, pour demontrer que Monſeigneur le Dauphin devoit quelque jour s'employer au gouvernement du monde, leſquelles figures poſoient ſur une plate-forme triangulaire aux armes de la Ville, avec telle inſcription :

Semper honos, nomenque tuum, laudeſque manebunt.

Le

Le preſent reçu & eux remerciés , le Roi & la Roine montèrent après dîner dans leurs gondoles , & s'allèrent ébatre
ſur la rivière , où ils eurent le plaiſir de voir jouſter ceux de
Saint Vincent & de Saint George , & ſe renverſer les uns
les autres & ſe culbuter dans l'eau ; & de là vindrent voir
les galères que l'on preparoit pour la naumachie ou bataille
navale , & leſquelles galères l'accompagnèrent juſques en
Serain * tirant vers l'Iſle , avec bruit de Tabourins , Fiffres ,
Trompettes & Clerons , ſe mêlant à celui de l'artillerie tant
du château que des galères qui lui faiſoient reponſe , choſe
qui redoubla l'embelliſſement de cette journée.

Mercredi enſuivant , le Roi voulut monter ſur le grand
Bucentaure , accompagné de la Roine & des Princes , & s'en
alla voir le grand jeu de Paulme , qu'on lui avoit fait dreſſer
expreſſement , parcequ'il prenoit plaiſir à tel exercice , auquel
lieu Sa Majeſté alla quelques jours après faire exercice ; de
là s'en alla pourmener ſur l'eau , & l'accompagnoient les gondoles , fuſtes & brigantins avec autres vaiſſeaux ſans nombre ; & quand Sa Majeſté voulut prendre ſon vin , l'on deſcendit la collation qui étoit cachée dans le panneau du
milieu du lambris qui ſervoit au planchier du Bucentaure ,
laquelle outre l'invention qui fut trouvée gentille , fut d'une
grande magnificence , de toute ſorte de confitures liquides ,
ſeches de Genes , Eſpagne & Portugal , en diverſes ſortes
de bêtes formées & enrichies d'écuſſons & petites banderolles aux armes des Princes , Princeſſes & des Cardinaux
là préſents ; & tout à coup auſſi la Sommellerie ſortit toute
prête de la carene du Bucentaure , comme ſi les eſprits

CATHERINE
DE MEDICIS,
Femme
D'HENRY II.
24 Septembre
1548.

* Port de
la rivière.

R

celeftes leur envoyaffent d'en haut la collation, & ceux des
eaux les vouluffent abbreuver de leur manoir aquatique, qui
donna grand plaifir & contentement à toute cette royale
compagnie. S'étant Sa Majefté retirée fur les cinq heures du
foir, entra en la fale de la Comédie, qui étoit d'un appareil fomptueux & riche, tant en petits Anges volletants &
nuds en l'air, tenants cierges allumés, que auffi en tant
d'autres figures à demi-boffe, grandes au naturel chaqu'une
élevée fous l'entrée d'une porte antique, & fur la cornice
deux petits enfants de relief foutenants des feftons à fruits
moulés; & étoient lefdites grandes figures douze en nombre,
fix togués à l'antique & couronnés de laurier, repréfentant
fix Poëtes Florentins; les fix autres armés à l'antique, pour
les fix Ancetres de la maifon de Medicis, qui furent premiers
reftaurateurs des lettres Grecques & Latines, de l'Architecture,
Sculpture, Peinture & tous autres bons Arts par eux reffuf-
cités & introduits en Europe Chrêtienne, defquels la rudeffe
des Gots l'en avoit dès long-temps deveftue; il y avoit une
perfpective de relief, & tout autour grands flambeaux de cire
blanche, foutenus de maintes harpies & autres beftes étranges
toutes rondes, pour éclairer tant d'autres enrichiffements,
qu'il ne reluifoit leans que pur or forbi ce fembloit. Les Hif-
trions tant richement & diverfement veftus de fatin & veloux
cramoifi, drap d'or & d'argent broché d'or, avec la recréation de la diverfité de la mufique, changeant felon les fept
âges intervenants aux actes, & le tout accompagné d'un
Apollo chantant & recitant au fon de fa lyre plufieurs belles
rymes Tofcannes à la louange du Roi; & fans oublier une

nouvelle mode, & non encore uſitée aux recitements des
Comédies, qui fut qu'elle commença par l'avenement de
l'aube qui vint traverſant la place de la perſpeƈtive, & chantant ſur ſon charriot traîné par deux coqs, & fini auſſi par
la ſurvenue de la nuit couverte d'étoiles, & portant un croiſſant d'argent, & chantant dans ſon charriot traîné par deux
chevefches ou chouettes, en grandiſſime joie, attention &
plaiſance des ſpeƈtateurs; lequel ébat fut à Sa Majeſté d'une
telle deleƈtation, qu'il ne s'en voulut contenter pour une
ſeule fois.

Le lendemain qui fut le Jeudi 27 de Septembre, après dîner
ſur les vêpres, il eut le paſſe-temps d'une naumachie ou bataille navale de galères, ſuivant quant à la forme l'antiquité,
mais quant à la façon, elles étoient d'enrichiſſement & beauté,
proues & pouppes de nouvelle & folâtre invention, toutesfois trouvée très-belle, comme ſont toutes nouveautés; deſ-
quelles deux grandes étoient Capitaineſſes, l'une de blanc,
noir & rouge, & pour proue un col de bête, haut élevé,
& le devant ployant en bas & bien avant ſur l'eau, le bout
d'icelui finiſſant en une groſſe tête étrange à groſſes cornes,
les paveſades antiques figurées de diverſes groteſques à plaiſir
ſoutenues d'un rang de conſolators, les bords dorés & argentés, l'entre-deux de roſes, fleurs & têtes de lion d'or &
d'argent entremeſlés; le ventre de la pouppe, armé de grands
lames de bâtons antiques tous de fer pour ſoutenir l'abord
& rencontre, & le deſſous & autour tout enrichi de divers
aƈtes à demi relief & bien étouffés, la pouppe d'un berceau
arrondi, comme d'une treille d'argent & noir, deux grands

CATHERINE
DE MEDICIS,
Femme
D'HENRY II.
24 *Septembre*
1548.

croiſſants aux deux fronts du deſſus & deſſous, celui devant le col d'un autre animal, qui en tournoyant, ſe forgettoit ſur le dedans de la galère ; au bout pendoit une petite lanterne dorée, ladite pouppe couverte & parée d'un ornement de taffetas blanc & noir fleureté d'ouvrage damaſquin ; & avoit la ſuſdite Capitaineſſe deux autres galères plus petites & de formes diverſes, l'une à pouppe d'un pavillon, l'autre ſuivant d'un autre ouvrage, les proues de diverſes hures de bêtes toutes d'une couleur, la chiourme reveſtue de rouge à manteaux antiques : l'autre Capitaineſſe de blanc & verd, montroit ſa pouppe d'un demi berceau triangulaire, reprenant ſa moitié de pointe par le milieu lambriſſé dedans à fleurs, un pendant de taffetas à lambeaux & houppes ſur le front de la repriſe : au bout de la pointe contournée en forme de ſerpent pendoit la petite lanterne pour fanal ; en lieu de paveſade, une draperie comme de damas violet à lambeaux arrondis & chargé de houppes pendantes, à laquelle étoient appliquées groſſes maſques bigerres & étranges, étouffées d'or, d'argent, bronze & incarnation ; la proue d'une tête de chievre d'or monſtrueuſe à grand col de grue, ſe ployant en dedans au rebours de l'autre : au milieu l'arbre & cordes, ſartes, rames & tout autre artillage de blanc & verd, la demi gabie environnée de petits pavois, entreſeparés de force traits & dards montrants le fer d'argent, & au deſſus la banderolle de taffetas blanc & verd, pour diverſifier à celle de l'autre Capitaineſſe qui avoit ſa gabie toute ronde, & la banderolle blanche & noire, (que j'avois obmis de dire). Les deux autres petites de la ſuite varioient de forme toutesfois conſonnante

aux

aux couleurs , avec leur chiorme verte. Ainſi équipées & armées, les prouës & flancs des pouppes & courſies qui s'étendoient le long des deux coſtés des paveſades, furent remplis de Soldats, tous armés de mourrions dorés , pavois , rondelles , targues , cimeterres, coultelats, rancons, perteſannes & autres diverſes armes à aſte , grenades, lances , trompes & pots à feu : & en tel armement , departirent du port des Auguſtins, les noires premières , leur Capitaineſſe devant , les autres ſuivants avec petites fuſtes & barques pour les ſecours de ceux qui pourroient cheoir en l'eau , les vertes leur étant à la queuë , avec ſi grand bruit d'Artillerie , Arquebouſes , Trompettes , Clairons , Hautbois , Cornets , Tabourins & Fiſfres, tant des Galères , que des autres vaiſſeaux, où les Capitaines des Enfants de la Ville & des Métiers, étoient chaqu'un ſur le ſien accompagné des ſiens, avec hallebardes, perteſannes, arquebouſes & autres armes clairement reluiſantes ſur cette rivière, qui donnoient un effroi de guerre, & neantmoins c'étoit une joie effroyable , & un effroi joyeux, & contentement terrifique. Les premières doncques s'en allèrent ſurgir à Aiſnai, où Sa Majeſté s'exercitoit à la paulme, cependant que les autres s'alloient ranger en bataille vers le pont de Saône, tournant le dos à leurs ennemis, en eſpérance de les bien recevoir. En cette expectation , tous les ports de Saône, feneſtres, maiſons, toits & les clochers ayant la vue des deux coſtés ſur la rivière , furent en un moment tous pleins & couverts d'une multitude infinie de Peuple, & la rivière tellement garnie de batteaux pleins de monde, que l'on ne pouvoit diſcerner l'eau de terre, tant étoit tout rempli de

CATHERINE
DE MEDICIS,
Femme
D'HENRY II.
24 *Septembre*
1548.

S

CATHERINE
DE MEDICIS,
Femme
D'HENRY II.
24 *Septembre*
1548.

monde. En cet inftant vint Sa Majefté fur fon Bucentaure, fuivi des brigantins, fuftes & gondoles pleines de Princes, Princeffes, Dames & Seigneurs, & fe parquèrent droit des Celeftins pour être juftement au milieu de la tranquillité de l'eau; & foudain que le Bucentaure fut coy & arrefté, ceux d'en-bas firent figne de leur depart, defchargeant leur artillerie: les verds alors tournèrent proue tout-à-coup & fe rangèrent, les Capitaineffes au milieu, les deux moyennes fur les aifles en forme de croiffant fuivies fur la queue de leurs barquots & fuftes; & comme ils fe virent près les uns des autres, les Trompettes commencèrent à fonner l'allarme, & foudain les galères vindrent à toute extrême force de rames à s'inveftir l'une l'autre, grandes contre grandes, petites contre petites, & tout d'un front, où à cet affault fut fait un tel chamaillis d'armes tranchantes, que l'on eût juré affurement qu'ils combattoient mortellement & à outrance, qui ne fut fans ébahiffement & frayeur épouvantable à plufieurs regardants. Après ce premier & furieux affault, les plus foibles fe desharpèrent, & reprint chaqu'un fa volte jufques au fecond affault; lequel commençant à fonner, les moyennes des deux parts, allèrent affaillir les grandes par proue & pouppe, lefquelles ne furent pareffeufes de fe deffendre vaillamment, enforte que les petites voyant qu'elles perdoient temps fe retirèrent tant d'une part que d'autre. Au troifième abord, les petites s'en vindrent de front pour s'afferrer l'une à l'autre, leurs fecours de leurs Capitaineffes à la queue; & commencèrent à tirer des deux parts, grenades & pots à feu brûlants & courants à travers l'eau, & à lancer trompes à feu

fi dextrement, que nul n'en fut offenfé ; combien qu'à cette
charge, la martellerie fut fi âpre & fi furieufe, que les deux
noires mirent à fond une des vertes ; & alors bouttèrent feu
à l'artillerie, Trompettes & Taborins à fonner avec les arque-
boufes des autres batteaux des Enfants & Métiers de la Ville,
& d'une fi grande huée, crierie & tumulte, bruit & écleufme
de joie, qu'on ne fe pouvoit ouïr l'un l'autre. Telle fut l'iffue
de cette bataille navale, fans offenfe de quelque perfonne
que ce fût. Après cette bataille, voyant le Roy que la nuit
s'approchoit, fit monter fon batteau jufques au Couvent de
l'Obfervance, accompagné de toutes les galères, brigantins,
fuftes & autres vaiffeaux efquels étoient les Enfants de la
Ville & les Capitaines des Métiers & tous ceux qui avoient
combattu en la naumachie ; & étoit le nombre des vaiffeaux
fi incredibile, que les poiffons fe pouvoient vanter d'être
couverts comme d'une croûte de glace ; car on ne voyoit
point l'eau en lieu que ce foit, tant étoit couverte de gens
& batteaux, & les rivages de Saône tant pleins de Peuple,
que l'on ne pouvoit bonnement difcerner la rivière, des
rues. En cette fréquence le Roi s'en alla fouper à l'Obfervance, auquel lieu tous les vaiffeaux l'attendoient jufques fur
les fept heures du foir, qu'il monta en fon Bucentaure, avec
grande lumière de torche & flambeaux, coutoyant toujours
les deux grandes galères le vaiffeau du Roy, l'une d'un
cofté, l'autre de l'autre : & comme ils arrivèrent fous le
château de Pierre-fcife, étant le temps calme, & la nuit ferei-
ne, encore qu'il ne fît point de lune, l'artillerie tant du château que des galères, defparra avec fi épouvantable tonnerre,

CATHERINE
DE MEDICIS,
Femme
D'HENRY II.
24 *Septembre*
1548.

CATHERINE
DE MEDICIS,
Femme
D'HENRY II.
24 Septembre
1548.

& retontiſſement de la rivière enfermée entre ſes deux montagnes ſi voiſines, qu'il ſembloit proprement que le château & les hauts rochers tombaſſent en ruine : toſt après furent lâchées d'icelles galères infinies fuſées, & ſi drû que l'une n'attendoit l'autre, & ſembloit que ce fût une ſalve d'eſclopeterie, que du bruit qu'elles faiſoient pour la reverbération des montagnes & de la rivière : ez deux grands vaiſſeaux y avoit un moulin à feu, d'une roue tournoyante par violence de feu artificiel, avec une épouvantable flambe, mettant d'elle-même le feu à cent fuſées rangées comme rayons tout à l'environ de la roue. Icelles donnèrent grand plaiſir, car les unes délogeant alloient en haut, les autres en bas & à travers, comme la roue les contournoit & avec grand bruit, de mode qu'il ſembloit que ce fuſſent étoiles qui ſe fuſſent arrachées du Ciel, car tout étoit en bruit & en feu, dont pluſieurs timides eurent belles affres, & ſe jettoient au fond des batteaux, cuidans être perdus, qui ne fut ſans riſée. En cette façon fut conduit le Roy juſques en ſon logis. Le lendemain les Gladiateurs donnèrent à Sa Majeſté encore une fois le plaiſir de leur combat, comme ils avoient fait le jour de ſon entrée, & aſſiſta la Roine à ce ſpectacle qu'elle n'avoit vu ; en la continuation de ces ébatements & joyeuſetés publiques, fut tiré le temps juſques aux vêpres, leſquelles Sa Majeſté voulut ſolemniſer, pour être la veille de Saint Michel fête de ſon Ordre : à cette cauſe, il aſſiſta à vêpres, & fut celebré la fête de l'Ordre de France, jadis inſtituée par le Roy Louis XI. & fut tenu le Chapitre des Chevaliers qui n'avoit de long - temps été fait en

France,

France, doncques Sa Majesté alla ouir les Vêpres en tel ordre.

CATHERINE DE MEDICIS, Femme D'HENRY II. 24 Septembre 1548.

Précédoient les Suisses de la garde avec leurs Tabourins & Fiffres sonnants, suivis des cent Gentilshommes avec leurs haches ; & puis marchoit l'Huillier de l'Ordre vestu d'une robe longue de satin blanc, & d'un chaperon à bourrelet, comme les Advocats de Paris, lequel étoit de satin cramoisi rouge, la cornette autour du col & le chaperon étendu sur les épaules, portant une grosse masse d'argent doré, le dessus fait avec les armes du Roi couronnées : après lui, le Herault de l'Ordre, le Greffier & le Maître de Cérémonie, tous d'un pareil acoustrement, chaqu'un sa coquille d'or pendant au col, & tous au devant de Monseigneur le Révérendissime Cardinal de Guise, qui marchoit en ce rang, comme Chancelier de l'Ordre, vestu par-dessus son roquet d'un manteau rond de veloux, attaché sur l'épaule droite & rebrassé sur l'autre, son chaperon de veloux cramoisi rouge. Les Chevaliers de l'Ordre venoient suivamment deux à deux selon leur rang & qualité, avec chaqu'un son manteau rond jusques à terre, tout de drap d'argent, attaché & rebrassé semblablement comme dessus, tout autour un rang de riche broderie de croissants se joignant oppositement dessus & dessous, à l'imitation d'une nue à force rayes & flammes d'or entre lesdits croissants : & au dessous un autre rang de l'Ordre de semblable broderie riche, le chaperon de veloux cramoisi bordé pareillement de telle broderie de l'ordre, & par dessus icelui portoient tous le grand Ordre ; tout l'acoustrement de dessous de veloux ou satin blanc, & en nombre de

T

dix-huit, Meſſieurs de Vendoſme & de Guiſe les derniers. Puis venoit Sa Majeſté veſtue de même les autres, excepté que ſon acouſtrement étoit enrichi davantage de merveilleuſement groſſes perles, & quelques franges d'or tout autour de ſon manteau ; Meſſeigneurs les Cardinaux de Bourbon, Vendoſme, Lorraine & Ferrare, reveſtus de leurs roquets & grandes chappes de Cardinal, de camelot rouge : tous leſquels en cette pompe entrèrent au chœur de la grande Egliſe Saint Jean bien en ordre & richement tapiſſé, Sa Majeſté en la place du Doyen, les autres ſelon leur rang laiſſants les places de leurs compagnons abſens vuides ; & au deſſus de chaqu'une place étoient attachées les armoiries & noms des Princes abſents & des preſents ſeulement : auprès du grand Hôtel fut dreſſé un parquet haut, richement paré pour la Roine & les Dames.

Le ſoir Sa Majeſté voulut encore ouir reciter la Comédie pour la ſeconde fois, laquelle fut auſſi de rechief rejouée le Lundi après pour Meſſieurs du grand Conſeil & autres de la Ville, qui n'avoient pû entrer aux premiers recitements.

Le Samedi matin jour Saint Michel, le Roi & les Chevaliers de l'Ordre furent ouir la grande Meſſe en pareil ordre que du ſoir ; mais avec ſi grande foule de Peuple, qu'à peine pouvoient-ils paſſer ; & la grande ſolemnité fut à l'offerte, obſervant les anciennes cérémonies, belle à voir. Au ſortir de là revindrent tous dîner enſemble en la grande ſalle du logis du Roi, la table de Sa Majeſté au milieu : ils furent auſſi aux Vêpres dudit jour, veſtus toutesfois de grandes robes de deuil, le chaperon à bourrelet, & tout

le reſte de leur vêtement de drap noir ; le Roi ſemblablement, mais d'eſcarlatte violette, célébrant la mémoire
de leurs compagnons trepaſſés.

Le jour ſuivant, qui fut Dimanche, furent auſſi ouir la
grand-Meſſe comme le jour précedent, & en habit du ſoir:
au ſortir Sa Majeſté toucha les malades, puis dînèrent encor
enſemble. Après ſouper veit bruſler une nef à quatre chaſte-
lets, aſſaillie & tournoyée des grandes galères, avec mille
artifices de feu & fuſées, & ledit vaiſſeau chargé de canons
de bois, faiſant grand effroi ainſi qu'ils delâchèrent, ce qui
commença par la gabie, & par une tête de dragon ſervant
de pointe de proue, en grand ſpectacle de torches, lanternes & chandelles le long du bord de la rivière, voulants
enſemble contendre * de nombre à la multitude des étoiles
s'il eût fait clair, & reſiſter à la pluye qu'il faiſoit.

Le jour d'après, que fut le Lundi premier d'Octobre, Sa
Majeſté deſpartit pour s'en retourner à Fontainebleau avec la
Roine, autant content & ſatisfait du devoir de la Ville,
comme Prince vertueux & bening, s'il en fut oncques.

ENTRÉE
DU ROI CHARLES VIII.

EN LA VILLE DE LYON, le 7 Novembre 1495.

*Tirée de l'Histoire du Voyage de Naples d'André de la Vigne,
Secretaire de la Reine Anne de Bretagne.*

CHARLES VIII.
7 Novembre
1495.
* C'est
Venissieu.

LE Samedi septième jour du mois de Novembre l'an 1495, le Roi alla dîner à Venissière * & coucher à Lyon : & est à sçavoir que de Lyon sortirent les Manans & Habitans pour l'accueillir, ainsi qu'il lui appartenoit. Premièrement les Prélats, Seigneurs, Comtes & Chanoines de Saint Jean de Lyon, avec tous les autres Chanoines, Curés & Prêtres dudit lieu ; les quatre Mendians & autres Religieux, tous revêtus d'ornemens somptueux, portant Reliquaires, Chasses, Fiertes & autres précieuses Reliques.

Après vinrent les Gouverneurs de Lyon, tant de la Justice qu'autrement, accompagnés de grands & riches Marchands & de plusieurs autres ; & furent faire la révérence & la bienvenue au Roi, lequel étoit lors outre le pont du Rhosne, où il faisoit, pour son plaisir, courir la lance à deux ou trois de ses Mignons.

Nota Cette Entrée devroit être placée après celle de Charles VI ; mais comme elle ne nous a été remise qu'après l'impression de celle de Henry II, il ne nous a pas été possible de la mettre dans son rang.

Après

Après fortirent tous les principaux Enfans de Lyon, montés, bardés & accouftrés de chaifnes, bagues, joyaux, &
autres fingularités le mieux que l'on avoit jamais vû; &
tous veftus & habillés de grands & larges fayons l'un comme
l'autre, lefquels il faifoit beau voir.

La Ville étoit tenduë, tapiffée, garnie & accouftrée le plus
fomptueufement qu'on avoit fçeu faire, de grandes tapifferies
& autres chofes très-belles. La porte où le Roi paffa, & aufli
par tous les carrefours par où il devoit paffer, il y avoit
des échaffauts, myftéres & hiftoires, avec leurs dicts &
fentences par écrit, faits & compris d'entendement merveil-
leux. Item, en plus de cent endroits il y avoit au travers des
ruës des écuffons pendant en l'air, à la mode d'Italie, environnés de gros chapelets de fleurs, & autres verdures
joyeufes; dedans lefquels écuffons étoient les armes mi-parties du Roi, comme Roi de Hierufalem, de Naples, de
Sicile, & de France; & par deffus ledit écuffon étoit la
Couronne du Tiere Impérial magnifiquement fait.

Ainfi entra le Roi avec toute fa Nobleffe, bien accompagné de tous fes Gens d'armes, tant Archers, Gentils-
hommes, Penfionnaires, que de tous fes autres Domeftiques,
triomphant en victoire, glorieux en geftes, nompareil en
magnificence & immortel en excellence. Ledit Seigneur en
la Compagnie deffus ditte, fut mené au logis de l'Archevêque de Lyon, qui eft à cofté de Saint Jean, auquel lieu
l'attendoient la Reine, Madame de Bourbon, & plufieurs
autres grandes Dames, defquelles il fut accueilli en joye &
lieffe très-fingulièrement.

CHARLES VIII.
7 Novembre
1495.

V

ENTRÉE

DE TRES-ILLUSTRE, TRES-PUISSANT,
Très-Chreſtien & très-victorieux Prince CHARLES DE VALOIS,
neuvième de ce nom, Roi de France, en ſa très-renommée &
fameuſe ville de Lyon, le treʒième jour de Juin 1564. tirée de
la Relation imprimée à Paris en la même année par Mathurin
Breville, avec permiſſion.

Charles I X.
13 de Juin
1564.

CE Roi Très-Chreſtien armé de la faveur céleſte, &
par le pouvoir de celui qui peut tout, ayant pacifié
les deux Armées, s'achemina à ſa Ville de Paris, de laquelle ayant réglé & compoſé l'Eſtat, fit Entrée avec toute
magnificence en ſa Ville de Rouen : & à ſon retour pour-
ſuivant plus oultre le propos de ſa royalle deliberation,
marcha contre ſa Ville de Troye, en laquelle il fut très-
magnifiquement receu. De là après pluſieurs diſcours, Sa
Majeſté entra en ſa Ville de Dijon, avec accueil très-ſump-
tueux, comme il affiert à ſa grandeur : puis iſſu de cette
Ville royalle, il entra à Maſcon, & fut receu des Citoyens
& Bourgeois, d'icelle Cité au mieux qu'il fut poſſible, ſelon
les reliques des infortunes paſſées. Succeſſivement Sa Majeſté
Très-Chreſtienne, ſelon l'inſtitution & arreſt de ſon propos,
ſortit de Maſcon, & pour s'acheminer en ſa ville de Lyon,
monta ſur un Baſteau ſumptueuſement baſti & maiſonné,
ayant en ſa pouppe un Dragon ailé à gueule flamboyante,
d'ingenieuſe ſtructure & edification : ſur lequel avec ſa Cour

Royalle il arriva près de Lyon, & logea en la maison du
Seigneur Guillaume Teste, vis-à-vis de l'Isle.

Quelques jours après le Roy trouva bon de voir, sans
pompe, sa ville de Lyon, & logea en rue de S. Jean. Or
le Mardy treizième jour de Juin la magnificence de son triomphe preparée, Sa Majesté fut veüe en un logis appareillé,
pour voir l'ordre des Seigneurs des Nations, Officiers de sa
Justice, Citoyens & Bourgeois de la ville : lesquels allèrent
au devant de Saditte Majesté Très-Chrestienne, laquelle ils
saluèrent, & caressèrent avec très-humble révérence. Recom-
me ce Monarque très-illustre en sa juvenille vertu est proposé
pour naïf exemplaire de Royalle excellence : ainsi, selon sa
générosité Royalle, il les veid d'un œil fort favorable &
gracieux. En somme, toute cette riche assemblée passée oultre devant la face du Roi, elle se rangea en ordonnance,
& s'acheminant au retour, pour accompaigner Sa Majesté,
tint l'ordre qui s'ensuit.

Premièrement marchèrent les Seigneurs Luquois, avec une
magnificence estimable, & telle qui s'ensuit : Au devant
d'iceux furent veus six petits Pages mores, fort beaux, & de
meilleure grace à nue teste, vestus de surcot ou juppes à
l'antique d'un fin satin cramoisy, diapré de passemens d'or,
portant chacun une fort grosse & riche chaîne d'or entre-
lacée au travers du corps. De ce gracieux accoustrement
la carreure des épaules finissant en riches fleurons foriettés,
sortoient manches d'un riche crespe enrichi d'or d'une fort
bonne grace. Les chausses de ces gentils Mores furent de
velours noir à la Gargasque, & les botines fort mignonne-

Charles IX.
13 de Juin
1564.

.CHARLES IX.
1 3 *de Juin*
1564.

ment chauffées, jufques à demie jambe. Quant aux Seigneurs Luquois, leur pareure fut telle : Ils furent veftus de cafaques de fin velours noir, & portèrent robes de velours de mefme couleur, marchèrent avec gravité louable deux à deux, ayant chacun rang defdits Seigneurs deux laquais portans chauffes & pourpoint de fin taffetas blanc, brodés & enrichis de foye incarnate & bleuë.

Après marchèrent les Florentins, ayans les plus graves & aagez pourpoints & chauffes de fatin violet, enrichis de broderie exquife, faye & robe de velours noir : & les plus jeunes furent parés de mefme accouftrement, hors mis qu'ils portèrent cappes de velours noir, doublée de taffetas violet. Au devant de chacun rang de ces Seigneurs, eftabli de deux à deux, marchèrent deux laquais ayans pourpoints & chauffes de fatin blanc diaprés de broderie, de couleur jaune & violette.

Après marchèrent les Milanois, veftus de fayes & robes courtes de velours noir, enrichies de gros boutons d'or, ayant chacun un laquais devant foi, veftu de fatin bleu, & portant bonnet de velours noir, auquel eftoit pofé un plumail de la livrée & devife du Roi.

Subfequemment marchèrent en leur ordre accouftumé les Seigneurs Allemands, veftus de fayes de velours noir, & portans manteaux de fin taffetas noir, bandes de velours de mefme couleur, & chappeaux de velours noir auffi, ayans leurs laquais veftus d'accouftremens de fatin jaune, floquans de taffetas noir de fort bonne grace.

Puis fuivoit le grand Prevoft, veftu de faye de velours

noir,

noir, bandé de velours de mefme couleur, avec fa compaignie reveftuë des hocquetons de fa devife.

Après lui le Prevoft de la Juftice ordinaire fut veu,
avec fes gens.

Marcha en après le Prevoft des Sergens de la Juftice
Royalle criminelle, portant riche accouftrement, & ayant
les gens de fa compaignie reveftus de hocquetons bleus,
brodés de blanc & incarnat : lefquels furent fuivis des Sergens de la Juftice Royalle civile, portants leurs baftons
femés de fleurs-de-lys d'or, en champ d'azur.

Et fucceffivement marchèrent Meffieurs les Officiers &
Jufticiers Royaux : En premier lieu les Greffiers de la Senef-
chauffée, après lefquels vindrent Meffieurs les Eleus en leur
ordre & rang accouftumé.

En après marchèrent Monfieur le Préfident du Siége Préfidial, eftabli par Sa Majefté en fa ville de Lyon, Monfieur
le Lieutenant, & Monfieur le Confervateur des privileges
des foires, lefquels furent fuivis de Meffieurs les Confeillers
dudit fiége Préfidial.

La magnificence de ces Seigneurs paffée, fe préfenta la
compaignie des Gardes eftablis par Sa Majefté Très-Chreftienne en fa ville de Lyon, compaignie petite, mais à la
vérité d'une gentille grace, portans les uns collets de velours
blanc, & les autres de marroquin de mefme couleur, &
chauffes & pourpoint de fatin blanc, enrichis de broderie
de foye incarnate & bleuë.

Cette compaignie paffée, vindrent en rang Meffieurs les
Bourgeois & notables en la Cité, après lefquels marchè-

CHARLES IX.
13 de Juin.
1564.

X

rent huit Trompettes de fa Majefté, lefquels à la porte de Vaize commencèrent à fonner une fanfare moult melodieufe.

Et après iceux en moult plaifante & belle ordonnance marcha le Capitaine des enfans d'honneur de la Ville à cheval, portant pourpoints & chauffes de fatin blanc, collet de velours blanc & manteau de velours noir. Mais les enfans d'honneur Lyonnois furent diaprés d'une pareure gentile, portans pourpoints & chauffes de fatin blanc, & cappes de fin velours noir doublées de fin taffetas violet, ayans leurs capuchons enrichis de gros boutons d'or; leurs bonnets auffi furent de velours noir, enlacés de gros cordons d'or & de perles, avec plumarts de la livrée du Roi, & leurs laquais veftus de leurs livrées. Et lorfque cette généreufe compaignie paffa, fut degorgé par les gueules d'un grand nombre de canons braqués tant au rivage du riche & fuperbe baftillon de S. Jean que dans la fortereffe d'icelui, un bruit d'allegreffe grande, lequel fut refpondu par les piéces pofées au Chafteau de Pierre Scife d'une fort bonne grace, de forte qu'il fembloit que la Terre & l'Eau refonnantes s'efiouiffoyent avec le Ciel gracieux de la venue d'un Roi tant excellent; la Majefté duquel fut plufieurs fois faluée d'une & d'autre part par les mefmes canons.

Après iceux marcha le Capitaine en chef de la ville de Lyon, veftu de pourpoint & fatin blanc, collet & chauffes de velours blanc, & manteau de velours noir: & après icelui Meffieurs les Efchevins de ladite Ville veftus de robes de fatin noir, fayes de velours noir, & pourpoints & chauffes

de satin bleu, & suivis de plusieurs notables & anciens
d'icelle Cité.

CHARLES IX.
13 *de Juin*
1564.

Vindrent subsequemment Monsieur le Senechal de Lyon,
Monsieur le Comte de Bennes, & plusieurs autres illustres
Seigneurs.

Successivement marchèrent les Ambassadeurs des Rois,
Princes & Potentats estranges, avec lesquels furent veus
deux Evesques.

Après marchèrent les cent Gentilshommes de la maison
Royale, lesquels furent suivis de quatre Herauts d'Armes
revestus de costes d'armes de velours violet, rehaussé de riches
fleurs-de-lys d'or.

Après iceux vindrent en rang deux Officiers de la maison de Sa Majesté, portans chacun une grosse masse d'or
fort riche & sumptueuse.

Vindrent en après Messieurs les Mareschaux de France,
Monsieur le Comte de Sault, Lieutenant pour Sa Majesté
au gouvernement de Lyonnois, sous Monsieur le Duc de
Nemours; & Messieurs les autres Chevaliers de l'Ordre de
Sadicte Majesté, diaprés de fort riche pierrerie, avec leurs
colliers de l'Ordre riches à merveille.

A la suite de si excellente compaignie marcha Monsieur le
grand Escuyer, paré d'un riche accoustrement, & monté
sur un cheval beau à merveille, caparassonné de fin velours
violet, semé de fleurs-de-lys d'or sans nombre.

Vint en après Monseigneur le Connestable, marchant seul,
orné d'une pierrerie esmerveillablement riche & precieuse,
portant le Glaive royal nu devant Sa Majesté.

Après icelui marcha le Roi Très-Chreſtien, non moins illuſtré de perfections & vertus, que de port royal & pareure excellente : car Sa Majeſté fut veſtue d'un accouſtrement de fin velours verd, (ſigne évident de ſa floriſſante & juvenile vertu) tout enrichi de broderie de fil d'or & d'argent, diaprée de maintes pierres precieuſes d'exquiſe valeur, portant chappeau à la Royalle de meſme pareure, enrichi d'un plumail blanc & verd, & les botines fort exquiſes & riches.

Sa Majeſté Très-Chreſtienne fut ſuivie de Monſeigneur le Duc d'Orleans, Prince parfaitement beau, & promettant un eſpoir de toutes les illuſtres & bonnes parties domeſtiques au ſang royal de France, veſtu d'un accouſtrement de velours cramoiſi rouge, à bandes de broderie de fil d'or & d'argent, diaprée de pierres precieuſes, les chauſſes & chappeau de meſme pareure.

Ce Prince Royal fut ſuivi du Roi de Navarre, paré d'un accouſtrement de velours cramoiſi rouge, broché d'or, & rehauſſé de broderie d'or, ayant chauſſes & chappeau de meſme eſtoffe.

Après ce jeune Roi doué d'une beauté & grace admirable, marcha Monſeigneur le Reverendiſſime Cardinal de Bourbon; après lui Monſeigneur le Prince de la Roche-ſur-Yon, Monſieur de Montpenſier, Monſieur le Duc de Nemours, Monſieur le Duc d'Aumale, ſuivis d'un nombre infini de grands Seigneurs & Gentilshommes, dont le recit ne ſerviroit ici que d'ennuyeux diſcours & fâcheuſe lecture.

A l'arrière-garde vint la compaignie des Archiers de la

garde

garde de Sa Majefté, en fort belle ordonnance, après lef-
quels furvint une multitude de peuple admirable.

Sa Majefté donc en tel ordre marcha jufques à la porte de Vaize, en laquelle apparut un portail d'excellent artifice.

Ce fpectacle, à la verité recommandable, & d'induftrie ingenieufe, fut affez longuement contemplé par le Roy; lequel enfin marchant outre, entra dans la porte de Vaize, en laquelle il trouva Meffieurs les Efchevins de Lyon reveftus comme cy-deffus nous avons deduit : lefquels ayans très-humblement falué Sa Majefté avec reverence condigne, lui prefenterent un Poefle de fin drap d'or frizé, excellemment riche, fait en ovalle, ayant fix colomnes royalles femées de fleurs-de-lys d'or en champ d'azur, & au deffus un dôme fouftenu auffi de fix colomnes ; fous lequel ce Roy Très-Chreftien marcha jufques au Roc compofé par l'artifice de nature, affis près de la porte de Bourg-neuf, & là fut conftruit un theatre fpacieux, moult forietté en place, lequel eut le devant de fon foubaffement bafti à la ruftique. Au pourpris de deffus fort ample, apparut une prairie fort delectable, & au milieu d'icelle la fontaine de Parnafe, jettant eau plantureufe. En icelle prairie fut veu Apollon tout reveftu (à l'antique) d'accouftrement de fatin blanc, enrichi d'or, coronné de laurier, & tenant une lyre en main, & lequel faifant très-humble reverence à Sa Majefté, profera une harangue diferte.

Ce fpectacle agréable confideré affez bonne piece, Sa Majefté paffant outre, entra en la rue de Bourg-neuf.

Le Roy donc enfin parvint au milieu de la rue de Bourg-neuf, dit le Puys de la Sal, & là fut edifié un theatre eflevé à quatre pillaftres carrés à mode d'ouvrage Corinthien très-bien entendu, orné de figures, avec des fentences & devifes convenables, &c. . . . .

Pourfuivant en après Sa Majefté Très-Chreftienne le progrès de fon entrée, elle arriva au Port de S. Paul, auquel fut bafti un theatre à double eftage fouftenu de quatre colomnes, également orné de figures convenables au Roy, accompagné de dictons très-diferts, &c. . . . . . .

Après que le Roy eut delecté fes yeux en cet object, il paffa outre jufques au Port de Saint Eloy, en la place duquel fe prefenta un theatre eflevé, fouftenu par quatre colomnes très-magnifiques.

Sa Majefté ayant eu le contentement de ce fpectacle, s'achemina outre, jufques à la place du Change, laquelle lui prefenta un theatre moult eftimable, à deux eftages, eflevé fur un foubaffement de bonne grace, & fouftenu par quatre colomnes avec fes pillaftres, le tout orné des figures allegoriques convenables au fujet.

Ce theatre affez bonne piece advifé, le Roy pourfuivit & marcha jufques au grand Palais, où fe defcouvrit le Temple des Vertus, fondé fur un roc, & fouftenu de dix pillaftres, bafti en forme ronde & fpherique, illuftré de plufieurs figures avec leurs devifes.

Ce fpectacle affez confideré, Sa Majefté Très-Chreftienne paffa outre jufques au portail de Saint Jean, au devant duquel fe voyoit un fuperbe édifice d'architecture orné de de devifes & de figures convenables.

Ce spectacle de beauté non vulgaire fut ententivement contemplé par le Roy Très-Chrestien, lequel enfin s'achemina jusques au Temple de Saint Jean, au portail duquel au lieu plus haut & eminent, & en la pointe du frontispice furent posées les Armoiries de Sa Majesté, & plus bas celles de Madame la Royne sa mere, & encor au dessous d'icelles les Armoiries de Monsieur le Duc d'Orleans à senestre, & celles de Monseigneur le Duc d'Anjou à flanc dextre.

Plus bas furent posées celles de Monseigneur le Duc de Nemours, Lieutenant pour Sa Majesté au Pays du Lyonnois, à senestre, & celles de Monseigneur le Mareschal de Vieilleville à dextre.

Au portail bas, & au pilier qui separe les deux portes de la grande entrée dudit Temple furent posées les Armoiries royalles, soustenues par deux Anges ; & au bas fut mise la devise suivante : *Un Dieu, un Roy, une Foy.*

Au Parvis de l'Eglise Archiepiscopale la Majesté du Roy Très-Chrestien fut receue en toute humilité de Messieurs les Comtes, avec les ceremonies accoustumées : puis Sadite Majesté introduite en ladite Eglise, furent renduës graces au Dieu tout-puissant, la faveur duquel fut implorée pour la conservation de sa prosperité. De là le Roy s'achemina à la maison Archiepiscopale, au portail de laquelle furent veuës les Armoiries de Sa Majesté, & au dessous celles de Madame la Royne mere, & de Monseigneur le Reverendissime Cardinal de Ferrare, & fut receu avec telle magnificence que sa grandeur merite.

Ayant assez suffisamment (comme il nous semble) traité

Charles IX.
13 de Juin
1564.

le difcours du Triomphe terreftre, honorant la venuë de noftre Roy Très-Chreftien, la raifon veut bien que nous parlions de ce qui fe paffa fur la Saone delicieufe, à l'exaltation de l'excellence de Sa Majefté. Pource noftre Hiftoire publie que fur ce fleuve gracieux fut édifiée une galiotte de grandeur infigne, faite à mode de galeace, ayant fa prouë fort enrichie, & auffi fa pouppe conftruicte par une frife depeinte, & au deffus des balluftres compofées à mode de galeries, pour le fiege du Pilot qui gouvernoit l'artimon d'icelle. Auprès de ladite pouppe couverte d'un fin taffetas blanc & bleu, fut pofé un riche guidon, & tout le corps dudit vaiffeau couvert de plufieurs banderolles de fin taffetas violet & incarnat. Au corps de ladite grande galiotte furent eftablis plufieurs bancs avec leurs rames fort bien compaffées propices au navigage, & icelles munies de Galiots fort adextres, veftus de fin drap rouge, avec leurs Nochers, Pilots & Conducteurs accorts.

Encor, pour accroiffement de magnificence, fut veuë ondoyer fur le mefme fleuve une galiotte de moindre calibre, excellentement belle, compofée à mode de galeace, vouée à Madame la Royne, mere du Roy Très-Chreftien, ayant fa pouppe édifiée par une frife depeinte, & au deffus des baluftres compofées à mode de galeries, couverte de fin taffetas blanc & bleu, & en icelle le fiege du Pilot qui conduifoit ce vaiffeau. Au milieu dudit vaiffeau fut veuë une Salle édifiée en faillie du corps de ce bafteau, environ un pied pour le fupport & foubaffement d'icelle.

Au deffus furent bafties à flanc dextre cinq niches pour
feneftrages,

feneftrages, & autant au feneftre ; avec leurs pillaftres, chappiteau, arquitrave, confolateur & corniche ; defquelles l'arc eftoit entrerompu par une frife, arquitrave, petite frife, & corniche : le tout petit, difperfant ladite feneftre qui s'entrouvroit à gré, avec l'arc de la niche eftoffé de voirre blanc.

Dans le corps du mefme vaiffeau fut veu un portail de chacun cofté fondé fur un foubaffement, & auffi pour ornement d'icelui furent pofées deux petites niches avec leurs traverfiers fufdits : au refte, compofée en mefme ordre, & diapré de mefme architecture & ornature, tant en dedans qu'en dehors.

Au deffus du portail regardant la prouë fut veu un fronti-fpice avec fon arquitrave, frife & corniche fort enrichie, & dedans ledit frontifpice efcrit ce qui s'enfuit :

R. VIRTUTI CATHARINÆ.

Sus l'autre portail, de mefme.

Et au dedans de ladite falle furent eftablis & ordonnés cinq fieges de chacun cofté, ayans pour appuis leurs con-folateurs. Au deffus defdits pillaftres & niches en dedans, fut veuë une frife en champ bleu, à l'entour de laquelle commençant au portail de la prouë, furent efcrits ces vers :

Si de foy, & en foy à qui forme Nature
Au comble de fon mieux nom très-grand eft donné.
Charles Roy fi parfaict, fils de Royne tant pure :
De vertu Catherine honneur au Monde eft né.
Au Monde l'aage d'or Charles a retourné,
Charles l'honneur du Monde eft de la Vertu né.

Z

CHARLES IX.
13 *de Juin*
1564.

Pour la couverture de ladite falle fut édifiée une voufte enrichie au dedans de compartimens, à fçavoir de rofes eflevées d'or & d'argent en champ d'azur : & le toiɗ fut couvert de fin eftain argenté, verniffé, & peint à mode d'efcailles pour confervation dudit vaiffeau. En la proue de cette galiotte fut eflevée de relief à boffe ronde une lionne moitié poiffon, faifant le bout de ladite prouë, embraffant icelle de fes pattes, & tant du flanc de prouë que de pouppe ordonnés les bancs des Galiots avec leurs rames dextrement agencées. Encor fut veu un autre vaiffeau grand & fort bien compaffé au calybre de fon architecture fait à mode de galeace. Dans ces vaiffeaux, tant durant l'entrée de Sa Majefté, que depuis, furent faits plufieurs paffe-temps, & en iceux Sadite Majefté avec fa fuite royalle fouvent s'eft recréée fur l'efchine de la Saone fommeillante, voyant fur le foir une infinité de fufées defloger accortement, & eflevées en l'air, perdre leur force avec un bruit de très-bonne grace. Pareillement fur un autre grand nombre de barques furent veus les Gens de riviere jouftans avec leurs efcus & lances marinieres, qui donnerent fort agréable deleɗation aux yeux de Sa Majefté.

MORT DE CHARLES IX.

Le 30 May 1574.

EXTRAIT DES REGISTRES DES ACTES
Confulaires de la Ville de Lyon.

MESSIEURS les Confeillers & Echevins de ladite Ville ayant reçu lettre de Meffieurs les Prevôt & Echevins de la ville de Paris, en date du 30 May precedent, qui leur apprend le deceds du Roy, arrivé au Château de Vincennes le même jour, fur les deux heures après midy, après avoir fait le devoir d'un bon Roy Catholique & Très-Chrêtien, dit & déclaré plufieurs fois dans fa maladie & même le jour de fa mort, que fon intention étoit, qu'à caufe de l'abfence du Roy de Pologne fon Succeffeur, * que la Regence du Royaume fût defferée à la Reine fa mere, en attendant fa venue; qu'en confequence, tous les Princes, Seigneurs & principaux Officiers de la Couronne, ont offert fervice & fecours à ladite Dame, pour la confervation du Royaume, lefdits Confeillers & Echevins ont délibéré de fe tranfporter pardevers Monfeigneur le Gouverneur, pour lui offrir tout ce qui dépendoit de la Ville pour le maintien du repos, tranquillité publique, & obéiffance au légitime Succeffeur à la Couronne. Ce qui ayant été fait, ont, de l'avis du Seigneur Gouverneur, refolu d'envoyer un Courrier exprès au Roy de Pologne à préfent Roy de France, pour l'affurer

Mort de
CHARLES IX.
5 de Juin
1574.

*HENRY III.

Mort de
CHARLES IX.
5 de Juin.
1574.

tant de la fidélité & obéiſſance dudit Gouverneur, que deſdits Sieurs Conſuls, & généralement de tous les Habitans
de la Ville de Lyon, qui s'expoſeront juſques au dernier
ſoûpir pour ſon ſervice ; & ont delibéré de nommer pour
ladite Deputation le Sieur Du Ruby Procureur Général de
ladite Ville, laquelle & la Communauté il repreſentera
auprès de Sa Majeſté, à laquelle il fera entendre pluſieurs
particularités ; & pour raiſon des frais dudit voyage, le
Conſulat a fixé une ſomme de cinq cens ſoixante livres.

ENTRE'E

ENTRÉE
DU ROI HENRY III.
Le Lundy 6 Septembre 1574.

LEDIT jour Meſſieurs les Conſuls Echevins de la Ville de Lyon ſe ſont trouvés en l'Hôtel commun de ladite Ville, duquel lieu, heure de deux après midy, ils ſont partis avec aucuns Notables de laditte Ville, mandés pour aller recevoir le Roy Henry III. devant Roy de Pologne, lequel le même jour ſeroit arrivé ſur les cinq heures du ſoir, & entré en ladite Ville par la porte du pont du Rhoſne; à laquelle porte leſdits Sieurs Echevins n'auroient voulu attendre pour y recevoir Sadite Majeſté, d'autant qu'elle n'auroit voulu lui être faite Entrée ſolemnelle juſques à ce que elle eût été couronnée: toutesfois auroient leſdits Sieurs Echevins fait preparer, armer & équiper les forces de ladite Ville étant ſous la charge & conduite des Capitaines des quartiers, Penons de ladite Ville, leſquels avec leurs Enſeignes deployées, ſe ſeroient rendus en la Place de Belle-cour, en laquelle l'on eſtimoit faire dreſſer un bataillon, y paſſant Sadite Majeſté, faire une ſalve d'arquebuſes accouſtumée, toutesfois & pour au-

A a

tant que Sa Majefté feroit arrivée pluftot que ledit bataillon n'auroit pû être dreffé, auroient lefdits Sieurs Echevins fait la reverence à Sa Majefté à l'entrée de ladite Place de Belle-cour; à laquelle, après l'avoir congratulé de fon heureux & fi profpere retour en fon Royaume, ils auroient, comme tenus & obligés, offert non-feulement tout ce que étoit defdites forces en icelle Place de Belle-cour, mais tout le refte des Habitans de ladite Ville, que leurs propres vies, pour lui faire très-humble fervice : à quoi Sa Majefté faifant reponfe gratieufe & très-agreable, auroit dit qu'il avoit toujours cogneu cette bonne Ville, & s'en eftoit toujours affuré, qu'il les prioit & commandoit d'y continuer, & que tout ainfi qu'ils avoient été bons & fideles Sujets, qu'il leur feroit connoître par effet, qu'il leur feroit bon Prince & Roy, & que particulierement il gratifieroit ladite Ville, en toutes les bonnes occafions qui s'en prefenteroient. Ce fait, auroit Sadite Majefté traverfé ladite Place de Belle-court, jufques à la riviere de Saone, & à l'endroit de la Place de Rontalon, auquel lieu ayant été dreffé un port ou defcente à ladite riviere, expreffement accommodée pour Sa Majefté, & feroit monté fur un grand batteau, fur lequel auroit expreffement été conftruite, par commandement & aux depens du Confulat, une Salle de bois & charpenterie accompagnée de galleries tout autour d'icelle, environnée de coudieres, & ladite falle percée & feneftrée de tous les côtés & endroits d'icelle, peinte tant dedans que dehors; dans laquelle auroit Sadite Majefté accompagnée de la Royne fa niece, Meffieurs les Ducs d'Alençon, Roy de Navarre, & Duc de Savoye, traverfé jufques à l'Archevêché de Lyon, où fon logis lui avoit été preparé.

ENTRÉE

EPUIS ce grand coup d'estat, cette vive & genereuse resolution que la ville de Lyon suivit pour, en s'affranchissant d'une servitude estrangere, se remettre sous la juste obeissance de celui que Dieu, la Nature & la Loy avoient declaré Roy de France, elle n'eut plus grand desir au cœur, plus ferme pensée en l'ame, que l'heur, l'honneur & le contentement de voir cet Hercule des François, qu'elle ne recognoissoit que par la vive image de sa bonté, les salutaires effects de sa clemence, & la reputation de sa valeur; n'attendant d'autre main que de la

sienne le restablissement de ses ruines, le soulagement de ses Citoyens, la guerison de ses playes, ne se promettant que de sa presence l'eslongement de ses ennemis, & la fin de ses miseres.

Et le Roy considerant que cette reduction avoit crevé les voiles qui bandoient les yeux de la plus grande & moins saine partie de ses subjects, desesperé les esperances de ses ennemis, & que ce coup avoit justement donné aux cœurs des plus obstinés, ne desiroit rien tant que de visiter sa bonne ville de Lyon, qui par sa fidelité s'estoit acquise l'illustre surnom de fille aisnée de sa couronne, comme celle qui avec tant de sincerité & d'allegresse, s'estoit jettée entre ses bras sans autre mouvement que de la seule gloire d'estre la premiere à se recognoistre, ainsi qu'elle avoit esté la derniere à se desbaucher.

Mais les grands affaires qui se presenterent tout autour de lui, les entreprises de l'ennemi sur la frontiere de Picardie, le siege de Lan, le traicté de plusieurs Villes importantes, obligerent Sa Majesté à demeurer au cœur de son Royaume plus longuement que l'indisposition des extremités ne le requeroit, pour defendre la Monarchie contre la tyrannie, le François contre l'Espagnol, la justice, l'ordre & l'authorité, contre la violence, la confusion & la rebellion.

La ville de Lyon cependant est demeurée ferme & constante contre les efforts que ses ennemis faisoient au dehors, & les ordinaires menées qu'ils tramoient au dedans pour y rallumer les feux esteints, & la rendre la ressource de leurs esperances presque taries. Elle s'est rendue un roc de fermeté,

contre

contre lequel les flots ont rompu & perdu leur violence : s'eſt monſtrée l'azyle des affligés pour le ſervice du Roy, a fait vivre ſes Citoyens parmi tant de voiſines frayeurs ſans effroy, les entretenant de la douce eſperance de la venue de Sa Majeſté, laquelle ayant mis ordre aux armées de Picardie, Bretagne & Gaſcogne, envoya Monſieur le Mareſ-chal de Biron en Bourgongne, qui aux yeux & à la honte du ſecours d'Eſpagne, emporta Beaune, força par le ſape, le canon & l'aſſaut, le Chaſteau; amplifia en Breſſe ce que Monſeigneur le Conneſtable y avoit commencé, & ſoudain avec une diligence admirable ſe rendit à la porte de Dijon, y engagea ſa perſonne & ſes ſerviteurs, reſolu de s'en rendre vainqueur, ou d'y mourir, tant il a toujours meſ-priſé ſon propre ſalut, quand il a eſté queſtion de ſauver l'Eſtat.

HENRY IV.
4 Septembre
1595.

Le Roy ſur cet advis croyant que ſa bonne fortune lui preſentoit une belle occaſion de combattre, (comme autresfois) l'Eſpagnol aux frontieres de ſa France, part auſſi toſt de Fontaine-bleau, fait ſon entrée à Troye, & le len-demain monte à cheval pour ſe rendre à Dijon, & avoir ſa part d'une ſi genereuſe execution.

Sa preſence, qui ſeule ſuffit pour combattre les legions les plus mutinées, força le Capitaine qui commandoit au Chaſteau de Dijon de ſortir, & l'armée eſtrangere de fuir, portant au front une honte ineffaçable, au cœur un regret immortel d'avoir veu un Roy de France en teſte de cent chevaux François, donner la fuite & mettre en route cette grande & ſuperbe troupe, qui ſe promettoit d'accabler les

B b

forces de France, fous les ruines du Chafteau de Dijon,
& feit cognoiftre à toute l'Europe que le nombre doit ceder
à la valeur, & la force au courage des François, &c. .

Le Roy content de l'advantage qu'il avoit acquis fur fes
ennemis, partit de Bourgongne, & s'en vint à Lyon en la
plus grande ferveur & des ouvriers & des ouvrages preparés
pour fon entrée, laquelle pour ce refpeƈt il remit au Lundi
quatriefme du mois de Septembre fuivant, jour que le
peuple efperdument defireux de voir Sa Majefté, attendoit
avec une incroyable impatience, jour memorable aux faftes
eternelles des François, comme celui qui leur rameine tous
les ans la foûvenance de la victorieufe entrée du Roy
Loys XII. à Milan.

Dès la pointe de ce jour, l'un des plus doux & plus beaux
de l'année, les rues furent tapiffées, le pavé couvert de fable,
Monfieur Laurans Confervateur des privileges des Foires de
Lyon, qui à fon tour eftoit entré pour ce mois en la charge
de Sergent Majour, fit armer & conduire les Compagnies
des trente & fix Quartiers de la Ville au fauxbourg de Vaize
au lieu où il les devoit mettre en ordre, pour marcher devant
le Roy. Monfieur Seve Capitaine de la Jeuneffe de la ville de
Lyon, fit fonner fes trompettes pour monter à cheval. Tous
les Corps de tous les ordres de la Ville fe preparerent pour
marcher en leur rang.

Sur les huit heures du matin après la Meffe, le Roy entra
au batteau pour monter fur la riviere jufques à la Clare où
eftoit le theatre des premieres ceremonies. Ce batteau eftoit

d'une belle & riche ſtructure , à douze rames , le couvert
au dehors peinturé en eſcailles d'argent , le dedans de damas
incarnat & blanc , avec les rideaux de meſme eſtoffe : à la
pouppe ſur le gouvernail eſtoit un lion de bronze doré.

HENRY IV.
4 Septembre
1595.

Sur l'entrée de la porte devers la prouë eſtoient eſlevées
les armes de France & de Navarre , avec ces mots :

UT TERRÆ, SIC DOMINETUR AQUIS.

Le Roy eſtant deſcendu du batteau , quoique la chaleur
de la ſaiſon fût violente , ne ſe voulut enfermer ſans exercice ; mais contentant ſa vive & active complexion contraire
à ces molles & delicates natures qui ne peuvent vivre en
eſté qu'à l'ombre , ni en hyver qu'auprès du feu , voulut
revoir toutes les beautés dont la nature & l'art ont enrichi
la Clare en attendant l'heure de ſon diſné. Sur laquelle
on l'advertit que Meſſieurs les Comtes de l'Egliſe de Saint
Jean deſiroient de ſe preſenter à Sa Majeſté. Il les fit entrer
& les ouït en la ſalle où il devoit diſner. Monſieur le
Doyen de Chalmazel , (après une grande & profonde reverence,) parla au nom de cette ancienne , grave , noble &
illuſtre Egliſe, auquel diſcours Sa Majeſté reſpondit avec
des termes pleins d'eſtime pour la nobleſſe & l'ancienneté
de ce Chapitre.

Après le diſner , les Genevois & les Allemands furent
admis à l'audience de Sa Majeſté , qui leur reſpondit avec
bonté ; enſuite de quoi le Roy ſe fit voir ſur ſon Throſne
royal , eſlevé ſur un grand eſchaffaud , tapiſſé & orné d'une
maniere convenable , avec des inſcriptions aux coſtés en

lettres d'or, fond d'azur, convenables au fujet, &c. . . .

Toutes les Communautés des Eglifes, Colleges, Paroiffes, & Monafteres monterent fucceffivement fur ce theatre, & complimenterent Sa Majefté, qui leur refpondit en termes gracieux, &c. . . . . . .

Monfieur de Tourveon, Chanoine & grand-Obeancier de Saint Juft, qui porte ordinairement la parole pour le Clergé de Lyon aux entrées des Roys, s'eftant mis à genoux, Sa Majefté le fit relever, & il parla debout, à quoi le Roy refpondit auffi avec bonté & dignité, &c. . . .

Après que le Clergé fut defcendu du theatre, le Sieur Thomé, Prevoft general de Meffieurs les Marefchaux de France en l'ancien Gouvernement de Lyonnois, y monta, & fe prefenta au Roy, qui, à la recommandation de Monfeigneur le Conneftable, fe fouvint des voyages qu'il avoit fait vers Sa Majefté pour les neceffités publiques de cette Ville & Province, & print plaifir qu'il lui dit.

SIRE, nous adorons un Dieu; après lui nous vous recognoiffons pour noftre fouverain Seigneur & Maiftre, & puis qu'il lui a pleu vous mettre le Sceptre en main, nous le fupplions qu'il faffe reluire en vous la pieté & la juftice, par lefquelles ramenant vos fubjects devoyez au devoir, vous puiffiez longuement regner en paix, & nous laiffer un Succeffeur heritier de vos vertus, heur & valeur.

Meffieurs

Meſſieurs des Nations monterent enſuite ſur le theatre, en
cet ordre, les Lucquois, les Florentins, les Suiſſes & Griſons HENRY IV.
4 Septembre
1595.
qui haranguerent Sa Majeſté, qui reſpondit à tous avec
diſtinction, & des termes qui convenoient à leur origine,
&c. . . . .

Meſſieurs du Siege Preſidial vindrent après, ſe proſterne-
rent aux pieds du Roy, & Monſieur de Langes leur Preſident, qui deſormais doit être nommé l'un des Catons de
France, & des plus dignes inſtrumens de la Juſtice, commença ſon Harangue en cette ſorte.

S*IRE*, *vos très-humbles & très-obeiſſans ſubjects les Officiers
de la Juſtice en voſtre bonne ville de Lyon, ſont venus en
toute humilité faire la reverence à Voſtre Majeſté, & la féliciter
de la grace que Dieu tout puiſſant lui à faite de lui avoir conſervé
entier ſon eſtat & coronne de l'injure du temps & de l'oppreſſion
& tyrannie des pertubateurs du repos public, & encore des belles
victoires qu'il lui a données contre ſes ennemis. Et partant à bon
droit, nous pouvons dire avec le Pſalmiſte royal David qui avoit
l'eſprit de prophetie : Vous avez aimé & cheri la Juſtice qui eſt le
bras dextre des Princes, vous avez ſüi & deteſté l'iniquité. Pour ces
cauſes noſtre bon Dieu vous a oingt de ſon ſaint huile de joye, allegreſſe & jubilation, choiſi & eſleu ſur tous les Seigneurs de la
terre pour regir & gouverner cette Monarchie Françoiſe, la plus
belle & excellente de la Chreſtienté : mais s'il eſt loiſible à vos bons
& loyaux ſubjects prevoir, preſentir & augurer de l'advenir, nous
dirons que par vos rares & ſingulieres vertus dont la nature vous
a doué par deſſus tous autres, Dieu vous a conſervé & conſerve*

C c

pour regir & gouverner universellement sur toute cette machine ronde de la terre, & que de vostre temps on pourra dire que les portes du temple de Janus ont esté fermées, attendu qu'on y verra la Justice regner au grand contentement de tous les peuples, en paix, union & concorde à vostre gloire, à la conservation & exaltation du saint nom de Dieu, & extirpation des heresies, pour par ce moyen & après longues années, au moyen de cette sainte administration, nous acquerir à tous la vie eternelle, pour après cette mortelle vivre avec les esleus & bienheureux en perpetuelle beatitude.

Dieu vous en fasse la grace, & à nous, S I R E, de vous faire service très-humble & très-agreable, comme nos vœux, volontés, & saintes intentions y sont entierement vouées & destinées.

Le Roy se pleut à voir les Ministres de sa Justice, les vives branches de l'authorité royale, qui ne fleurit jamais quand la severité de la Loy est fletrie & mesprisée parmi les mutineries & seditions, où les choses ne sont distinguées que par la force & violence, l'ordre ne se recognoit qu'à l'ombre de la licence & confusion, l'ordonnance ne s'imprime que sur la cire, qui facilement se fond par les tiedes faveurs des plus puissans. Sa Majesté qui n'a rien plus à cœur que de voir redresser cette ferme colomne de son Estat, leur respondit : *J'ai trouvé mon Royaume si troublé à mon advenement à la Coronne, que je n'ai peu procurer à mes subjects tout le repos que j'eusse desiré ; mais j'espere avec l'aide de Dieu d'achever ce qui a esté si bien commencé : pour par ce moyen faire revenir le siecle qu'on appelloit doré, afin que nous jouïssions ensemble de ce bonheur, moi comme votre Roy, & vous comme mes bons subjects.*

Monſieur Seve, Capitaine des Enfans de la Ville, preſenta
ſa Compagnie au Roy, en très-beau & très-riche equipage,
n'y ayant perſonne en toute la troupe qui n'euſt de la
grace & de la dexterité à manier ſon cheval. Ils portoient
le chapeau gris avec un pannache blanc enrichi de pierreries, qui brilloient avec une merveilleuſe ſplendeur. Leur
habit eſtoit de ſatin gris tout chamarré de clinquant d'argent, & ſous la decoupeure entre-deux paroiſſoit le taffetas
verd. Le manteau eſtoit de velours ras, doublé de ſatin
incarnat, avec ſept bandes de paſſement d'argent. Leurs
lacquais eſtoient habillés de blanc & de bleu. Leur Capitaine ſe preſenta au Roy avec ceux des deux premiers rangs
de la bande, & offrant à Sa Majeſté les fleurs & les fruiĉts
de cette belle & vigoureuſe Jeuneſſe, luit dit :

*S I R E, cette Jeuneſſe ne pouvoit eſperer ni deſirer plus
grande faveur du Ciel, plus grand honneur en la terre, que
de ſe voir proſternée aux pieds de Voſtre Majeſté, pour lui offrir
ſon cœur, ſes fortunes & ſa vie. Et bien que ce ſoit choſe peu
proportionnée à la grandeur du plus puiſſant, plus juſte, plus
redouté & plus victorieux Prince du monde, ſi vient-elle des effects
de l'inviolable fidelité de ceux qui nourris de la mouëlle & du
ſang de lion, ont eu aſſez de courage pour ſe reſoudre à mourir
pluſtoſt très-humbles & très-obeiſſans ſubjects que vivre ſous une
domination eſtrangere. Auſſi n'avons-nous, S I R E, autre opi-
nion de noſtre felicité, que de vivre & mourir au très-humble &
très-fidelle ſervice que nous devons & que nous rendrons touſiours
à Voſtre Majeſté.*

HENRY IV.
4 Septembre
1595.

Henry IV.
4 *Septembre*
1595.

Messieurs les Eschevins très-fidelles serviteurs du Roy, très-bons Peres de leurs Citoyens, qui ont eu l'honneur de tenir le timon des affaires publiques, parmi tant de vagues & d'escueils depuis que la Ville se remit sous l'obeissance de Sa Majesté, Seigneurs tous choisis des familles de Lyon, plus illustres & riches de pieté, d'honneur & de merite, qui n'ont rien espargné pour se faire arracher les espines que Lyon avoit aux pieds, n'ont jamais fait passer leur profit particulier devant le general, furent appellés par Monsieur le Maistre des Ceremonies, & conduits devant le theatre du Roy; le Sieur de Montmartin premier Eschevin dit pour eux :

S I R E, vos très-humbles & tres-obeissants subjects & serviteurs les Habitans de vostre ville de Lyon, au nom desquels (comme leurs Consuls Eschevins) nous sommes ici prosternés à vos pieds, supplient très-humblement Vostre Majesté de vouloir prendre cette confiance de leur fidelité & affection à vostre service, que comme au hazard de leurs vies, & de la perte de tout ce qui peut estre le plus cher à l'homme, ils se sont remis sous vostre heureuse obeissance, & mis entre vos mains cette vostre Ville, & l'usurpateur d'icelle, ils employeront pareillement jusques à la derniere goutte de leur sang, pour se conserver sous vostre subjection.

Comme vos fidelles subjects, nous remercions Dieu de la grace qu'il nous fait de voir la face de nostre bon Roy ; supplions sa Majesté divine d'accepter nos vœux pour vostre longue vie & felicité, & vous SIRE, ce perpetuel & inviolable serment de fidelité que nous faisons très-humblement en vos mains sacrées, de

vivre

vivre & mourir fous voftre obeiffance ; & ainfi le jurons &
promettons au nom de tous nos Concitoyens & de toute noftre
pofterité.

Le Roy refpondit : *Mes Amis , j'ai loué voftre fidelité , j'ai touſiours creu (quelque desbauche & changement qu'il y ait eu par mon Royaume) que vous eftiez François ; vous me l'avez bien monftré , l'honneur vous en eft demeuré , & à moi tout le contentement qu'un Prince peut avoir du fervice & de l'obeiffance de fes fubjects. Continuez à m'aimer , & je vous ferai cognoiftre combien je vous aime , & que je n'ai rien plus à cœur que voftre repos.*

La Harangue finie, le Roy laiffa fon throfne, & s'avança fur la barriere du theatre pour voir paffer l'Infanterie, laquuelle il defcouvrit de loing ; & cependant qu'elle s'acheminoit, les Gladiateurs & Maiftres d'efcrime tirerent des armes devant Sa Majefté, pour ne laiffer rien de toutes les circonftances qui devoient accompagner cette refiouiffance publique.

Sur ce le Sergent Majour mit pied à terre, fit faire alte à fa troupe, & affifté des premiers rangs des Capitaines Penons monta fur le theatre pour offrir les courages, les vœux, les armes & les vies du peuple de Lyon à Sa Majefté. Pource il lui dit :

SIRE, *ce Peuple voftre à fait paroiftre combien il portoit impatiemment l'ufurpation du Duc de Nemours, & encore la tyrannie de la Ligue ; & maintenant il fait cognoiftre fon allegreffe, pour l'heureufe venuë de Voftre Majefté, ſi longuement*

Henry IV.
4 Septembre
1595.

ſouhaitée, laquelle lui fait eſperer un heureux repos, pour (quit- tant ſes armes) retourner chacun en ſa maiſon & en fermeté invio- lable de fidelité, pour laquelle au nom de tous, nous faiſons ce ſerment ſolemnel en vos mains ſacrées, & proſternés à vos pieds jurons & promettons pour nous & noſtre poſterité vivre & mourir en la ſubjeÆ"tion, obeiſſance & fidelité deuë à Voſtre Majeſté & aux ſucceſſeurs de voſtre Coronne.

Le Roy dit " qu'il ſe ſouviendroit touſiours que le Peuple „ de Lyon lui avoit fait ſervice au beſoin, & lui feroit voir „ avec l'aide de Dieu le fruiÆ"t que ſa fidelité a merité envers „ un bon Roy, la grace duquel ne manque jamais à ceux „ qui ne manquent en leur devoir.

Il print plaiſir au nombre & en l'ordre de ce peuple, lequel ores que la Ligue l'eut mis à pied, eſtoit richement paré, & proprement armé. Il admira la brave forme de marcher, la reſoluë & militaire poſture de tant de gens, appellés à autre profeſſion que à celle des armes ; & toute la Nobleſſe, qui eſtoit autour de Sa Majeſté, receut un contentement incroyable de voir cette eſpece foreſt de cinq mille pannaches blancs en une plaine campagne, avec le bril des pierreries qui eſclattoient une grande ſplendeur. Le Roy voulut voir paſſer tous les rangs qui eſtoient eſgaux en livrée, en habits, en armes & en taille de perſonnes, & jugea avec les autres Seigneurs de ſa Cour que ces armes ne couvroient pas des cœurs de cerf, mais des courages de lion.

Ce fut lors que Monſieur le Maiſtre des Ceremonies com-

manda à ceux qui devoient preceder l'Infanterie, prendre
leur rang pour marcher & entrer en la Ville, afin qu'elle
ne rompît fes rangs.

Henry IV.
4 Septembre
1595.

Meffieurs du Clergé, tous les Ecclefiaftiques tant feculiers
que reguliers de toutes les Paroiffes, Colleges & Monafteres
de Lyon, (excepté les Chartreux & Celeftins) ayans des
premiers fait la reverence au Roy, s'eftoient defia retirés
pour eviter la foule.

Après eux marcherent les Gardes du Roy aux portes de
Lyon, conduits par le Sieur de Fefins, Maiftre des Ports.

La Communauté des Sergens fuivoit, portant les baftons
femés de fleurs-de-lys.

Le Prevoft de Meflieurs les Marefchaux de France avec
fon Lieutenant & fes Archers à cheval.

Les trente-fix Serviteurs portans les armes accomplies des
Penons.

Monfieur Laurens, Efchevin & Sergent Majour, veftu de
toile d'argent de couleur violette, à cheval, conduifant les
trente-fix Compagnies defdits Penons.

Trente-cinq Capitaines des trente-fix Penonnages de la
Ville fuivoient à cinq par rang, tous habillés ou de fatin
blanc, ou de toile d'argent, & le premier rang eftoit de
trois Confeillers & deux Efleus portans, comme les autres,
la pique de Bifcaye.

Après eux cent & trente rangs de Cuiraffes avec le
pourpoint blanc, la chauffe de velours, le bas de foye,
le chappeau relevé d'un grand panache, portans tous la
halebarde ou la parthezane avec les longues franges d'or &
de foye.

HENRY IV.
4 *Septembre*
1595.

Trente-cinq ſerviteurs des Lieutenans des Penons, portans les boucliers, coutelats & pots de leurs maiſtres. Vingt Tambours battans. Trente-cinq Lieutenants des Penons.

Quarante-ſept rangs de Moſquetaires avec la bandoliere de velours, & la fourchette reveſtuë & frangée de meſme en broderie.

Cinq cens rangs d'Arquebuziers, la pluſpart deſquels avoit le morion en teſte. Quarante rangs de Picquiers, avec le corſelet blanc de Milan.

Trente-cinq ſerviteurs des Capitaines Enſeignes, portans les parthezanes & armes de leurs maiſtres.

Trente Tambours. Trente-cinq Capitaines Enſeignes. Cinquante-cinq rangs de Picquiers. Trente rangs de Moſquetaires. Trois cens rangs d'Arquebuziers. Deux cens rangs de Cuiraſſes.

Quatre Capitaines de la Ville à cheval pour aſſiſter le Sergent Majour à la conduite de cette grande multitude, de telle eſtenduë que le premier rang eſtoit deſia à la porte Saint George, quand le dernier entroit par celle du fauxbourg de Vaize.

Après l'Infanterie de la Ville, venoient Meſſieurs des Nations qui rendent le negoce de Lyon renommé par tout le Monde. Les Lucquois, les Florentins avec leur Conſul, les Griſons & Suiſſes tous à cheval avec la houſſe en habits riches & honnorables.

A leur queuë eſtoient les Soldats du Guet à pied. Les Huiſſiers & Officiers de la Juſtice.

Meſſieurs du Siege Preſidial montés ſur mules, portans
les

les bonnets quarrés, reveſtus de leurs robbes longues, Monſieur de Langes leur Preſident, & Monſieur le Lieute-nant general de Villars marchoient en robbes rouges.

Les Exconſuls & notables Bourgeois de la Ville.

Les Gladiateurs & Maiſtres d'eſcrime veſtus de ſatin blanc, portant des armes de toutes ſortes, dont ils eſcrimerent devant le theatre du Roy.

Le Capitaine des Enfans de la Ville, avec ſa belle & riche Compagnie, les trompettes enrichies de ſes deviſes & des armes anciennes des Marquis de Seve, maiſon illuſtre en Piedmont.

Meſſieurs les Conſuls & Eſchevins, reveſtus de robbes de ſatin violet, la houſſe de velours, ayans chacun deux laquais de meſme livrée & devant eux les Mandeurs & Officiers de la Maiſon de Ville.

Monſieur de Roquelaure Maiſtre de la Garderobbe du Roy, avec les cent Gentils-hommes de la Chambre.

Pluſieurs grands Seigneurs & Capitaines. La garde des Eſcoſſois avec leurs hocquetons & halebardes. Monſieur le Prevoſt de l'Hoſtel avec ſes Officiers & Archers. Les Suiſſes de la garde du Roy.

Meſſieurs des affaires, portans l'Ordre du Saint Eſprit. Monſieur de Liancourt, portant l'eſpée du Roy en la place de Monſieur le Grand Eſcuyer de France.

Quatre jeunes Gentils-hommes bien parés, bien montés, portans chacun un eſperon d'or en main.

Monſeigneur le Duc de Mommorency, premier Baron, Pair & Conneſtable de France & le premier honneur des

HENRY IV.
4 Septembre
1595.

Officiers de cette Coronne, portoit l'espée nuë de France devant le Roy, renouvellant en la souvenance des bons François l'immortelle obligation qu'ils ont au grand Anne de Mommorency son pere.

Le Roy vestu de toile d'argent enrichie de perles & broderies, monté sur un cheval blanc & harnaché de blanc, environné des Gentils-hommes de la garde de son corps, avec les halebardes & hocquetons blancs, fait d'orfevrerie.

Sa Majesté estoit suivie par Monseigneur le Duc de Guise, Monsieur le Mareschal de Brissac, & plusieurs autres grands Seigneurs.

Comme on marchoit en cet ordre, Sa Majesté arriva à la porte du fauxbourg de Vaize, laquelle estoit revestuë d'un avant-portail avec des Statuës & des Inscriptions très-bien adaptées au sujet, &c. . . . .

Le Roy passant outre arriva à la porte neuve du pont-levis, où Messieurs les Eschevins l'attendoient pour lui presenter les clefs de la Ville; ledit Sieur de Montmartin, Chevalier de l'Ordre du Roy, & Escuyer de son Escuirie, comme premier Eschevin, s'avança, & dit à Sa Majesté:

SIRE, il a pleu de toute ancienneté aux Roys vos predecesseurs, & aussi à Vostre Majesté de confier & infeoder la garde des clefs de vostre ville de Lyon, aux Consuls & Eschevins de ladite Ville qui les vous presentent en toute humilité avec leur immortelle fidelité, & perpetuelle obeissance.

On lui presenta aussi le poile de drap d'or, enrichi de fleurs-de-lys, armes, chiffres & devises de Sa Majesté, faites en broderie. Il eſtoit porté par quatre Eſchevins, à ſçavoir, Monſieur de Montmartin, Monſieur Henry, Conſeiller du Roy & Treſorier de ſes finances en la Generalité d'Auvergne, Monſieur Polaillon & Monſieur Jaquet.

On donna encore en la main du Roy une palme que les anciens Empereurs triomphans portoient en leur main droite, pour marque de victoire, d'autant que cet arbre ſouſtient les faix plus peſans, & ne ploye ni rompt jamais ſous la charge, ains ſe releve tant plus on s'evertuë de le courber.

Aux deux coſtés de cette porte eſtoient eſlevés deux Autels fumants d'odeurs agreables, l'un dedié à la pieté, & l'autre à la clemence, avec des deviſes convenables au ſujet.

Le tombeau des deux Amants près le Couvent de l'Obſervance, eſtoit auſſi orné, &c. . . . .

Comme le Roy approcha de la principale porte de la Ville qui eſt à Pierre-ſize, toutes les cloches commencerent à ſonner, & l'artillerie à canonner, avec un tel bruit que quand l'air eût eſté en tonnerres & eſclairs, il ſe fût raſerené, & Jupiter n'eût ſceu faire ouïr ſon foudre.

Devant cette porte fut eſlevé un grand arc, d'une belle & ingenieuſe architecture, haut de cinquante pieds, large de vingt-deux, ſes ſtatuës & figures de bronze, ſes colomnes & pilaſtres feints de marbre blanc, reveſtu des admirables effects de la gloire & vaillance du Roy.

Le Roy ayant paſſé cette porte & le corps de garde des Suiſſes qui eſtoient bien armés, & en bon ordre ſous la conduite du Capitaine Valier, arriva à la Roche de Bourgneuf, devant

Henry IV.
4 Septembre
1595.

laquelle on avoit tiré une grande ligne de quatre-vingt pas, enfoncée d'une grande niche qui embraſſoit douze grandes arcades, accompagnées de leurs termes, architrave, frize & corniche. Au bout des deux aiſles eſtoient deux grands pavillons reveſtus de verdure avec les rideaux de damas verd & incarnat, pour deux chœurs de Muſique. Au profond de la grande niche plus avant dedans la Roche, paroiſſoit un haut dôme en pyramide pour y loger le troiſieſme chœur. Chaſque arcade eſtoit lozangée de verdure eſpeſſe, avec un muffle de lion, d'où ruiſſeloit l'eau qui arrouſoit tout le parterre gazonné d'herbe verdoyante, au milieu duquel comme d'une belle prairie, s'eſlevoit un rocher jettant par le ſommet l'eau de trente endroits. Toute la frize eſtoit enrichie de beaux mots Grecs & Latins convenables aux vertus, victoires & actions du Roy.

Au dernier vers chanté par les chœurs de muſique qui finiſſoit par, *Vive ſon amour en nos cœurs*, le Peuple, qui fondoit de joye à la veuë de Sa Majeſté, pouſſa d'une voix ſi eſclatante & ſi haute ſon *vive le Roy*, que l'harmonie de la Muſique ne fut plus entenduë, & de trois chœurs s'en fit un de cinq mille perſonnes preſſées en une meſme place. Ce grand cri d'allegreſſe, qui n'avoit eſté ouï en pareille occaſion depuis l'entrée du Roy Charles IX. fut la plus douce & aggreable harmonie que le Roy pouvoit entendre.

Le Roy paſſa le portail qui eſtoit dreſſé à l'endroit où autresfois on voyoit la premiere porte de Lyon, qu'on appelle aujourd'huy Bourgneuf, dont l'architecture, les
ſtatuës,

ſtatuës, & les deviſes eſtoient très-bien entenduës.

Il y avoit encore pluſieurs decorations, une au puits du ſel, une au port Saint-Paul, une à la place de la Doanne, une très-magnifique à la place du Change & un arc de triomphe à l'entrée de la ruë Saint Jean, &c. . . . . .

. . . .

Le Roy ayant ſuivi cette route, parvint enfin au dernier arc de triomphe d'une très-belle, très-riche & très-noble architecture de couleurs vives, avec ſes colomnes de jaſpe, & les chapiteaux de bronze, dreſſé par Meſſieurs les Comtes de Saint Jean à Porte-froc, à l'entrée de leur cloiſtre, & dedié à l'immortalité, comme au rendez-vous des plus belles & genereuſes actions de la pieté & clemence des Princes.

Le Roy à cette entrée fuſt receu par Meſſieurs de l'Egliſe Saint Jean, qui lui preſenterent le poiſle de damas blanc avec ſes enrichiſſements, & lors Monſeigneur l'Archeveſque de Lyon, veſtu des ornemens de ſa dignité, harangua Sa Majeſté.

Le Roy, pour monſtrer que le docte & ſaint diſcours de ce Prelat n'eſtoit pas demeuré ſur le bord de ſes oreilles, mais qu'il avoit penetré en ſon ame laquelle trempe touſiours dedans le reſpect de la crainte & de l'honneur de Dieu, reſpondit en cette ſorte. *J'ai gaigné des batailles, j'ai eu des victoires; mais ce n'eſt pas à moi à qui la gloire en appartient, je n'y ai rien apporté du mien, je les tiens de Dieu. Je m'eſiouis beaucoup du teſmoignage de vos bonnes volontés, je crois que cette compagnie eſtant la premiere de mon Clergé, & remplie de Gentils-*

HENRY IV.
4 Septembre
1595.

F f

Henry IV.
4 Septembre
1595.

hommes qui approchent des Rois plus près que les autres , elle servira d'exemple de la fidelité & de l'obeiſſance qu'on doit au Souverain. Prieẑ Dieu pour moi , & vous aſſeurez que je maintiendrai la Religion Catholique , & que j'y mourrai.

Le Roy à la grande porte de l'Egliſe fuſt créé premier Comte de cette compagnie , comme le premier Gentil-homme de France , & lui fuſt donné un ſurplis qu'il porta juſques devant l'Autel où il ſe mit à genoux , & au meſme inſtant le Clergé commença à chanter le *Te Deum laudamus* , après lequel Sa Majeſté fuſt conduite par mondit Seigneur l'Archeveſque en l'Archeveſché , ſur la porte de laquelle pendoient trois coronnes , une d'olive , l'autre de gramen , la troiſieme de laurier , avec cette inſcription de la façon de Monſieur de Bellievre.

Henrico IV. Regi poſt plurima ſæcula egregio , invictiſſimo , Lugdunenſes virtutis ergo coronas donant , dedicantque , legis Salicæ , libertatis Franciæ aſſertori gramineam : copiarum in Franciæ excidium tota Europa excitarum victori , domitori , lauream : Patri Patriæ , pacis quietiſque publicæ authori oleagineam.

Le lendemain de l'entrée Meſſieurs les Conſuls & Eſchevins preſenterent au Roy ſon effigie d'or relevée , aſſiſe en un throſne royal , jettant d'une main de l'eau ſur des feux , de l'autre donnant deux rameaux d'olive & de grenade à un lion , qui rompant ſes doubles chaiſnes , & proſterné à ſes pieds lui offroit une coronne de gramen.

Monſieur le General Henry le mit entre les mains du

Roy, & dit à Sa Majesté : " SIRE, Voftre Lyon a encore
„ eu le cœur & la force de rompre les doubles ceps qui le
„ detenoient en fervitude, ce qu'il recognoit devoir à Voftre
„ Majefté feule, à laquelle pour avoir efteint le feu de la
„ rebellion, confervé fon peuple, & dompté fes ennemis, il
„ offre cette coronne de gramen, recevant de fa main la
„ grenade & l'olive pour demeurer perpetuellement uni en
„ fon obeiffance & heureux repos.

Ce prefent fut aggreable au Roy, qui fe fouvenant de
ce qu'il avoit veu le jour auparavant, loüa ces beaux effets
de la volonté de fi bons fubjects, leur recommanda la concorde, par laquelle les moindres Villes efgalent en felicité
les plus grandes divifées, & les affeura de leur faire fentir le
bien qu'ils s'eftoient promis de fa prefence, comme ils firent
trois ou quatre jours après, par la reddition des places qui
plus incommodoient leur repos & commerce, & par l'efta-
bliffement d'un Gouverneur en leur Ville & Province, faifant
pource election de Monfeigneur de la Guiche, Grand
Maiftre de l'Artillerie de France, qui a rapporté toute fa
vie tant de vertu, de courage & de prudence au fervice
du Roy, que les ames purement Françoifes l'honnoreront
toufiours pour l'un de ceux qui ont plus travaillé à la reftau-
ration de cet Eftat.

ENTRE'E DE MONSEIGNEUR DE BELLIEVRE,
Chancellier de France.

Monſeigneur
DE BELLIEVRE,
Chancellier.
5 de Juillet
1600.

LE cinquieme jour du mois de Juillet mil ſix cent, les Prevoſt des Marchands & Eſchevins de la ville de Lyon, advertis que Monſeigneur de Bellievre Chancellier de France devoit arriver ledit jour en ladite Ville, & que Monſeigneur l'Archeveſque d'icelle Ville, ſon fils y arriveroit par meſme moyen, mirent en deliberation avec pluſieurs des Exconſuls & notables de ladite Ville, la maniere dont leſdits Sieurs Prevoſt des Marchands & Eſchevins devoient dignement recevoir leſdits Seigneurs à leur arrivée, & en eurent le bon avis de Monſeigneur de la Guiche Gouverneur & Lieutenant General pour Sa Majeſté en ladite Ville, Pays de Lyonnois, Foreſt & Beaujollois, & de Monſieur de Vic, Conſeiller du Roy en ſon Conſeil d'Eſtat, commis par Sa Majeſté à la Superintendance de la Juſtice & Police d'icelle Ville & deſdites Provinces, ſur ce que les uns propoſoient que le Roy venant en la Ville, comme Sa Majeſté eſt attenduë de jour à autre, l'on n'a point accoutumé d'aller au devant des Seigneurs de ſa Cour & ſuitte qui arrivent en ce temps-là; l'an 1595. Monſieur le Comte de Chiverny, lors Chancellier de France, fut ſeulement bienveigné & ſalué chez lui en ſon logis, après qu'il y fut arrivé. Autres diſoient que cette Ville, ayant l'honneur que d'eſtre le lieu natal de mondit Seigneur le Chancellier duquel elle a toujours receu tant de bienfaits, qu'à bon droit on le peut nommer le

Protecteur

Protecteur, voire le Pere de la Patrie, qui l'a porté, estant à esperer que ledit Seigneur Archevesque sera imitateur des vertus & de la bonne volonté du pere; pour ces causes, l'on ne pouvoit suffisamment honnorer leur bienvenuë. Finallement fut arresté & resolu de prier & mander les Exconsuls & Bourgeois de ladite Ville, pour assister, à la maniere accoustumée, le Corps & Consulat d'icelle, qui se transporteront à cheval ledit jour, heure de trois de relevée à la porte de Vaize, pour recevoir & accompagner lesdits Seigneurs en leur logis.

Monseigneur
DE BELLIEVRE,
Chancellier.
5 de Juillet
1600.

Suivant laquelle resolution, auroient esté mandés & priés lesdits Exconsuls & Bourgeois, lesquels y seroient venus en bon nombre tous à cheval & en housse, & auroient suivi & accompagné lesdits Sieurs Prevost des Marchands & Eschevins, jusques à ladite porte de Vaize, où ledit Seigneur Chancellier seroit arrivé, & non ledit Seigneur Archevesque, qui seroit descendu en la Ville par la riviere; & après que Noble Claude Debourges, Escuyer, Seigneur de Myons, l'un des cent Gentils-hommes de la Maison du Roy, premier Eschevin, pour l'indisposition de Messire de Balliony, Seigneur de Saillans, Baron de Joux, Chevalier de l'Ordre du Roy, Gentil-homme ordinaire de sa Chambre, Prevost des Marchands, auroit parlé & fait la bienvenuë la plus honnorable & humble qu'il estoit possible audit Chancellier, qui estoit dans son carrosse, & pour cet effet seroit descendu dans l'estrieu d'icelui, toute la compagnie seroit entrée dans la Ville, & marché en l'ordre qui s'ensuit.

Premierement marchoit le Sieur Thomé, Prevost general de Messieurs les Mareschaux de France en ladite ville de

Monſeigneur
DE BELLIEVRE,
Chancellier.
*5 de Juillet
1600.*

Lyon, pays de Lyonnois, Foreſt & Beaujollois, Auvergne, Bourbonnois, Haute-Marche, Cambrailles & autres Provinces de l'ancien Gouvernement de Lyonnois, accompagné du Sieur Châtillon ſon Lieutenant, ſuivi de tous les Archiers de ſa Compagnie, veſtus de caſaques rouges, en broderie, toutes neufves.

Après ſuivoient tous les Officiers dudit Seigneur Archeveſque, à cheval, conduits par Meſſire Mathieu Doɛteur en Droit, Juge des terres dudit Seigneur.

Peu après eſtoient pluſieurs Gentils-hommes, & autres, tant du Seigneur de la Guiche, que autres de la Ville & du train dudit Seigneur Chancellier, tous meſlés.

Puis marhoit l'un des Lieutenants de Monſieur le Grand Prevoſt de l'Hôtel & Monſieur le Procureur du Roy en ladite Prevoſté, ſuivis de quelques Archiers, & conſequemment auſſi venoient Meſſieurs les Secretaires du Roy & Officiers de la Chancellerie, & incontinent après, les deux Mandeurs ordinaires de la Ville, à cheval avec leurs robbes & manches de broderie, grand nombre deſdits Bourgeois de ladite Ville, à cheval & en houſſe, comme dit eſt; le Sieur Du Soleil, Capitaine de la Ville, venant après ſeul, & au devant dudit Sieur de Myons & des Sieurs Roland, Henry, Seigneur de Jarnioſt, Maurice Poculo, Conſeiller du Roy, Commiſſaire ordinaire des Guerres, Capitaine & Chevalier du Guet en ladite Ville, & Claude Renaud, Seigneur de Vaudemart, Conſeiller du Roy, & Eſleu en l'Eleɛtion de Lyonnois, Eſchevins d'icelle Ville, qui marchoient immediatement devant le carroſſe dudit Seigneur Chancellier, qui eſtoit ſuivi de la litiere où eſtoit Madame la Chancelliere & de pluſieurs autres carroſſes de leur train : & en cet ordre auroit eſté ledit Seigneur conduit & deſcendu en la maiſon de Monſieur le Preſident de Villars ſciſe en ruë Tramaſſac, où après s'être repoſé quelque eſpace de temps, leſdits Sieurs Eſchevins ſuſnommés ſeroient allés lui faire la reverence, & les offres en tel cas neceſſaires marchant en robbes, & leurs Mandeurs devant.

Monſeigneur
DE BELLIEVRE,
Chancellier.
5. de Juillet
1600.

Et de là ſe ſeroient tranſportés au logis qui avoit eſté preparé pour ledit Seigneur Archeveſque, pour lui rendre ſemblables devoirs; mais ayant eſté avertis qu'il ne deſiroit pas eſtre vû juſques après ſa reception en l'Egliſe, ils ſe ſeroient retirés en leurs maiſons.

Et le lendemain ſixieſme dudit mois, heure de huit avant midy, ledit Sieur de Saillans, Prevoſt des Marchands, & leſdits Sieurs Eſchevins ſuſnommés, accompagnés dè grand nombre d'Exconſuls & Bourgeois de ladite Ville, & eux veſtus de leurs robbes conſulaires, les Mandeurs & les Sieurs Du Soleil & Demaſſo Capitaine & Lieutenant de la Ville, marchans devant eux, qui eſtoient ſuivis du Procureur General, Secretaire & autres Officiers d'icelle Ville, ſe ſeroient tranſportés au logis dudit Seigneur Chancellier, pour lui donner le bon jour, & l'accompagner en la reception dudit Seigneur Archeveſque ſon fils, qui devoit eſtre faite le matin meſme en l'Egliſe Saint Jean ; ce que ledit Seigneur Chancellier auroit pris de très-bonne part, & les auroit prié de l'aller attendre dedans ladite Egliſe Saint Jean, ce qu'ils auroient fait, accompagnés & ſuivis, comme dit eſt.

Et à l'inſtant après, ledit Seigneur Chancellier accompagné de tous les Seigneurs du Conſeil, de Meſſieurs les Maiſtres des Requeſtes, Lieutenant, Procureur & Archiers de la Prevoſté de

Monseigneur
DE BELLIEVRE,
Chancellier.
5 de Juillet
1600.

l'Hôtel, Secretaires du Roy, Officiers de la Chancellerie, & autres de la Cour qui se trouvoient presents, & encore des Sieurs Officiers de la Justice audit Lyon, qui le suivoient, seroient venus en ladite Eglise de Saint Jean, ayant été rencontré par ledit Seigneur de la Guiche & sa suite qui s'estoit arresté sur la Calade dudit Saint Jean, & voyant ledit Seigneur Chancellier, seroit descendu & allé au devant de lui, l'ayant accompagné jusques dans le chœur de ladite Eglise, où après avoir fait leur oraison & devisé par quelque espace de temps ensemblement, lesdits Sieurs Prevost des Marchands & Eschevins ayans prins leur place accoustumée à costé senextre du grand Autel, tost après ledit Seigneur Chancellier, accompagné comme dessus, & lesdits Sieurs Prevost des Marchands & Eschevins, marchants justement au devant de lui, excepté quelques Secretaires & Officiers de la Chancellerie, qui estoient entre deux, seroit entré en la salle de l'Archevesché, où estant, lesdits Seigneurs Chancellier & de la Guiche se feroient assis en attendant que ledit Seigneur Archevesque sortît de sa chambre, de laquelle peu après il seroit sorti, & s'estant ledit Seigneur Chancellier & lui entre-salués, ledit Seigneur de la Guiche l'auroit aussi salué & fait la bienvenuë, & après auroient fait asseoir ledit Seigneur Archevesque entre eux deux, revestu qu'il estoit d'une robbe de tabis violet, doublée de satin rouge cramoisi, & de son surplis & roquet episcopal, avec le bonnet carré, la couronne sur la teste fort grande, & telle que l'ancienne simplicité & modestie de l'Eglise l'usoit. Sur ce Monsieur de Charmasel Doyen de Saint Jean, accompagné de tous les Sieurs Chanoines de ladite Eglise, seroit venu en ladite salle, portants tous leurs soutanes;

tanes, longs manteaux & bonnets carrés, & après que ledit Seigneur Archevefque, auroit efté falué, reçu & recognu d'eux par la voix dudit Sieur de Charmazel, & qu'il leur auroit fait fa reponfe, ils fe feroient retirés, & lefdits Seigneurs Chancellier, Archevefque & de la Guiche reaffis en leurs chaires en attendant l'heure d'aller à l'Eglife; & cependant la groffe cloche auroit efté fonnée par grand efpace de temps, & finalement ledit Seigneur Archevefque, marchant entre lefdits Seigneurs Chancellier & de la Guiche, fa Croix & fa croffe portées devant lui, il auroit efté conduit de ladite maifon de l'Archevefché jufques au devant de ladite Eglife de Saint Jean, au mefme ordre & rang qui avoit efté tenu en allant trouver ledit Seigneur Archevefque en fa maifon, où eftant arrivé au pied de la Calade d'icelle Eglife, où il eftoit attendu par ledit Sieur Doyen, & autres Chanoines veftus de leurs furpelis & aumuffes, il fe feroit arrefté, & après quelques paroles dites entre lui & ledit Sieur Doyen, le Sieur Cuftode Du Soleil eftant d'un cofté, & Monfieur Chalon fon Vicaire general de l'autre, fon roquet lui auroit efté levé, & au lieu d'icelui, ledit Sieur Doyen l'auroit reveftu d'un fecond furpelis & d'une chappe toute blanche, & par après lui auroit mis la mitre en la tefte; & ce fait, la proceffion de ladite Eglife, qui attendoit à la porte d'icelle, auroit marché dans le chœur, chantant leurs devotions, lefdits Sieurs Chanoines fuivant leur rang en ladite proceffion, & ledit Seigneur Archevefque confequemment après, accompagné dudit Sieur Doyen & d'un autre defdits Sieurs Chanoines d'un cofté, & d'autre fuivi dudit Sieur Chalon, & de fes Aumôniers, lefdits Sieurs Prevoft des Marchands & Efchevins

Monfeigneur DE BELLIEVRE, Chancellier. *5 de Juillet* 1600.

H h

Monseigneur
DE BELLIEVRE,
Chancellier.
5 de Juillet
1600.

ayant reprins leurdite place à cofté du grand Hôtel, au devant duquel ledit Seigneur Archevefque eftant parvenu, il fe feroit mis à genoux fur un oratoire pour ce preparé, couvert d'un grand tapis & de deux carreaux de velours violet, & s'y feroit tenu pour quelque temps, affifté de tous lefdits Sieurs Chanoines des deux coftés; & après que le chœur auroit ceffé de chanter, auroit efté prefenté le livre audit Seigneur Archevefque, qui auroit dit l'oraifon, & ce fait auroit efté conduit à l'Autel, où lecture auroit efté faite en la prefence dudit Seigneur Chancellier, qui fe feroit approché de plufieurs chofes qui n'ont pû eftre entenduës de l'affiftance, & par après auroit efté conduit en la chaire pontificale au dernier dudit Autel, & eftant monté & affis, il auroit baillé la benediction generale, & au mefme inftant il auroit efté mené par lefdits Sieurs Doyen & Chanoines dans le Chapitre, & de là feroit revenu toujours accompagné dudit Seigneur Chancellier dans la Chapelle confacrée à Sainte Magdelaine, en laquelle l'un de fes Aumofniers auroit celebré la fainte Meffe, où lefdits Sieurs Prevoft des Marchands & Efchevins ont affifté, comme de mefme auroient fait lefdits Sieurs Chanoines de Saint Jean; & après le Service divin celebré, lefdits Sieurs Prevoft des Marchands & Efchevins feroient allés attendre ledit Seigneur Archevefque dans ladite maifon de l'Archevefché, où eftant arrivé, fuivi des fufdits Doyen & Chanoines tant feulement, ils lui auroient fait la reception & bienvenuë la plus honorablement qu'il leur auroit efté poffible, à quoi auffi ledit Seigneur Archevefque auroit refpondu très-humainement & gracieufement, & ce fait, fe feroient lefdits Prevoft des Marchands & Efchevins retirés.

NOPCES D'HENRY IV.

ET ENTRE'E DE LA ROYNE MARIE DE MEDICIS
en la ville de Lyon le 3. Decembre 1600.

LE Mariage du Roy Henry IV. avec la Très-Grande, Très-Chreſtienne & Très-Auguſte Princeſſe Marie de Medicis, fille de François, Grand Duc de Toſcane, & de Jeanne d'Autriche, fille de l'Empereur Ferdinand, ayant eſté conclu à Rome, le Roy jugea à propos que la celebration s'en fît à Lyon. Il donna ſes ordres en conſequence au Conſulat par ſa Lettre de cachet, en date du 16 Novembre 1600. dont voici les termes.

MARIE DE MEDICIS. 3 Decembre 1600.

DE PAR LE ROY.

*TRE'S-CHERS & bien-amez, Ayant reſolu de faire la celebration de nos nopces en noſtre ville de Lyon où la Royne noſtre très-chere Epouſe s'achemine, eſtant pour cet effet partie de noſtre ville de Marſeille, Nous vous avons bien voulu eſcrire cette Lettre, par laquelle Nous voulons & vous mandons que vous ayez à preparer toutes choſes en noſtredite ville de Lyon, tant pour la celebration de noſdites nopces, que pour la reception de noſtredite Epouſe, de quoi Nous eſcrivons preſentement au Sieur de Botheon, afin que de ſa part il tienne la main avec vous, & y apporte ce qu'il lui ſera poſſible, comme Nous l'attendons & eſperons de vos communes affections à notre ſervice. Donné à Montmeillan le 16 jour de Novembre 1600. Signé **HENRY**. Et plus bas, DE NEUFVILLE.*

MARIE DE MEDICIS.

3 Decembre 1600.

La superscription à nos très-chers & bien amez les Prevost des Marchands & Eschevins , Officiers , Manants & Habitants de nostre ville de Lyon.

SA MAJESTE' entra le Vendredi 3 Novembre au Port de Marseille avec dix-sept galeres ; mais avant que de detailler la relation de ce qui se fit à Lyon pour la reception de cette auguste Princesse, on croiroit manquer à ce qu'on doit au Public & à la posterité, si on les privoit de la description de la superbe Galere qui eut l'honneur de porter sur son bord, de la Toscane à Marseille, cette grande Royne. Elle estoit de la longueur de septante pas, & de vingt-sept rames de chaque costé, dorée par tout, ce qui se pouvoit voir au dehors. Le bois de la pouppe estoit marqueté de cannes d'Indes, de grenatines, d'ebene, de nacre, d'yvoire & pierre bleuë. Elle estoit couverte de vingt grands cercles de fer doré, croisés & enrichis de pierreries & de perles, avec vingt grosses topazes & esmeraudes. Au dedans vis-à-vis du siege de la Royne estoient eslevées les armes de France en fleurs-de-lys de diamant, & à costé celles du Grand Duc en cinq grands rubis avec un saphir de la grosseur d'une bale de pistolet, avec une grosse perle au dessus & une grande esmeraude au dessous. On estimoit ces armes septante mil escus. Entre ces deux armoiries deux croix de rubis & de diamans. Les vitres tout autour estoient de cristal, les rideaux de drap d'or à franges : les chambres de la galere tapissées de mesme.

Monsieur de la Guiche ayant eu avis que la Royne devoit

entrer

entrer à Lyon le 3 du mois de Decembre, donna en confequence le 2 du mefme mois l'Ordonnance fuivante.

MARIE DE
MEDICIS.
3 Decembre
1600.

DE PAR LE ROY,
Et Monfeigneur de la Guiche, Gouverneur de Lyon.

D'AUTANT que la Royne a ordonné de faire fon Entrée en cette Ville, demain qui eft Dimanche troifiefme du prefent mois de Decembre, il eft ordonné comme cy-devant à tous les Proprietaires & Locataires des maifons eftant fur les ruës où Sa Majefté paffera, de tapiffer duement dès le matin dudit jour, & en après repandre le fable par lefdites ruës fur l'heure que les troupes commenceront à partir de la Ville, & outre ce tiendront des flambeaux prefts ez bas & boutiques defdites maifons qui feront ouvertes pour y retirer le Peuple, & auffi de la lumiere aux feneftres pour efclairer, en cas que la nuit tombe avant que Sa Majefté ait paffé, & pour donner moyen tant à ceux de fa Cour de trouver leur logis, qu'à tout le peuple de fe pouvoir retirer fans defordre & fans confufion, fera mis du feu aux feneftres par toute ladite Ville pour y durer la plufpart de la nuit.

Que tous les Corps & Compagnies qui ont à fe trouver à ladite Entrée, & doivent aller rendre à Sa Majefté les honneurs accouftumés fur le theatre preparé à la Mothe, partiront à fi bonne heure, que l'Entrée ne puiffe eftre retardée à leur occafion, attendu que le Regiment des Pennonages commencera à marcher en bataille fortant de Belle-cour, au mefme inftant que le Corps de Ville, & de ceux qui l'accompagneront, aura paffé pour y aller, qui fera à l'heure de neuf pour le plus tard, auxquelles fins tous lefdits Pennonages fe trouveront dès le grand matin en ladite

MARIE DE
MEDICIS.
3 Decembre
1600.

Place de Belle-cour, afin qu'ils puiſſent eſtre rangés, ordonnés & preſts à partir à ladite heure. Les deffenſes ci-devant faites de tirer aucunes Arquebouzades ledit jour & de paſſer par deſſus les cloſtures dudit lieu de la Mothe & de toucher au poële, ſont d'abondant reïterées, ſous les meſmes peines de la vie où il y ſeroit contrevenu.

Fait à Lyon le 3 Decembre 1600. Signé, DE LA GUICHE.

La Royne partit de Vienne à ſi bonne heure, qu'elle arriva au bourg de la Guillotiere incontinent après midy. On lui avoit dreſſé & preparé ſon logis à la Mothe, lequel elle ne voulut prendre, pour l'incommodité de ſa ſuitte, & ſe logea au Bourg. Monſieur de la Guiche, Chevalier des deux Ordres du Roy, Gouverneur & Lieutenant general pour Sa Majeſté en la ville de Lyon, pays de Lyonnois, Foreſt & Beaujoulois, lui alla au devant avec bon nombre de Gentils-hommes de ſon Gouvernement & autres. Il la rencontra & lui fit la reverence ſur le grand chemin de Vienne à l'endroit de la maiſon du Sieur de Champagneu, & lui ayant dit quelques paroles, remonta à cheval, & s'alla rendre au logis preparé à Sa Majeſté pour la recevoir. Là elle trouva des nouvelles du Roy par Monſieur de Roquelaure, qui lui preſenta de la part de Sa Majeſté le grand collier royal d'ineſtimable valeur.

Le lendemain Dimanche troiſieſme de Decembre, la Royne ſuivie des Princeſſes & Seigneurs de la Cour, alla ouïr Meſſe à la Mothe, & y diſna. On avoit dreſſé un theatre, qui tenoit toute la face entre les deux tours qui regardent la

Ville, fur laquelle elle pouvoit entrer de fa chambre, & eftoit capable pour toute fa fuitte, couvert & paré de riches tapis & tapifferies.

MARIE DE MEDICIS.
3 Decembre 1600.

Les Corps & les Compagnies de la Ville monterent fuc-ceffivement fur le theatre pour haranguer Sa Majefté.

Au milieu de ce theatre eftoit eflevé le throfne de la Royne, dans lequel elle entendit les Harangues prononcées au nom des Corps, Ordres & Colleges de la Ville.

Tout le Clergé alla en proceffion à la Mothe. Monfieur l'Obeancier de Saint Juft, porta les vœux & les prieres de fon Ordre. Monfieur le Chancellier fut en cette action l'Interprete de la Royne & de la Ville, qui eft honorée de fa naiffance.

Monfieur Thomé, Prevoft des Marchands au Gouver-nement de Lyon.

Monfieur Du Soleil, conduifant les Compagnies & Pen-nonages de la Ville.

Monfieur de Bonvifi, pour les Lucquois. Monfieur Goudy, pour les Florentins.

Monfieur Sponde, pour les Villes Imperiales, Suiffes, & Grifons.

Monfieur le Prefident de Villars, pour la Juftice.

Monfieur le Prevoft des Marchands, pour le Corps de Ville.

Après les harangues finies, la Royne fe retira en fa chambre, en attendant que les troupes fuffent advancées pour s'acheminer en la Ville, lefquelles Monfieur le Maiftre des Ceremonies fit paffer en cet ordre.

MARIE DE MEDICIS.

3 *Decembre* 1600.

Marchoit, premierement, le Prevoſt des Mareſchaux ſeul avec ſes Officiers & Archers.

Les trente-ſix Pennonages de la Ville, ayant en teſte le Sieur du Soleil & le Sieur du Fenouil.

Une grande troupe de gens de cheval, tant de la ſuitte de la Royne que d'autres.

Ceux de la Ville & Republique de Lucques. Ceux de la ville de Florence. Ceux des Villes Imperiales, & des Cantons de Suiſſe, Griſons & Saint Gall, tous enſemble pour la contention des preſeances & ſans prejudice.

Meſſieurs du Siege Preſidial, devant lequel marchoient les Archers de robbe courte & la Compagnie du Chevalier du Guet.

Grand nombre de Seigneurs & Gentils-hommes, tant François qu'Italiens, à cheval.

Dom Anthonio de Medicis ſeul à cheval, & une grande troupe d'eſtafiers autour de lui à pied.

Les Exconſuls & notables Bourgeois de la Ville. Meſſieurs les Commandeurs & Chevaliers du Saint-Eſprit.

Les Pages de la Royne, ſur chevaux richement enhar-nachés. La haquenée de parade de la Royne.

En cet ordre elle arriva à la porte du pont du Rhoſne, où elle eſtoit attenduë par Monſieur le Prevoſt des Mar-chands, lequel avec les autres Eſchevins, lui preſenta le poële, les clefs de la Ville, & fit une harangue à laquelle Sa Majeſté reſpondit avec bonté.

Ce devoir achevé, il monta à cheval, & print ſon rang devant la lictiere de la Royne. Devant lui marchoient les

Gladiateurs

Gladiateurs & Maiſtres d'eſcrime, le Sieur de Maſſo, Lieutenant du Sieur Du Soleil, les Mandeurs, les Officiers de la
Maiſon de ville.

MARIE DE
MEDICIS.
3 Decembre
1600.

Le poële de la Royne eſtoit porté par quatre Eſchevins,
Monſieur de Jarniouſt, Monſieur de Poculot, Monſieur
Regnaut, Monſieur de Maſſo, Seigneur de Saint André du
Coing, en la place & par l'indiſpoſition de Monſieur de
Myons premier Eſchevin.

Après la Royne venoient les Princeſſes, Ducheſſes &
autres grandes Dames de la Cour en leurs carroſſes, &
après tout cela les chariots de la Royne.

En cet ordre Sa Majeſté entra en la Ville, l'artillerie
tonnant, les trompettes, hautbois & inſtruments de Muſique
ſonnans, les principales places ornées & embellies des arcs,
portiques, pyramides, & theatres, qui ſont repreſentés en
la figure & ſelon la deſcription qui en a eſté faite. . . . . .

Les deux portes du pont du Rhoſne eſtoient ornées d'armoiries, de deviſes & de ſymboles convenables au ſujet.

On avoit dreſſé un arc de triomphe devant l'Hôpital.
Une pyramide au bout de la grande ruë.

Une decoration au portail de Saint Nizier. Un theatre
devant la Grenette.

Un berceau de verdure ſur le pont de la Saone, compoſé de douze niches remplies de ſtatuës & de deviſes
allegoriques à la Maiſon de Medicis, avec deux portes aux
deux bouts ornées de meſme.

Un arc de triomphe à la Place du Change. Un autre
arc de triomphe à Portefroc, qui ſe terminoit par une haute

K k

MARIE DE
MEDICIS.
3 *Decembre*
1600.

pyramide ; au devant du frontiſpice eſtoient les armes du Roy & de la Royne, &c.

Icy la Royne changea de poële; Monſieur l'Archeveſque reveſtu des habits pontificaux, & aſſiſté de Meſſieurs les Doyen, Comtes & Chanoines de l'Egliſe Cathedrale, receut Sa Majeſté, & eut l'honneur de la haranguer.

Monſieur le Chancellier qui avoit pris la peine d'eſtre l'interprete des autres ſur le theatre de la Mothe, ne ſe trouva ici près de la Royne pour lui faire entendre ce que Monſieur ſon fils lui avoit dit, & neantmoins Sa Majeſté monſtra en ſa reſponſe qu'elle eſtoit desja informée de la doctrine & des merites de ce Prelat, n'ignoroit le rang & la reputation que cette Egliſe tenoit au Clergé de France.

La Royne fuſt conduite en la grand Egliſe où ſe chanta le *Te Deum laudamus*, & de là en l'Archeveſché, le portail de laquelle ne fuſt enrichi ni orné comme on l'avoit propoſé.

Le lendemain que la Royne fuſt arrivée, Monſieur le Prevoſt des Marchands avec Meſſieurs les Eſchevins & Officiers du Conſulat lui offrirent le preſent de la Ville, qui conſiſtoit en ſix drageoirs d'argent, un baſſin & un vaſe de meſme, & eut encore l'honneur de haranguer Sa Majeſté.

La Royne attendit le Roy huit jours, il arriva le ſoir du Samedi neufvieme Decembre, & le Samedy enſuivant M. le Cardinal Aldobrandin Legat collateral de noſtre S. Pere, entrat à Lyon, où il fut receu avec les honneurs convenables à une ſi grande dignité. M. le Prevoſt des Marchands le receut à la porte de la Ville, où il lui preſenta le poële, & eut l'honneur de le haranguer.

RECEPTION

DU PRINCE MAJOUR DE SAVOYE
& du Prince Thomas, son frère, le premier
Février 1619.

LES Sieurs Prevoft des Marchands & Echevins * ayant
fait appeller par les Mandeurs de la Ville les fieurs
Gelas Thierry, de Grimo, Cardon, Doffaris, Malo, Dubois,
Goujon, Caboud, & autres Exconfuls de ladite Ville ; lefquels étant comparus, ledit fieur de Merle, Prevoft des Marchands, leur dit qu'ils avoient été mandez fur les avis que
le Confulat avoit eu que Monfeigneur..... Prince Majour
de Savoye, accompagné du Prince Thomas, fon frère, &
de plufieurs Seigneurs de qualité, devoit aujourd'hui arriver
en cette Ville, s'en allant en Cour pour époufer Madame.....
de France ; & qu'ayant lefdits fieurs reçu commandement du
Roy par fes Lettres de Cachet de recevoir lefdits Seigneurs
Princes, & leur faire le plus favorable accueil & meilleur
traitement que faire fe pourra : c'eft pourquoi ils avoient
été appellez audit Hoftel de Ville, & priez d'accompagner
le Corps Confulaire d'icelle, qui fe devoit trouver precife-
ment à trois heures à la porte du Pont du Rhofne, pour
recevoir lefdits Seigneurs Princes, & leur rendre les honneurs

Les Princes
DE SAVOYE.
1 *Fév.* 1619.

* Monfieur François de Merle, Prevoft des Marchands ; Meffieurs Alexandre
Cholier, Octavian Vanelle, Philippes Seye, Benoift Bezein, Echevins.

& complimens dus à leurs mérites, fuivant le defir & commandement de Sa Majefté.

Advenuë laquelle heure de trois heures, fe feroient lefdits fieurs Prevoft des Marchands & Echevins tranfportez à la porte du Rhofne, avec les Officiers de ladite Ville, accompagnez defdits fieurs Exconfuls, où étant arrivez fe feroient reveftus de leurs robes violettes Confulaires, enfemble lefdits Officiers, comme auffi lefdits fieurs Exconfuls de leurs robes Confulaires noires; & ayant demeuré quelque temps fur le Pont dans la chambre du Commis, feroient incontinent arrivez lefdits Seigneurs Princes, accompagnez de Monfeigneur d'Halincourt, Gouverneur de ladite Ville, qui leur étoit allé au devant avec grande quantité de la Nobleffe de ce Gouvernement ; & en même-temps qu'ils fe feroient rencontrez fur le Pont, auroient été tirées fur les remparts d'Efnay plufieurs boëtes & canons en figne de réjouiffance de cet heureux Mariage; & approchant de la porte de la Ville, lefdits fieurs Prevoft des Marchands & Echevins, veftus & accompagnez, fe feroient advancez au devant defdits Seigneurs Princes d'environ fept ou huit pas, auxquels, principalement audit Seigneur Prince Majour, ledit fieur de Merle, Prevoft des Marchands fufdit, auroit fait une très-belle Harangue ; & étant entrez dans ladite Ville accompagnez comme deffus, feroient lefdits Seigneurs Princes allez defcendre de cheval dans l'Hoftel de Monfeigneur le Gouverneur, où fe feroit encor treuvé le Corps Confulaire de ladite Ville, avec lefdits fieurs Exconfuls, qui leur auroit encore rendu quelques compliments d'honneur : ce fait, fe feroient retirez.

Et

Et le lendemain du matin, feroient lefdits Sieurs allez
prendre congé defdits Seigneurs Princes, qui auroient remercié la Ville du favorable accueil qu'ils y auroient reçu ; &
fur les deux heures après midi, s'étant encor lefdits Sieurs
affemblez au Logis dudit fieur Prevoft des Marchands, où
auroient auffi été mandez lefdits fieurs Exconfuls, qui s'y
feroient trouvez pour accompagner ledit Corps Confulaire
jufques à la porte de Vaize, où ils fe feroient acheminez
pour rendre les compliments d'adieu auxdits Seigneurs Princes, où furent pareillement tirées plufieurs moufquetades,
boëtes & canonnades, tant du Boulevard faint Jean, que
de Pierre-fcize. Dont & de ce que deffus a été fait le préfent
acte, pour mémoire à la poftérité, & figné par les Prevoft
des Marchands & Echevins fufdits.

RECEPTION

DE MADAME CHRISTINE DE FRANCE,
fœur du Roy, Princeffe DE PIEDMONT,
le 7 Octobre 1619.

Madame
CHRISTINE
DE FRANCE.
7 Oct. 1619.

LES Sieurs Prevoft des Marchands & Echevins * s'étant affemblez en l'Hoftel commun de la Ville, comme auffi la plus grande partie des Exconfuls & notables Bourgeois d'icelle, à ces fins mandez & convoquez, & environ une heure après midi, la Compagnie des Arquebufiers ayant auffi été mandée par le Confulat, pour marcher au devant du Corps de Ville, conduite par le Capitaine la Bergere, Enfeigne de ladite Compagnie, feroit venu tambour battant & enfeigne deployée, laquelle s'étant arrêtée au devant ledit Hoftel de Ville, jufques à ce que toutes chofes fuffent difpofées & que le Corps Confulaire fût preft à fortir; ce qu'étant, ladite Compagnie auroit été commandée de la part du Confulat de marcher.

Après laquelle marchoient les trois Mandeurs de ladite Ville à cheval, veftus de leurs robes violettes & manches d'orfévrerie.

Monfieur de Merle, Prevoft des Marchands, à cheval en houffe, feul.

* Monfieur François de Merle, Prevoft des Marchands; Meffieurs Alexandre Cholier, Octavian Vanelle, Philippes Seve, Benoift Bezein, Echevins.

Mrs. Cholier & Vanelle, en un rang ; Mrs. Seve & Bezein, en l'autre, veſtus de leurs robes Conſulaires violettes.

Mrs. Grolier, Avocat & Procureur general, & Rougier,
Receveur de la Ville, auſſi veſtus de leurs robes violettes
en houſſe, faiſant un autre rang.

Le ſieur Pellot, nommé par le Conſulat pour Maître des
Ceremonies, ſeul à cheval, en houſſe avec une tocque de
velours noir, & un baſton à la main.

Les ſieurs Exconſuls, veſtus de leurs robes Conſulaires noires, & tocques de velours noir, à cheval, en houſſe, ſuivis
d'un grand nombre de notables Bourgeois de ladite Ville,
à cheval, en houſſe, marchants deux à deux.

Et en cet ordre toute ladite Troupe ſeroit allée juſques à
la porte de Vaize, paſſant depuis la place ſaint Nizier, juſques au bout du pont du coſté du Change, & depuis ledit
pont, juſques à la porte de Vaize, paſſant entre les Compagnies des Pennonages de ladite Ville, qui avoient été
rangées en haye, par les ruës des deux coſtez, ſuivant l'ordre qui leur avoit été ci-devant preſcrit par le Conſulat;
& étant leſdits Sieurs arrivez à la porte du Lyon, depuis laquelle juſques aux deux Amants s'étoit rangée ladite Compagnie des Arquebuziers de la Ville, en haye des deux
coſtez ; & attendant que ladite Dame fût arrivée, leſdits
Sieurs ſeroient entrez dans la maiſon des deux Amans, juſques à ce qu'ils auroient été advertis que ladite Dame approchoit du fauxbourg de Vaize, auquel lieu tous les Corps
de ladite Ville, veſtus chacun ſelon leur profeſſion & qualité, tant de l'Egliſe, de la Juſtice, des Finances, que de

Madame
CHRISTINE
DE FRANCE.
7 Oct. 1619.

Madame
CHRISTINE
DE FRANCE.
7 Oct. 1619.

l'Election, enſemble les Marchands des Nations de ladite Ville, lui feroient allez faire la bien-venuë, & avec les harangues accoûtumées, dans la place qui eſt au - devant le château de Vaize ; leſdits ſieurs Prevoſt des Marchands & Echevins, accompagnez comme deſſus, ſe feroient acheminez à ladite porte du Lion, où étant feroit incontinent paru le Prevoſt general des Marechaux de France ez pays de Lyonnois, Foreſt & Beaujolois, & autres Provinces de l'ancien Gouvernement de Lyonnois, & avec lui le Prevoſt de Beaujolois, & enſuite les chariots de ladite Dame avec ſon train, vingt mulles de Monſieur de Vendôme, grand Prieur de France, quarante mulets de ladite Dame, dont il y en avoit vingt couverts de couvertes de velours bleu, en broderie d'or & d'argent, & les autres vingt auſſi couverts de velours rouge cramoiſi, pendantes juſques à terre, enrichies de broderie d'or & d'argent, & au milieu deſdites couvertures étoient les armes de ladite Dame, mi-parties avec celles de Monſieur le Prince de Piedmont ; ſçavoir, celles de ladite Dame du coſté droit, & celles dudit Seigneur Prince du coſté gauche.

Après venoit la Compagnie de Gens-d'armes de Monſeigneur le Gouverneur, & enſuite quelque troupe de Nobleſſe, tant de celle qui avoit accompagné Monſeigneur le Marquis de Villeroy qui étoit au devant de ladite Dame, que de celle qui étoit ſortie de la Ville, fors les Seigneurs & Gentilshommes plus relevez qui étoient demeurez près la perſonne de Madame la Princeſſe.

Leſquelles Troupes ainſi paſſées, commença à marcher le
Chevalier

Chevalier du Guet avec ſa Compagnie, & enſuite la Compagnie des Arquebuſiers de la Ville, conduite par ledit ſieur la Bergere.

Madame CHRISTINE DE FRANCE. 7 Oct. 1619.

Après laquelle marchoient quinze Pages de ladite Dame, bien montez & richement veſtus ; & enſuite deſdits Pages, quatre haſquenées menées en main, avec des houſſes de velours cramoiſi, enrichies de broderies d'or & d'argent, de diverſes façons ; ſubſéquemment trois Carroſſes, auſſi grandement enrichis de diverſes broderies d'or & d'argent, attelez chacun de ſix chevaux blancs, ſuperbement arnachez & empannachez.

Après leſquels Carroſſes marchoient les Marchands des Nations ; le Corps de l'Election, avec les Sergens d'icelle à cheval, au-devant dudit Corps ; les Sergens royaux de la Senechauſſée dudit Lyon, à cheval ; les Huiſſiers audienciers, avec leurs robes & baguettes, à cheval en houſſe ; le Receveur des Conſignations, avec le Greffier de l'Audience ; les Commiſſaires Enqueſteurs ; l'Avocat du Roy & Lieutenant de robe-courte ; Meſſieurs les Conſeillers de ladite Senechauſſée : Meſſieurs les Preſidents de Villars ; Seve, Lieutenant general ; & du Sauzay, Lieutenant particulier, civil & criminel, portant chacun la robe d'écarlatte rouge.

Après venoit Madame dans ſa Littiere, avec Madame de Vendôme ; ladite Littiere couverte de velours cramoiſi, enrichie de broderie d'or & d'argent ; les mulets portant ladite Littiere arnachez de même, & les deux Pages qui étoient montez ſur leſdits mulets veſtus de velours cramoiſi, chamarez de clinquans d'or ; comme auſſi celui qui con-

Madame
CHRISTINE
DE FRANCE.
7 Oct. 1619.

duifoit ladite Littiere veftu de même façon, & monté fur un mulet.

Ladite Dame arrivée, & ayant paffé ladite porte du Lion, Meffieurs de la Ville fe feroient approchez de la Littiere, lui auroient fait la reverence ; ce fait, Monfieur de Merle, Prevoft des Marchands, l'auroit reçûë, en lui temoignant par fon harangue le contentement que la Ville avoit d'avoir l'honneur de la voir en cettedite Ville, lui offrant les vœux & obéïffance d'icelle ; ce fait, il lui auroit prefenté le poefle deu à fa qualité & au fang de France, (que Meffieurs les quatre Echevins avoient en main) que ladite Dame accepta très-volontiers.

Cependant les notables Bourgeois de ladite Ville auroient commencé à marcher après le Corps de la Juftice, fuivis defdits fieurs Exconfuls, après lefquels marchoient lefdits fieurs Pelot, Secel, Maître des ceremonies.

Enfuite marchoient les trois Mandeurs de la Ville.

Meffieurs Grollier, Avocat & Procureur general ; & Rougier, Receveur de ladite Ville ; entre lefquels marchoit le fieur du Soleil, Capitaine de ladite Ville.

Monfieur de Merle, Prevoft des Marchands, marchoit médiatement devant la Littiere de ladite Dame Princeffe, fur laquelle lefdits fieurs quatre Echevins portoient ledit poefle ; & au cofté droit de ladite Littiere, marchoit Monfieur le Grand-Prieur ; & au cofté gauche, Monfieur de Mailloc, grand Ecuyer de madite Dame la Princeffe : après venoit Monfieur le Marquis de Villeroy, noftre Gouverneur, accompagné de plufieurs autres grands Seigneurs &

Gentilshommes ; & après eux , grande foule de peuple.

Et en même-temps que ladite Dame alloit de ladite porte
du Lion à celle de Vaize , furent tirées plufieurs canonnades
& moufquetades du Boulevard faint Jean ; à laquelle porte
de Vaize y avoit un grand portail, ou arc triomphant, à
doubles pilaftres , avec emblêmes , énigmes & devifes, compofées par ledit fieur Cholier , premier Echevin , qui pour
ce faire avoit été commis par le Confulat ; & à l'inftant que
ladite Dame eut paffé ladite porte de Vaize , furent auffi tirées
plufieurs canonnades & moufquetades du château de Pierre-
fcize.

Madame
Christine
de France.
7 Oct. 1619.

Et en cet ordre auroit marché ladite entrée du long de
Saône, jufques au Change ; & par ruë faint Jean , jufques
à l'entrée du cloiftre de l'Eglife faint Jean , appellé Porte-
froc, où Meffieurs de l'Eglife de Lyon feroient venus avec
leurs furplis & la croix recevoir ladite Dame, laquelle ils auroient conduite dans ladite Eglife faint Jean , avec un poefle
de damas blanc , en laquelle Eglife ladite Dame avoit defiré
d'aller ; & cependant qu'elle auroit fait fa devotion fur un
oratoire couvert de velours violet , à cet effet préparé au-
devant le grand Autel, le *Te Deum* auroit été chanté ; lequel étant fini ; furent tirées huit ou dix groffes piéces de
canon, placées fur le port du Roy.

Et d'autant que le logis de ladite Dame avoit été préparé
à Efnay , pour y aller elle feroit retournée par la même ruë
faint Jean , à l'entrée de laquelle, audit lieu de Porte-froc,
lefdits fieurs Echevins lui auroient reprefenté leur poefle, &
icelui porté fur ladite Dame, jufques audit lieu d'Efnay, mar-

Madame
CHRISTINE
DE FRANCE.
7 Oct. 1619.

chants tous les Corps & Troupes en même ordre que dessus, passant toute ladite entrée sur le pont de Saône, en la place de saint Nizier, par la rue & port Chalamont, & du port Chalamont passé sur les Quays, jusques à l'entrée de Bellecour ; & dudit Bellecour par la grande ruë, jusques à l'entrée de l'Abbaye d'Esnay, où la Ville avoit aussi fait faire un grand portail ou arc triomphal, aussi à doubles pilastres, avec des emblêmes, énigmes & devises, pareillement faites par ledit sieur Chollier, ayant ladite Dame admiré le grand nombre d'hommes armés qu'elle avoit vûs par les ruës, places & quays par où elle avoit passé, qui en étoient remplis & bordez des deux costez ; & à l'instant qu'elle fut entrée dans ledit Logis de l'Abbaye d'Esnay, furent encore tirées sur les remparts d'Esnay plusieurs piéces de canon ; ce fait, chacun se retira, parce que la nuit tomboit, & que ladite Dame étoit un peu lasse.

Le lendemain lesdits sieurs Prevost des Marchands & Echevins se trouverent à Esnay, où étant vestus de leurs robes Consulaires violettes, avec les Officiers de ladite Ville, accompagnez des sieurs Exconsuls d'icelle, seroient allez en Corps, les trois Mandeurs marchants devant eux, avec leurs robes violettes & manches d'orfévrerie, & baguettes aux armes de ladite Ville, visiter & saluer de nouveau ladite Dame ; & par la bouche du sieur de Merle, Prevost des Marchands, lui furent reconfirmées les offres de leurs très-humbles services, avec tous les complimens d'honneur qui se doivent rendre à une si grande Princesse, sœur de Sa Majesté ; auroient aussi lesdits Sieurs en même temps, visité &

salué

falué Madame de Vendôme, comme aufli mondit fieur le
Grand-Prieur de France, & autres grands Seigneurs, qui
avoient accompagné ladite Dame Princeffe.

Madame
CHRISTINE
DE FRANCE.
7 *Oct*. 1619.

Le Mercredi, 9 dudit, environ les quatre heures de foir,
Monfieur le Prince de Piedmont feroit venu en pofte treuver madite Dame, accompagné de Monfieur le Prince
Thomas, fon frère, & de quelques Seigneurs dudit Piedmont; & fut reçû à la porte du Rhofne par lefdits fieurs
Prevoft des Marchands & Echevins, accompagnez comme
deffus.

Le Vendredi, 11 dudit, lefdits fieurs Prevoft des Marchands & Echevins firent une belle & fomptueufe collation
à ladite Dame, au lieu de la Duchere, où furent portées
à cet effet les plus belles & meilleures confitures qui fe pu-
rent treuver, à laquelle collation y eut grand nombre de
Nobleffe ; Monfieur le Marechal d'Efdiguieres, Gouverneur
du Dauphiné, étant arrivé fur la fin de ladite collation,
accompagné de force Nobleffe dudit pays ; & pendant le
fejour de ladite Dame en cettedite Ville, lefdits Sieurs lui
auroient fait bailler des aubades, par la grande bande des
Violons de ladite Ville.

Laquelle Dame Princeffe ayant fejoürné en cettedite Ville,
jufques au Mercredi 16 dudit mois d'Octobre, qu'elle fe
feroit difpofée à fon partement pour aller en Piedmont ; &
paffant par la porte du pont du Rhofne, lefdits fieurs Prevoft des Marchands & Echevins en corps, avec leurs Officiers, veftus de leurs habits Confulaires, accompagnez de
Meffieurs les Exconfuls, aufli veftus de leurs robes Confu-

Madame
CHRISTINE
DE FRANCE.
7 Oct. 1619.

laires noires, se seroient treuvez à ladite porte sur les dix heures du matin, pour saluer en Corps ladite Dame, bien qu'ils eussent été peu de temps auparavant prendre congé d'elle à son Logis, & la supplier d'excuser la Ville, si elle n'y avoit été reçûë selon son mérite ; laquelle leur auroit témoigné beaucoup de contentement de la bonne reception qui lui avoit été faite en cettedite Ville, & qu'elle s'en souviendroit aux occasions qui s'en presenteroient pour le bien d'icelle, dont lesdits Sieurs l'auroient remerciée, la suppliant de lui conserver cette bonne volonté.

Trois heures auparavant étoit parti en poste Monsieur le Prince de Piedmont, avec le Prince Thomas, son frere, s'en allant à Chambery pour donner ordre aux préparations de l'entrée qui s'y devoit faire à ladite Dame, & fut ledit sieur Prince salué à ladite porte du Rhosne, par lesdits sieurs Prevost des Marchands & Echevins, lesquels ils remercia fort particulierement de l'honneur & bon traitement qu'il avoit reçû en cettedite Ville, & de l'honneur que l'on avoit rendu à Madame la Princesse, sa femme. Le present Procez - verbal signé par les Prevost des Marchands & Echevins susdits.

ENTRÉE
DE LOUIS XIII,

D'ANNE D'AUTRICHE, REYNE DE FRANCE,
& de la Reyne-Mere, MARIE DE MEDICIS,
le 3 Septembre 1622.

LA REYNE eſt arrivée en cette Ville, & le Roy n'ayant voulu qu'on lui fît ſolemnelle entrée (ſuivant qu'il a été predit en l'article ci-devant inſeré, le vingt-troi-ſieme jour du mois d'Aouſt dernier), le Conſulat ordonna ſeulement que toutes les ruës par où la Reyne devoit paſſer fuſſent bordées des deux coſtez par les Pennonages armez, leurs mouſquetons ſur l'épaule, avec deffenſes, ſous peine de la vie, de tirer à ſon paſſage.

LOUIS XIII, la REYNE,&c 3 Sept. 1622.

Les ſieurs Prevoſt des Marchands & Echevins * en habits de ceremonie, precedez des Mandeurs, du ſieur du Soleil, Capitaine des forces de la Ville, & ſuivis de leurs Officiers & de plus de quarante-ſix Exconſuls tous à cheval, avec houſſes bordées de velours, ſe ſont rendus de l'Hoſtel de Ville à la porte du Lion en Vaize, pour y attendre Sadite Majeſté ; & étant advertis qu'elle approchoit, ils ſont ſortis de ladite porte pour la recevoir ; & comme Sa Majeſté

* Monſieur Pierre de Seve, Prevoſt des Marchands ; Mrs. Jean Guignard, Claude Navergnon, Bonaventure Michel & Loüis Landry, Echevins.

Louis XIII,
la Reyne, &c
3 *Sept.* 1622.

s'avançoit dans le Fauxbourg, elle a été faluée des canons & boëtes ; & étant arrivée au lieu où étoit le Confulat, qui s'eft avancé, fa littiere s'eft arrêtée, & eux s'étant tous mis à genoux, Monfieur le Prevoft des Marchands lui a fait un compliment, auquel Sa Majefté a repondu en ces termes :

Je vous remercie de vos bonnes voluntez ; je vous temoignerai la mienne en toutes les occafions que je pourrai.

Lefdits Sieurs s'étant relevez & montez à cheval, Sa Majefté a fait dire audit fieur Prevoft des Marchands, qu'elle vouloit qu'il marchât avec ledit Corps Confulaire immédiatement au devant de fa littiere, fuivant qu'ez entrées & receptions de loüable & ancienne coûtume a été pratiqué.

Enfin, Sadite Majefté a été accompagnée de ladite porte jufques à l'Archevêché, par les ruës bordées des habitans armez. L'ordre de la marche étoit tel :

Premierement, les Trompettes ; la Marechauffée fuivoit, le Maître des Ports, le Capitaine des Gardes de Monfeigneur d'Halincourt, Gouverneur de Lyon, & des Provinces de Lyonnois, Forez & Beaujolois, fuivi de fes Gardes, de la Livrée dudit Seigneur ; fuivoit fa Compagnie de gens d'armes, qui avoit fes trompettes en tête ; venoit enfuite Monfeigneur le Comte de Bury, Lieutenant general audit Gouvernement, fuivi de la Nobleffe d'icelui, faifant environ quatre cens chevaux ; enfuite venoient quelques Gardes de Sa Majefté, les Pages de fa chambre, fes Ordonnances, Gentilshommes fervants, & Maîtres d'hoftel ; enfuite les

Exconfuls, les Mandeurs, le Receveur & Secretaire de la
Ville ; en après le Capitaine des armes & forces d'icelle, &
le Procureur general ; enfuite lefdits fieurs quatre Echevins,
& Monfieur le Prevoft des Marchands, qui marchoit tout
feul au devant de la Reyne, qui avoit à la portiere de fa
littiere le Capitaine de fes Gardes , Monfieur d'Ufez fon Gentilhomme d'honneur, & mondit Seigneur le Gouverneur,
qui à tout propos s'approchoit d'elle pour l'entretenir, &
autour les Valets de pied de Sa Majefté ; & en cet ordre
Sa Majefté a été conduite jufques audit Archevêché, où en
entrant on a entendu tirer le canon de l'Arcenal ; après
quoi le Confulat & fa fuite étant revenus à l'Hoftel de Ville,
dans le même ordre qu'il en étoit parti, chacun s'eft retiré,
de même que lefdits Pennonages, fors & excepté ceux du
fieur Cardon & Capitaine Morant , qui font demeurez de
garde, le premier au Change ; & l'autre, partie à l'Herberie, & partie au Corps de garde des Cordeliers, & ont lefdits
Sieurs figné.

Le lendemain Dimanche, Meffieurs du Confulat, en habits
de ceremonie comme la veille, font allez à pied à l'Hoftel
de l'Archevêché, où étant en attendant que Monfeigneur
le Gouverneur fût venu pour les prefenter à Sa Majefté,
Monfieur le Lieutenant general en la Senechauffée & Siege
Prefidial de la Ville , accompagné des Lieutenant & Confeillers audit Siege, feroient auffi venus tous en robes d'écarlatte rouge ; & incontinent après, ledit Seigneur Gouverneur
étant arrivé, & étant fuivi dudit Corps Confulaire, il feroit

Louis XIII,
la Reyne,&c
4 Sept. 1622.

Louis XIII,
la Reyne,&c
20Sept.1622

entré tout de fuite dans la chambre de la Reyne, où s'étant tous mis à genoux, ledit fieur Prevoft des Marchands auroit de nouveau complimenté Sa Majefté : qui lui a repondu en ces termes : *Je vous remercie de vos bonnes volontez ;* & à l'inftant le Confulat s'étant levé, après avoir fait une profonde reverence à la Reyne, il eft forti encore avec Monfeigneur le Gouverneur, qui eft venu prendre à la porte lefdits Lieutenant general & Confeillers du Siege, pour les prefenter à Sa Majefté : les fieurs Prefidens & Elûs, & les Treforiers de France qui y étoient auffi, ont été remis au lendemain pour avoir audience ; & enfin le Confulat s'étant retiré dans le même ordre, s'eft feparé.

Le vingtieme jour dudit mois, la Reyne-Mere eft arrivée en cette Ville ; & a été faite pareille reception à Sa Majefté que celle faite à la Reyne regnante, & avec les mêmes ceremonies : & pour ce, le Confulat fe feroit tranfporté à cheval en Vaize à ladite porte du Lion, où Sa Majefté étant arrivée au bruit du canon, lefdits fieurs Prevoft des Marchands & Echevins s'étant mis à genoux, Monfieur le Prevoft des Marchands qui portoit la parole, l'auroit complimentée très-difertement ; à quoi Sa Majefté auroit repondu en ces termes :

Je vous remercie de voftre affection, & vous prie de croire que je ferai toûjours pour cette Ville envers le Roy tout ce que je pourrai.

Enfuite de quoi, tout le Cortege s'étant mis en marche dans le même ordre obfervé à la reception de la Reyne regnante,

regnante ; le Conſulat auroit occupé la même place immediatement devant la littiere de Sa Majeſté, juſques à l'Abbaye
d'Eſnay où ſon logement étoit preparé, où étant arrivée au
bruit de l'artillerie, le Conſulat ayant paſſé outre pour éviter
l'embarras, ſeroit retourné dans l'Hoſtel de Ville, dans le
même ordre ; d'où ils ſe ſeroient ſeparez.

Louis XIII,
la Reyne,&c
21 Sept. 1622.

Et le lendemain vingt-unieme dudit mois, entre une &
deux de relevée, le Conſulat en robes de ceremonie, accompagné du Capitaine des forces & armes de la Ville, & ſuivi
de quelques Exconſuls, ſe ſeroit rendu en ladite Abbaye
d'Eſnay, où ayant été preſenté à Sa Majeſté par Monſieur
le Marquis d'Halincourt, Monſieur le Prevoſt des Marchands
& ſa ſuite s'étant mis à genoux, l'a complimentée de nouveau ; & Sa Majeſté l'ayant gracieuſement oüi, a prononcé
une reponſe pleine d'un ſignalé temoignage de la particuliere
bonne volonté qu'elle a pour cette Ville, diſant :

Je vous remercie de voſtre bonne volonté ; j'affectionne cette
Ville plus que toute autre, & pour deux raiſons ; l'une, que c'eſt
le lieu où j'ai eu l'honneur de voir la premiere fois le feu Roy,
mon Seigneur ; & l'autre, que le Roy, Monſieur mon Fils, y a
pris la premiere naiſſance ; c'eſt pourquoi je ferai toûjours pour
vous envers lui, tout ce que je pourrai, & vous pouvez vous en
aſſûrer, & je vous prie de le croire.

Après cette gracieuſe reponſe, le Conſulat s'étant levé, fait
une profonde reverence à Sa Majeſté, il ſeroit ſorti de la

T 3 *

Louis XIII,
la Reyne,&c
8 Nov.1622.

chambre de ladite Dame Reyne, accompagné dudit Seigneur d'Halincourt, qui étant rentré, ils ont été poſer leurs robes; & étant auſſi rentrez en particuliers dans ladite chambre, ils auroient vû & entendu les compliments des autres Corps, preſentez auſſi par mondit Seigneur d'Halincourt.

Le Mardi huitieme Novembre mil ſix cent vingt - deux, Meſſieurs du Conſulat reçûrent une lettre du Roi, dont voici la teneur.

DE PAR LE ROY.

TRE'S CHERS & BIEN-AMEZ, Etant ſur le point de nous en retourner du coſté de noſtre Ville de Lyon; & deſirant à noſtre paſſage que vous nous y faſſiez une entrée, & à la Reyne noſtre très-chere épouſe, convenable à la dignité de nos perſonnes; Nous vous avons voulu faire cette lettre, pour vous tenir informez de noſtre intention, & vous exhorter de vous acquitter de ce devoir & honneur, ainſi que vous y étes obligez; Nous rendant en cela un temoignage particulier de l'affeſion & devotion que vous avez en noſtre endroit; de quoi prenant ſoin, vous ferez choſe qui nous ſera très-agréable. Donné à Aix, ce quatrieme jour de Novembre 1622. Signé LOUIS; & plus bas, PHELIPEAUX; & au deſſus eſt écrit: A nos très - chers & bien amez les Prevoſt des Marchands & Echevins de la Ville de Lyon.

En conſequence de laquelle lettre de cachet, leſdits Sieurs ont ordonné tout ce qu'ils ont crû le plus convenable, pour rendre ladite entrée plus digne de leurs Majeſtez.

Sçachant que le Roy aimoit à aller fur l'eau, ils avoient fait conftruire & orner un bateau très-proprement & d'une façon commode pour aller fur nos rivieres : enfuite ils auroient commandé un feu d'artifice, pour être executé le jour de ladite entrée ; fait preparer le lieu de la Motte, lez le fauxbourg de la Guillotiere, où leurs Majeftez devoient s'arrêter ; fait netoyer ledit fauxbourg, toutes les ruës par où le Roi devoit paffer, avec ordre à tous Bourgeois de tapiffer leurs maifons jufqu'au premier étage ; generalement à tous les habitans de ladite Ville, de faire pofer fur leurs feneftres & allumer à l'entrée de la nuit des chandelles dans des lanternes de papier.

Ils avoient auffi commandé une Compagnie des Enfans les plus qualifiez de la Ville, fous les ordres du fieur de Belair, élû Capitaine de ladite Compagnie, en habits uniformes & bien propres, pour aller au devant de leurfdites Majeftez ; & avoient fait toutes les autres difpofitions qu'ils avoient crûës neceffaires, pour s'acquitter dignement de leur devoir en cette occafion.

Le Mardi fixieme Decembre mil fix cent vingt-deux, le Roy eft arrivé en cette Ville. Monfeigneur d'Halincourt lui eft allé au devant, affifté de fa Compagnie de gens d'armes, & de la Nobleffe du Lyonnois, Forez & Beaujolois ; faifant en tout plus de quatre cens chevaux. Sa Majefté eft entrée fur les deux heures de relevée, & a trouvé en la place de Belle-Cour la Reyne-Mere, dans le carroffe de laquelle le Roy eft entré, & a conduit ladite Reyne-Mere

Louis XIII, la Reyne, &c
6 Dec. 1622.

Louis XIII,
la Reyne,&c
6 Dec. 1622.

jusqu'en son logis, où la Reyne regnante s'est aussi acheminée ; & de là le Roy est passé sur la Saône en son logis
preparé en l'Archevêché : lorsqu'il est entré dans ladite Ville,
quelques piéces de canon ont tiré.

Lesdits sieurs Prevost des Marchands & Echevins de ladite
Ville ne sont allez à la porte rendre leur devoir au Roy,
d'autant qu'ils avoient été advertis par ledit Seigneur d'Halincourt, que Sa Majesté n'en vouloit point jusqu'au jour de
son entrée solemnelle : néanmoins ayant sçû du depuis que
Sadite Majesté les verroit dans sondit logis, ils s'y seroient
acheminez avec leurs Mandeurs & Officiers, revestus de leurs
robes Consulaires ; & ayant attendu que le Roy sortît de la
chambre de la Reyne où il étoit, ainsi qu'il est entré au
lieu où il devoit souper, ils se sont mis à genoux devant
Sa Majesté, & lui ont parlé par la bouche dudit Prevost
des Marchands, ainsi qu'il s'ensuit :

SIRE,

*VOSTRE MAJESTÉ auroit vû aux portes tous les Habitans
de sa ville de Lyon, si on eut pú aussi bien prevoir le point de son
arrivée, comme il a été attendu avec impatience ; car il y a long-
temps que nous soupirons aprés ce beau jour, où Dieu nous fait
la grace d'appercevoir les traits de sa Majesté divine, en celle de
vostre personne sacrée, & d'y pouvoir admirer les douces qualitez
d'une ame qui a montré ses efforts & ses effets si puissants & si
redoutables enmi la guerre. Nous venons au nom de tous, SIRE,
lui offrir nos plus sinceres vœux, & lui faire nos très humbles
soûmissions ; & puisque le souhait seroit inutile d'avoir les cœurs*

& les

& les poitrines ouvertes , noſtre voix aſſûrera cette verité , que nous ▬▬▬
ſommes ſes très-humbles , très - obeïſſants , & très-fidelles Sujets & Louis XIII,
Serviteurs. la Reyne,&c
6 *Déc.* 1622.

A quoi le Roy a repondu : *Je vous remercie de vos bonnes volontez ; je vous prie , continuez à me bien ſervir , comme vous avez fait , & je vous temoignerai mon affection.*

Et après ils ſe ſont tous levez & retirez, ſans qu'autre Corps de ladite Ville, du Clergé, de la Juſtice, ni des Finances, ait eu ledit jour audience de Sa Majeſté.

Ordre pour l'Entrée du Roy & de la Reyne en la Ville de Lyon.

Le Roy étant arrivé à ſon theâtre , bâti près du château de la Motte, comme Sa Majeſté veut y être à neuf heures du matin, chacun de ceux qui auront à faire des harangues s'y rendront au pluſtôt , pour de là être preſentez à Sa Majeſté.

Premierement, Meſſieurs de Saint Jean s'y rendront, pour faire la reverence à Sa Majeſté en particulier; enſuite Meſſieurs de l'Egliſe pour faire leur harangue.

Puis les Treſoriers de France , les Elûs, le Prevoſt general, le Capitaine de la Ville avec les Penons, la Nation Italienne, la Nation Allemande & Suiſſe , le Capitaine des Enfans de la Ville, le Preſidial, le Corps de Ville.

V 3 *

Louis XIII,
la Reyne,&c
6 Déc. 1622.

Après lefquelles harangues faites, chacun d'eux fe retirera, pendant que Sa Majefté dînera, pour fe preparer à marcher à l'Entrée, laquelle fe fera en cette forte.

Premierement, les Eglifes fe rendront pour paffer devant le theâtre du Roy, rentreront enfuite dans la Ville par le chemin de l'Entrée, & iront droit à l'Eglife de Saint Jean.

Après marcheront les Pennonages en l'ordre qui a été fait à part.

Le fieur Thomé, Prevoft general, avec fa Compagnie.

Le fieur Dufoleil, avec fon Lieutenant, & les Gardes des Portes.

Les Carabins & Gardes de Monfeigneur d'Halincourt.

La Compagnie des Gens d'armes dudit Seigneur.

Enfuite la Nobleffe du Gouvernement, conduite par Monfieur le Marquis de Villeroy, en l'abfence du Seigneur fon pere.

Les Nations Italienne, Allemande & Suiffe, en deux corps.

Puis marcheront la Compagnie du Guet.

Les Sergens à cheval.

Les Huiffiers du Prefidial & du Bureau.

Et après eux, Meffieurs du Prefidial à main droite, & les Treforiers de France à main gauche, chacun leurs Huiffiers devant eux.

Puis marcheront les Arquebufiers de la Ville.

Les Enfans de ladite Ville, conduits par leur Capitaine.
Les Exconfuls & Bourgeois deux à deux.
Enfuite le Corps de Ville.

Louis XIII,
la Reyne,&c
11 *Déc*.1622.

Entrée du Roy & de la Reyne en ladite Ville.

Le Dimanche, onzieme jour de Decembre mil fix cent vingt-deux, lefdits fieurs Prevoft des Marchands & Echevins fe font affemblez en l'Hoftel de Ville à huit heures du matin, & fe font enfuite acheminez audit lieu de la Motte, precedez de la Compagnie des Arquebufiers, des Enfans de la Ville, & fuivis de leurs Officiers & de Meffieurs les Exconfuls, tous en robes de ceremonie; où étant arrivez, ils font montez fur le theâtre pour ce preparé audit lieu, où étant à genoux, ils ont de nouveau complimenté le Roy; à quoi Sa Majefté a repondu à peu près comme ci-devant.

Après cela, ledit fieur Prevoft des Marchands ayant pris des mains du Secretaire, les clefs des fix portes de la Ville, affemblées en un clavier, le tout d'argent doré d'or de ducats; Monfieur le Prevoft des Marchands, après avoir baifé lefdites clefs, les a prefentées au Roy, en lui difant:

S I R E,

Nous offrons à Vostre Majeste' les clefs de fa Ville de Lyon; la garde defquelles nous avons l'honneur de long-temps de tenir infeodée, & lui reïterons les vœux de noftre obeïffance & fidellité.

Louis XIII,
la Reyne,&c
11 Déc. 1622.

Sur quoi Sa Majesté ayant gracieusement pris lesdites clefs, les a baillées en garde au sieur Marquis de Mony, Capitaine de ses Gardes, qui étoit proche d'elle.

Monsieur l'Obeancier de Saint Just avoit fait le matin sa harangue pour le Clergé ; & après, les Religieux Mendians, & autres, ont passez devant ledit amphithéâtre dans l'ordre regiftré ci-devant le neuf du present mois.

Cela parachevé, leurs Majeftez font allées dîner au lieu preparé pour cela ; & à l'issuë de leur repas, ledit sieur Dusoleil, & les Capitaines Penons des trente-fix Pennonages de la Ville, font montez fur le theâtre ; & s'étant mis à genoux, ils auroient complimenté leurs Majeftez, à quoi le Roy a repondu en ces termes :

J'accepte vostre offre , je vous en remercie, & vous prie de continuer.

Sur quoi fera remarqué que ledit sieur Dusoleil a fait fa harangue hors l'ordre ci-devant porté, le Roy ayant remis à voir lesdits Pennonages à l'après dînée.

Ensuite de ce, tous lesdits Pennonages ont defilé devant le Roy, qui a pris un fingulier plaifir à les voir chacun en particulier, & ont continué leur marche pour entrer dans la Ville avec le refte de la pompe, fuivant l'ordre prefcit ci-devant.

Après ont fuivis les Suiffes, Gardes du Roy & Officiers de Sa Majefté ; les Heraults d'armes avec leurs maffes , & tous les grands Officiers de la Couronne, portant les marques de leur dignité.

Enfuite venoit le Roy, monté fur un cheval blanc, fuivi de fes Ecuyers & Pages, qui marchoient à pied derriere S. M.

La

La Reyne marchoit enfuite dans une littiere garnie de velours cramoifi, brodée d'or, & découverte en telle forte qu'un chacun pouvoit la voir ; & finalement la marche étoit terminée par les Gardes du Corps.

Louis XIII, la Reyne,&c 11 *Dec.*1622.

En cet ordre leurs Majeftez font entrées dans la Ville, au bruit d'une nombreufe artillerie, ainfi qu'elles étoient à la feconde porte d'icelle ; à l'entrée du pont du Rhofne, elles y ont trouvé les quatre Echevins & quatre Exconfuls, qui les y attendoient avec deux poefles de velours violet, ornez de paffemens & clinquans d'or, & des armes du Roy & de la Reyne en broderie ; lefquels fieurs Echevins & Exconfuls avoient laiffé en rang ledit fieur Prevoft des Marchands qui marchoit feul, precedé des Arquebufiers, des Enfans de la Ville, des Mandeurs, des Exconfuls, & des Officiers d'icelle ; & s'étant mis leurs Majeftez fous lefdits poefles, ont été allumez quantité de flambeaux à caufe de la nuit qui étoit furvenuë, qui ont été diftribuez aux Pages de la grande écurie & autres qui fuivoient à pied leurs Majeftez, qui ont continué leurdite Entrée par les ruës tapiffées & decorées d'arcs de triomphe, pyramides, ftatuës & emblêmes, en differents endroits où l'on avoit placé des inftrumens de mufique, de tout quoi fera faite plus particuliere defcription : ladite Entrée fuivie d'une multitude innombrable de peuple, qui par fes acclamations de *Vive le Roy*, temoignoit fon allegreffe. Ainfi leurs Majeftez étant arrivées au lieu de Porte-froc, en paffant fur le pont de bois que la Ville a fait conftruire expreffement fur la Saône, fur lequel on entroit par les eftres de Saint Jean, ils y ont trouvé Meffieurs les Comtes de ladite Eglife, qui les

Louis XIII,
la Reyne, &c
12. Dec. 1622

ont reçûs avec deux autres poefles qu'ils avoient preparez à cet effet , & lefdits fieurs Echevins & Exconfuls fe font retirez; & leurs Majeftez étant entrées dans Saint Jean , le *Te Deum* chanté avec les ceremonies en tel cas requifes & accoûtumées, elles fe font retirées en l'Archevêché à neuf heures du foir.

Le Lundi douze dudit mois, le Confulat en ceremonie s'eft rendu entre quatre & cinq heures de relevée à l'Archevêché, où étant arrivé, ils font entrez au cabinet du Roy; & y ayant trouvé Sa Majefté, après s'être mis à genoux , Monfieur le Prevoft des Marchands lui a fait un compliment fur fes victoires, & lui a offert en prefent une piece , où Sa Majefté étoit reputée en Jupiter qui foudroye les Titans : ce prefent étoit de l'invention de Monfieur le Prevoft des Marchands; c'étoit un Lion affis fur un piedeftal, tenant de fes pattes un écuffon où le Roy étoit reprefenté, comme on a dit ci-deffus, au bas duquel étoient ces mots :

His nigra ad Tartara mittit.

& autour des Geans étoit un autre écriteau, contenant auffi ces mots :

Vanum fine numine nomen.

& en une des faces dudit piedeftal étoit écrit :

LUDOV. JUSTO,
REGI CHRISTIANISS.
PERDUEL. EXTINC.
LUGDUN. DD.
ANNO SALUT. M. DC. XXII.

le tout étoit d'or & de la hauteur de demi-coudée, très-bien & artiftement élabouré.

Dans la fin du compliment, Monſieur le Prevoſt des Mar-
chands avoit dit au Roy : *Que ſa bonne ville de Lyon eſperoit de ſa bonté, que Sa Majeſté voudroit bien lui accorder les demandes contenuës au cayer, que la neceſſité les contraignoit de lui preſenter.*

Louis XIII, la Reyne,&c 12 Dec.1622.

Et ayant ledit ſieur Prevoſt des Marchands parachevé ſon diſcours, il a baiſé ledit preſent & l'a donné au Roy, qui auparavant a pris en main les clefs qui lui avoient été preſen-tées le jour de l'Entrée, & dit :

Je donne ces clefs au ſieur d'Halincourt, voſtre Gouverneur, en qui j'ai toute confiance.

A quoi le ſieur Prevoſt des Marchands a reparti : *Nous ſupplions voſtre Majeſté que ce ſoit ſans bleſſer les Privileges de la Ville, qui a l'honneur de tenir la garde des clefs d'icelle, en foy & hommage de voſtre Majeſté.*

A quoi Sa Majeſté a repliqué : *Auſſi veux-je que ce ſoit ſans prejudicier à vos Privileges.*

Et auſſi-toſt ayant dit cela, Sa Majeſté a pris très-favora-blement ledit preſent, & temoignant l'avoir agréé, a dit:

Je vous remercie ; j'ai toûjours connu que vous étiez pleins d'affec-tion à mon ſervice ; auſſi vous ferai-je connoiſtre la mienne pour voſtre conſervation en toutes occaſions, & donnerai ordre à mon Conſeil repondre à voſtre cayer.

Après quoi le Conſulat s'eſt retiré.

Et le Jeudi, quinzieme Decembre ſuivant, leſdits Sieurs toûjours en habits de ceremonie & accompagnez comme ci-deſſus, ſont allez en l'Archevêché au logement de la Reyne entre onze heures & midi, où étant entrez au cabinet de

Sa Majesté, & s'étant mis à genoux, Monsieur le Prevost des Marchands lui a fait un compliment, qui exprimoit les vœux & les souhaits ardents des peuples, de voir le repos affermi par les benedictions d'une lignée Royale, que le present d'honneur qu'ils lui offroient presageoit par le sujet qu'il representoit.

C'étoit un Lion de même forme, hauteur & matiere que celui presenté au Roy; & dans l'écusson étant entre les pattes dudit Lion, on voyoit gravé une Reyne dormante, à laquelle un bras sortant des nuës, attache une medaille où la figure d'un Lion étoit gravée, avec ces mots :

Claros signant hæc omnia Reges.

& à la base du piedestal, sur lequel reposoit ledit Lion, étoit écrit :

ANNÆ AUSTR.
REG.
HÆC LUGDUN. PRÆSAGA MENTE
VOTA FACERE. *V. R.*

ce qui faisoit allusion au songe que fit le pere du Grand Alexandre, qu'il mettoit une medaille d'or à la Reyne sa femme, où étoit gravé la figure d'un Lion, ce qui fut interpreté & suivi de la naissance d'un fils, qui a été en son temps un Lion par son courage, & le plus grand Prince de la terre.

Ce compliment parachevé, ledit sieur Prevost des Marchands a offert ledit present à Sa Majesté, qu'elle a reçû très-gracieusement, en disant qu'il étoit fort beau.

Après quoi le Consulat s'est retiré.

Le

Le Dimanche, dix-huitieme dudit mois, fur les fix heures de relevée, le Roy étant en l'Hoftel de Monfeigneur d'Halincourt, a vû joüer le feu d'artifice que la Ville avoit fait preparer fur l'eau, qui étoit fort beau, & a duré plus d'une heure ; & à l'iffuë dudit feu, lefdits fieurs Prevoft des Marchands & Echevins font allez chez ledit Seigneur d'Halincourt où le Roy avoit foupé, & s'étant prefenté à Sa Majefté à genoux, ledit fieur Prevoft des Marchands lui a dit :

Louis XIII,
la Reyne,&c
18 Dec. 1622.

SIRE,

Nous fommes ici pour remercier très-humblement Vostre Majeste', des favorables expeditions qu'il lui a plû faire donner par fon Confeil aux affaires de cette Ville ; & auffi étant avertis qu'elle en doit demain partir pour s'en aller à Paris, nous venons recevoir l'honneur de fes commandemens, & lui reïterer les vœux de noftre fidellité & obeïffance.

A quoi Sa Majefté a repondu : *Vous m'avez bien fervi ; j'en fuis content ; auffi aurai-je toûjours foin de vous.*

Après quoi le Confulat s'eft retiré.

Le prefent Procez verbal figné par les Prevoft des Marchands & Echevins fufdits.

Y 3 *

DESCRIPTION ABREGE'E

DES ARCS DE TRIOMPHE
*placés en divers endroits de la Ville , pour l'Entrée folemnelle
du Roy & de la Reyne.*

Louis XIII,
la Reyne,&c
6 Dec. 1622.

IL y en avoit onze : le premier qui étoit à la porte du
pont du Rhofne , & qui fervoit de perfpective à ladite
Entrée , avoit trente-fix pieds de haut fur vingt-quatre de
large ; il étoit enrichi de deux ordres d'architecture très-bien
executés : dans le fronton on lifoit en lettres d'or ce mot ,
Heliopolis , qui fignifie *Ville du Soleil* ; & au-deffous du
fronton , dans un marbre quarré , on lifoit cette Infcription :

*Soli Francico , Ludov. XIII. duellicæ Hydræ pofligatori ,
Parenti Patriæ , Pacificatori Galliæ , fuæ Gentis uniquo delicio ,
Regum maximo , fæculi miraculo , hâc perpetuâ gloriâ florere om-
nibus Principibus antecellere.*   *S. P. Q. L.*

Cet arc étoit orné de plufieurs autres infcriptions en différentes langues , & relatives à l'allegorie du Soleil dans le figne
du Lion , dont on faifoit une jufte application au Roy , lefquelles on ne rapporte point ici , pour n'être point trop prolixe.

2°. L'arc de ruë Raifin avoit feize pieds de largeur fur
trente de hauteur , compofé de trois ordres d'architecture ,
auffi-bien executez les uns que les autres. Dans le marbre
occupant la place du fronton étoit l'infcription fuivante :

Hyperioni Gallicano Lud. XIII. semper faventi, semper fausto,
Francicum Orbem salutari circumvectu lustranti, hilaranti, fortu-
nanti, beanti hujus faustitatis perennitatem.   **S. P. Q. L.**

Louis XIII,
la Reyne,&c
6 Dec. 1622.

3°. L'arc de la ruë de l'Hôpital avoit quarante-cinq pieds
de hauteur sur vingt - deux de largeur ; il representoit un
rocher percé à jour par une voûte, couvert avec art d'architecture, ornée de quatre mufles de Lion qui jettoient
de l'eau ; au sommet de ce rocher, sur un tertre, étoit planté
un laurier, ce qui rappelloit l'idée des lieux où étoit jadis
adoré le Dieu Mithra, qui n'étoit autre chose que le Soleil,
avec differentes inscriptions, dont la principale, tirée de
Lactence, étoit telle :

Fons est in medio quem vivum nomine dicunt,
Perspicuus, lævis, dulcibus uber aquis.

4°. On avoit élevé au Puits - pelu une colomne d'ordre
composite très-artistement élaborée, qui portoit sur son chapiteau un Lion, sur lequel étoit monté un Apollon, avec
sa couronne rayonnante de lumiere : sur quatre tours quarrées qui flanquoient ladite colomne, & qui lui servoient
d'appui & de fondement, étoient placez les quatre chevaux
du Soleil, bardez & caparassonnez des couleurs des Saisons;
ils étoient attachez deux à deux, à deux mufles de Lion,
placez au - dessous du chapiteau de ladite colomne : entre

━━━━━━━━ autres infcriptions, on lifoit dans un ovale celle qui fuit :

Louis XIII,
la Reyne, &c
6 Dec. 1622.

Loüis de Bourbon le Jufte,
Seul obeï du robufte Lion.

.   .   .   .   .   .

5°. On avoit placé dans la ruë de la Grenette une pyramide à quatre faces, de feptente - deux pieds de hauteur,
terminée par une boule qui étoit chargée de quatre Soleils,
& furmontée d'une fleur de lys ; au premier vuide de ladite
pyramide, on lifoit entr'autres cette infcription :

Virtus eft monimentum ære perennius,
Regalique fitu pyramidum altius.

.   .   .   .

6°. L'on avoit placé à l'entrée du pont de la Saône un
grand portique, compofé de deux ordres d'architecture, le
premier étoit dorique, & le fecond yonique, avec leurs
bafes, corniches, chapiteaux, &c. le tympan étoit rempli
de cette infcription, qui étoit la plus étenduë & la plus
énergique de toutes :

Apollini Francico Lud. XIII. Pio, Fælici, Augufto, con-
fectori Pythonico, perduellionis Domitori Bearnico, Santonico,
Britannico, Aquitanico, Tectofagico, ob reftitutam Remp. vovet,
dedicat   *S. P. Q. L.*

Au

7°. Au milieu du pont de la Saône, on avoit placé le Louis XIII,
la Reyne,&c
6 *Déc.* 1622. temple d'Apollon, le Soleil au figne du Lion, échauffant l'univers d'une ardeur extraordinaire : le bâtiment en étoit quarré, ayant feulement trois faces. Au-deffus s'élevoit une platte-forme, revetuë de baluftrades ; celles de devant terminées par deux obelifques : là étoient les Muficiens à couvert de la voûte qui fervoit de fond à un dôme couvert d'écailles dorées, du milieu duquel s'élevoit en rond une lanterne femée de fleurs de lys d'or, & terminée par une grande fleur de lys à quatre faces : ez frifes des deux coftez, on lifoit ces deux fentences :

La premiere : *In Sole pofuit Tabernaculum fuum.*

La feconde : *Non eft qui fe abfcondat à calore ejus.*

Il y avoit plufieurs autres infcriptions, tirées de differens Autheurs.

8°. Le deffein du portique placé à l'extremité du pont de la Saône, du cofté du Change, étoit tiré de la paix que la clemence de Sa Majefté avoit donnée à l'Europe ; ce portique étoit fait d'un marbre blanc, madré & veiné d'azur ; il avoit deux ordonnances de colomnes, la premiere d'ordre Corinthien, & la plus haute d'ordre Compofite, avec leurs ftilobates, architraves & corniches : au plus haut de ce portique, on lifoit ce qui fuit :

Z 3 *

Louis XIII,
la Reyne,&c
6 Déc. 1622.

Heliogalaico Lud. XIII. aſtrorum maximo , pleniſſimo , fœ-cundiſſimo , nuſquam occidenti , ubique meridiano , terrarum ſola lætificanti , benigno rore ſemper depluere , aureis imbribus orbem univerſum irrorare.　　　　　**S. P. Q. L.**

9°. Le portique de la place des Changes étoit l'un des plus riches & des plus magnifiques ; il étoit compoſé de deux ordres d'architecture : le premier de huit colomnes d'ordre Corinthien, qui renfermoient deux niches ; le ſecond ordre étoit ſoûtenu par quatre termes de quinze pieds de hauteur ; ſon frontiſpice étoit briſé, & on liſoit dans ſon tympan ce qui ſuit :

Phœbo Celtico , verè nomio chriſtiani orbis Arbitro , Juſtitiæ Patrono , Religionis propagatori , Fœliciſſimo ac perpetuo ſemper vincere & triumphare.　　　　　**S. P. Q. L.**

10°. L'idée du portique de l'iſſuë de la Croizette , étoit tirée des rares qualitez & perfections de la Reine ; il avoit quatre colomnes d'ordre Corinthien, finiſſant au fronton, avec deux obeliſques aux coſtez ; on avoit placé au plus haut les armes de la France, ſoûtenuës par deux mains : le grand ovale qui ſuivoit immediatement, contenoit cet écriteau :

Auroræ celtibericæ Ann. Auſtriacæ cœlitùs lectæ conjugi Apollini Gallico , omnia felicia precatus , ſibi è purpureo Thoro , nectar divinum , ambroſiam cœleſtem exoptat.

S. P. Q. L.

Au bas du tableau dans lequel la Reyne étoit repreſentée
ſous la figure de l'Aurore, qui repandoit des fleurs ſur la
Ville de Lyon peinte en bas, on liſoit ce quatrin :

Louis XIII,
la Reyne, &c.
6 Déc. 1622.

Reyne que tout le monde adore,
Ce jour nous luira ſans pareil ;
Puiſque vous en êtes l'Aurore,
Et le Roy en eſt le Soleil.

11°. Le portique de l'entrée de la place de Saint Nizier,
contenoit les preſages que donnoit le plus éclatant Soleil, &
la plus belle Aurore de toute l'année ; il étoit enrichi d'un
ſeul ordre de colomnes Corinthiennes ; mais au-deſſus d'icelles,
il ſe terminoit en une très-belle architecture : on liſoit ſur
le frontiſpice l'inſcription ſuivante :

Tithono Borbonio Lud. XIII. Lugdunii cœli filio, Ætheris
Gelaſino, heſperiæ Aurorę divinitùs lecto conjugi, Paranymphi
Lugdunenſes condignam parentibus ſobolem, toto orbe regnaturam,
optant, orant, vota & genethlia nuncupat.

S. P. Q. L.

Il y avoit encore pluſieurs autres inſcriptions, emblêmes,
diſtiques, vers grecs, latins & françois, tant dans la deſcription de cette decoration, que des precedentes, qui com-
poſent un volume entier, & qu'on n'a pû par conſequent
rapporter ici tout au long.

Louis XIII, la Reyne, &c
6 Déc. 1622.

Meſſieurs les Doyen, Chanoines & Comtes de Lyon, en cette ſolemnelle entrée avoient fait élever à la porte de leur cloiſtre un arc ſuperbe à deux faces, dont le ſujet étoit l'âge d'or, que le regne de Loüis XIII. faiſoit renaître. Ils preſenterent l'eau-benite à leurs Majeſtez, qu'ils avoient reçûs ſous un dais de damas blanc; & qui étant entrez dans l'Egliſe, le Roy portant un ſurplis ſur ſon bras, comme premier Comte; après le *Te Deum* chanté, avoir baiſé les Reliques, ſe ſont enfin rendus dans leurs appartemens preparez dans le Palais de l'Archevêché.

On a vû par la Relation de cette Entrée, que l'on tira un feu d'artifice, qui a été executé ſur l'eau entre les deux ponts, dont la repreſentation a été parfaitement bien gravée, ainſi que celle de tous les arcs de triomphe ci-deſſus, & que les curieux peuvent voir dans la Relation imprimée en 1624, chez Jean Julieron, par les ordres de Meſſieurs du Conſulat.

RECEPTION

RECEPTION

D'ILLUSTRISSIME CARDINAL BARBERIN,
Neveu de notre Saint Pere le Pape, & Legat (à latere)
de Sa Sainteté, & du saint Siege Apostolique, en France ,
le Lundi 28 Avril 1625.

LES Sieurs Prevoſt des Marchands & Echevins * avoient
fait preparer au fauxbourg de la Guillotiere, le logis
de S. George, proche du pont, & icelui parer de tapiſſeries de Flandres & autres beaux meubles, pour ſervir audit
Seigneur Legat, afin de recevoir les honneurs & harangues
que les Chapitres du Clergé, Compagnies des Officiers du
Roy, & les Nations de ladite Ville y iroient lui rendre ;
& avoient auſſi leſdits ſieurs Prevoſt des Marchands & Echevins fait tenir preſte la collation de confitures & autres
fruits, pour preſenter audit Seigneur Legat & ſa ſuite, à ſon
arrivée audit logis.

Sur la premiere porte du pont du Rhoſne, la plus proche de la Ville, au frontiſpice d'icelle, leſdits Sieurs avoient
fait mettre les Armoiries de noſtre Saint Pere le Pape, à
main droite ; celles du Roy, à main gauche ; & au bas
deſdites deux, celles dudit Seigneur Legat, toutes montées
de feſtons ; & au-deſſous deſdites armoiries étoit appoſé un

Le Cardinal
BARBERIN.
28 Av. 1625

---

* Monſieur Jean Dinel, Prevoſt des Marchands ; Mrs. Luc Seve de Charly,
Gabriël Moyeilhac, Antoine Picquet, & Benoiſt Voyſin, Echevins.

tableau de six pieds de haut, & huit de long, dans lequel étoit reprefenté la ville de Rome, & au - deffous étoit l'infcription fuivante :

O R O M A ,

URBS nunc bis rarè facis, quod rarò faciunt rari homines, rariores amici, hoc videlicet ut duplici BARBERINORUM Legatione, apibus & liliis, fit, cum longa mora, amor ; tu ut femper facias quod bis rarè facis nunc Urbs optat, omnibus votis, Lugdunus Lugdunum, fauftè & fœliciter durare enim amorem quam duraffe melius fuo nomine confirmat FRANCISCUS BARBARINUS qui Ecc. cuncta Princeps Ecclefiæ perficit amantiffimus & Cardinalium Legatorum de laterè rariffimus.

Toutes les ruës depuis ladite porte ; fçavoir, ruë de Bourgchanin, la grande ruë de l'Hôpital, la place faint Nizier, la ruë tendant de là au pont de Saône, ledit Pont, le Change, ruë faint Jean jufques à Porte-froc, par où devoit paffer ledit Seigneur Legat, étoient fablées, & lefdites ruës tapiffées.

De plus efdites ruës, les Capitaines Penons & Habitans de leurs Quartiers bien armez, étoient rangez en haye de côté & d'autre defdites ruës, fuivant l'ordre qui leur avoit été donné ci-devant, regiftré le vingt-quatrième jour du prefent mois ; & avoit été fait deffenfe, à peine de la vie, à toutes perfonnes de tirer aucunes armes à feu quand ledit Seigneur Legat pafferoit, & enjoint à chacun de tenir les armes à feu fur l'épaule, & aux piquiers leurs piques droites.

Monfieur

Monſieur de la Faye , Comte de ſaint Jean & Grand-
Vicaire de Monſieur l'Archevêque, eſt allé audevant dudit
Seigneur Legat, & lui a fait ſon harangue ; & puis s'en
ſont retournez leſdits ſieurs Comtes, ſans marcher en rang.
Sont après ſortis les Capucins , Minimes, Recollets & autres
Religieux Mendiants , chacun deſdits Ordres ayant devant
ſoi la croix ; après les Chapitres de ſaint Juſt, ſaint Paul &
ſaint Nizier , leſquels ont fait leur harangue, par la bouche
de Monſieur l'Obeancier de ſaint Juſt , audit Seigneur Legat.

Meſſieurs tenant la Senechauſſée & Siege Preſidial , ayant
devant eux le Chevalier & Capitaine du Guet & ſes Soldats,
auxquels fut ordonné par Monſeigneur le Marquis de Villeroy d'ainſi marcher , & comme ils firent au retour, nonobſ-
tant que par l'ordre dudit jour vingt-quatrième du preſent
mois leur eût été autrement preſcrit , ſont ſortis & ont été
faire leur harangue , par la bouche de Monſieur le Preſident de Seve.

Meſſieurs les Treſoriers de France ſont auſſi ſortis, aſſiſtez
des Officiers des Finances & leurs Huiſſiers, dans trois caroſſes ; & après avoir fait leur harangue, ſont rentrez dans
leſdits caroſſes ſans marcher en rang ni ordre.

Les ſieurs Elûs de l'Election du Lyonnois ſont pareillement ſortis, & ont fait leur harangue ; ceux des Nations
Florentine , Genoiſe & Luquoiſe , en ont de même uſé.

Pendant ce temps-là , Meſſieurs les Prevoſt des Marchands
& Echevins qui étoient revenus à l'Hôtel de Ville avant
midi, en ſont partis à deux heures après midi , accompagnez de Meſſieurs les Exconſuls & Bourgeois notables,

Ttt

Le Cardinal
BARBERIN.
28 *Av.*1625

Le Cardinal
BARBERIN.
28 *Av.*1625 mandez à ce fujet , & ont marché dans l'ordre fuivant. Ils étoient precedez par la Compagnie des Arquebufiers, bien armez , équipez , avec des nœuds de rubans des couleurs de la Ville.

Suivoient les Mandeurs avec leurs robes violettes , leurs manches brodées , & leurs baguettes.

Monfieur du Soleil, Capitaine des armes & forces de la Ville, venoit enfuite.

Après immédiatement venoit le Confulat, Monfieur le Prevoſt des Marchands feul, Meffieurs les Echevins deux à deux , & le fieur Secretaire de la Ville feul , reveftus de leurs robes Confulaires de cérémonie , & montez fur des chevaux bien harnachez , & fuivis de leurs valets.

Meffieurs les Exconfuls en robes noires , & les notables Marchands deux à deux , & fuivis également de leurs domeftiques ; & en cet ordre fe font rendus dudit Hôtel à la premiere porte du Pont du Rhofne, qui , comme une partie dudit Pont, de cofté & d'autre , étoient garnis de Suiffes, étant en cette Ville pour la garde des portes , & arrivez à ladite porte , y ont attendu ledit Seigneur Legat.

Auparavant la venuë du Guet , font rentrez les Capucins & autres Religieux ; les Chapitres de faint Juft, faint Paul & faint Nizier.

Après, le fieur Thomé , Prevoſt general de ce Gouvernement ; & le fieur Châtillon , fon Lieutenant , fuivis de leurs Archers.

Le fieur Barraud, Capitaine & Chevalier du Guet , fuivi du Capitaine la Caille , fon Lieutenant, & de fes Soldats.

Les Arquebufiers de ladite Ville, qui attendoient vis-à-vis la Chapelle du Saint-Efprit, fe font mis enfuite dudit Guet.

Le Cardinal BARBERIN. 28 *Av.* 1625

Venoit enfuite la Compagnie des Carrabins de Monfeigneur d'Halincourt à cheval, avec la livrée dudit Seigneur.

Suivoit un Officier dudit Legat, portant fa mallette couverte de velours rouge cramoifi, en broderie d'or & d'argent, où étoient les armes dudit Seigneur Legat.

Venoient enfuite lefdits Florentins, Genois & Luquois à cheval, couverts de belles houffes & bien harnachez.

Suivoient les fieurs Elûs, ayant devant eux leurs Huiffiers.

Après eux, les Sergents royaux & les Huiffiers audienciers à cheval, avec leurs baftons & leurs baguettes.

Enfuite venoient Meffieurs de la Senechauffée & Siege Prefidial.

Enfuite les deux Maffiers de mondit Seigneur Legat à cheval, portant chacun une groffe maffe d'argent.

Après venoit feul mondit Seigneur le Marquis de Villeroy, richement veftu & très-bien monté.

Marchoit enfuite l'Aumonier dudit Seigneur Legat, portant la croix d'argent.

Puis eft arrivé ledit Seigneur Legat, monté fur fa mulle richement harnachée, & lui portant fon chapeau de Cardinal, & étoit veftu d'habits tels qu'il convenoit à fa dignité.

Comme ledit Seigneur eft entré fur ledit pont du Rhofne, on a oüi retentir quantité de boëtes qui ont joüé, & coups de canons tirez.

Il s'eft arrefté au rencontre defdits fieurs Prevoft des Marchands & Echevins, qui étoient à pied l'attendant, affiftez

**Le Cardinal
Barberin.
28 Av. 1625**

comme dit a été ; lesquels s'étant grandement inclinez en terre, & ayant reçû sa benediction, tous la teste nuë ; & s'étant relevez, ledit sieur Prevost des Marchands lui a dit :

MONSEIGNEUR,

CETTE VILLE, l'une des principales du Royaume, ayant eu l'honneur & le bonheur de recevoir ces années dernieres le ROY, son souverain Monarque temporel, à present se repute comblée de toute felicité, d'y recevoir & y pouvoir honorer, en vostre illustrissime Personne, le Chef souverain de la Monarchie spirituelle ; & obligée du ressentiment d'un si laborieux voyage que vous avez entreprins, pour remplir la France des benedictions de la Paix, elle vous offre ses vœux & ses affections, qui ont été toûjours inseparables de l'obéïssance qu'elle doit au Saint Siege, & de l'honneur qu'elle a voüé aux Princes de l'Eglise : elle desireroit fort que les cœurs de ses Citoyens fussent aussi ouverts que les portes de ses murailles, pour faire voir à vostre illustrissime GRANDEUR, les ardens desirs qu'ils sacrifient à vostre prosperité. La Nature leur denie cet office ; mais par l'allegresse publique que l'on voit en eux, vous reconnoistrez le contentement qu'elle reçoit en vous recevant, & par les offres qu'elle vous fait de son très-humble & très-obéïssant service.

A quoi ledit Seigneur a reparti en latin : " qu'il ne pou-
" voit assez estimer la bonne reception que le Roy Très-
" Chrétien lui faisoit faire par ses Sujets, & particulièrement
" celle de ceux de cette Ville, dont il avoit tel ressenti-
" ment qu'en toutes occasions qui se presenteroient envers
" Sa

„ Sa Sainteté & le Saint Siege, il lui departiroit tous les bons
„ offices qu'il lui seroit possible.

Le Cardinal
BARBERIN.
28 *Av.* 1625

Après cela les Exconsuls & Bourgeois étant promptement
remontez à cheval, ont suivi Messieurs du Siege, les Mandeurs ensuite, puis Monsieur du Soleil, Capitaine des armes
& forces de la Ville, ayant à sa main gauche le sieur Secretaire d'icelle.

Monsieur le Prevost des Marchands marchoit seul au-
devant desdits deux Massiers, après lesquels venoit mondit
Seigneur le Marquis de Villeroy, & ledit Seigneur Legat,
ainsi qu'a été dit ; auquel lesdits sieurs quatre Echevins qui
étoient demeurez à pied, ont presenté dans la Ville, à la
barriere proche la Chappelle du Saint-Esprit, un dais de
satin violet à fond d'or, très-bien élabouré, sous lequel
ledit Seigneur Legat s'étant mis, & ledit dais porté par lesdits Echevins, tête nue, ayant chacun quant & soi un
homme vestu des couleurs de la Ville, qui soulageoit son
maître au port dudit dais ; ensuite duquel étoient quelques
Prelats, Evêques & Archevêques, & plusieurs de la Noblesse
du Gouvernement, qui ont tous admiré le bon ordre & la disci-
pline des Penonages qui bordoient les ruës des deux costez,
qui avoient tous leurs chapeaux sur la garde de leurs épées.

Ainsi ledit Seigneur Legat est allé jusques à Porte-froc,
où ayant quitté le dais de ladite Ville, Messieurs les Comtes
de saint Jean lui en ont presenté un autre de damas rouge
cramoisi, sous lequel il est entré dans le cloistre dudit saint
Jean ; & lui a été fait une harangue par Monsieur de Vitry,
Precenteur & l'un desdits sieurs Comtes ; après laquelle, ledit

Le Cardinal
Barberin.
28 *Av.*1625

Seigneur Legat eft entré dans l'Eglife de faint Jean, & de-là à l'Archevêché, où fon logis lui étoit preparé; enfuite de quoi chacun s'eft retiré.

Monfieur de Saint Chaumont étoit venu depuis quelques jours de la part du Roy, pour avoir le foin du traitement dudit Seigneur Legat, & le conduire de ce Gouvernement en la ville de Paris; & pour ce, le fuivirent les Officiers du Roy, pour le fervice de la table dudit Seigneur Legat & le logement des gens de fa fuite, aux frais de Sa Majefté.

3 *May* 1625.

Lefdits fieurs Prevoft des Marchands & Echevins ayant été advertis que ce jour Monfeigneur le Legat devoit partir pour continuer fon voyage vers le Roi, fe font affemblez chez Monfieur de Seve, premier Echevin (Monfieur le Pre-voft des Marchands étant indifpofé); & de là, affifté du Secretaire & Receveur de la Ville, & accompagné de Mef-fieurs les Exconfuls, precedez des Mandeurs, tous en habit de ceremonie, fe feroient rendus à la porte de Vaize, où ils ont attendu ledit Seigneur, lequel ayant fait arrêter fa littiere, pour écouter le compliment du Confulat, prononcé par mondit fieur de Seve, auquel le Seigneur Legat a re-pondu en latin en peu de mots, les affurant qu'il partoit „ très-fatisfait de leur bon accueil, & qu'il en remercieroit „ Sa Majefté „ ; après quoi ayant continué fa route, Mef-fieurs du Confulat fe font retirez.

ENTRÉE

DE LOUIS XIII,

LA REYNE, LA REYNE-MERE;
& le Cardinal DE RICHELIEU, le 2 May 1630.

LES Sieurs Prevoſt des Marchands & Echevins * ayant
été advertis que le Roy devoit toſt arriver en cette
Ville, auroient dez le jour d'hier deputé pour aller au-
devant de Sa Majeſté les ſieurs Guillon, Grolier, Avocat
general de ladite Ville ; Voyret, Receveur des deniers communs ; & Cardin, ſieur de la Roche, Exconſul ; leſquels
ayant appris que Sa Majeſté venoit par eau, ſe ſeroient
mis dans un bateau ſur Saône pour aller à ſa rencontre ;
leſquels Deputez l'ont rencontré à Riotty, où ils ont eu
l'honneur de lui être preſentez par M. des Gordes, Capitaine des Gardes de Sa Majeſté, & lui auroient rendu les
homages & fait les ſoûmiſſions de ſes fidelles Sujets de Lyon,
comme Deputez de ladite Ville à ce ſujet, & particulierement pour recevoir les commandemens de Sa Majeſté ſur
les devoirs qu'il lui plairoit lui être rendus en arrivant ici ;
ſur quoi Elle leur auroit repondu " qu'elle ne deſiroit autre
„ choſe, ſinon que le Corps de Ville ſe trouvât à l'endroit

Louis XIII,
la Reyne,&c
2 May 1630.

---

* Monſieur François de Chaponay, Prevoſt des Marchands ; Mrs. Charles
Bayle, Antoine Serre, & Jean Yon, Echevins.

Louis XIII,
la Reyne,&c
2 *May* 1630.

„ où Sa Majesté descendroit de son bateau, & leur auroit
„ reïteré plusieurs fois ce commandement.

Lesdits sieurs Deputez ayant été rencontrez en revenant
sur ladite riviere par lesdits sieurs Prevost des Marchands &
Echevins, assistez des autres Officiers, & de quelques Bourgeois & Exconsuls de ladite Ville, leur auroient rendu
compte de leur deputation & des ordres qu'ils avoient reçûs
de Sadite Majesté ; lesquels ordres en passant à Vimy, ils
avoient fait entendre à Monsieur le Gouverneur, qui leur
avoit aussi dit que l'on ne devoit en façon quelconque excé-
der ce que Sa Majesté avoit prescript ; c'est pourquoi tous lesd.
Sieurs ensemble seroient descendus de leurs bateaux sous les
petites estres de saint Jean, & ayant pris tous leurs robes
de ceremonie, & s'étant rangez au bord de l'eau, où ils
auroient attendu quelque temps l'arrivée de Sa Majesté ; laquelle y étant abordée & descenduë, lesdits sieurs Prevost
des Marchands & Echevins s'étant mis à genoux, le Roy
se seroit arresté ; & ledit sieur Prevost des Marchands lui
auroit dit :

SIRE,

COMME au dernier passage de VOSTRE MAJESTÉ par
cette Ville, Elle retournoit triomphante de ses ennemis & sujets
rebelles, nous prions Dieu de tout nostre cœur d'octroyer le même
bonheur & succez à ses armes contre les étrangers, à ce que bien-
tôt, après leur avoir donné la loy & accompli ses justes desseins,
Elle revienne victorieuse, & joüisse par longues années d'un bon
& heureux repos en son Royaume : ce sont les vœux que lui
offrent

offrent fes très-humbles & très-obéiſſants Sujets & Serviteurs de
la ville de Lyon.

Louis XIII,
la Reyne,&c
2 *May* 1630.

A quoi le Roy auroit gracieuſement repondu : (ayant
mis les mains ſur l'épaule dudit ſieur Prevoſt des Marchands)
Je vous remercie de vos bonnes volcntez ; continuez à me bien
ſervir, & je vous aimerai toûjours.

De - là Sa Majeſté s'étant acheminée en ſon Hoſtel de
l'Archevêché, leſdits Sieurs auroient prié M. Grollier de voir
mondit ſieur d'Halincourt, & de le prier de ſçavoir de
Sa Majeſté ſi elle étoit ſatisfaite, & deſiroit quelques autres
devoirs : à quoi Sa Majeſté auroit repondu qu'Elle étoit
contente du Corps Conſulaire, & ne deſiroit de lui aujour-
d'hui ni demain aucun devoir; après quoi le Conſulat s'étant
ſéparé des Bourgeois & Exconſuls, il eſt allé avec ſes Officiers rendre des viſites d'honneur à Monſieur de Fiat &
autres Seigneurs du Conſeil de Sa Majeſté.

Et le lendemain troiſieme dudit mois, ſuivant les ordres
du Roy, ils ſeroient allez attendre la Reyne qui venoit par
eau, au même endroit où le Roy étoit deſcendu ; laquelle
étant abordée dans ſon batteau, & en étant deſcenduë, le
Conſulat s'étant mis à genoux, Monſieur le Prevoſt des
Marchands l'auroit complimentée ; à quoi elle auroit repondu
très-gracieuſement.

Et le Dimanche cinquieme dudit mois, leſdits Sieurs reveſtus de leurs robes Conſulaires, aſſiſtez de leurs Officiers

Louis XIII,
la Reyne,&c
5 *May* 1630.

& de quelques Bourgeois & Exconfuls, fe feroient tranf-portez, fur les deux heures de relevée, à la porte de Vaize, pour, fuivant ce qu'ils avoient appris être la volonté du Roy, y recevoir la Reyne fa mere ; mais y ayant été avertis qu'elle defcendoit par eau jufques à Efnay, ils fe feroient rendus audit lieu, & l'auroient attenduë à l'endroit où elle devoit aborder ; où quelque peu après étant arrivée, ils fe feroient tous mis à genoux, & ledit fieur Prevoft des Marchands lui auroit dit :

MADAME,

CETTE VILLE ayant eu le bonheur d'avoir été le lieu où fut accompli l'heureux Mariage de VOSTRE MAJESTE', avec HENRY LE GRAND, noftre ROY de très - heureufe memoire ; nous venons lui rendre & reïterer les mefmes devoirs, fervices & obeïffances, auxquels deflors nous demeurames obligez : nous fupplions Votre Majefté recevoir, avec fa benignité ordinaire, nos vœux & nos affections, & vouloir favorifer de fa royale protection, cette Ville & tous les Habitants d'icelle, vos très - humbles & très-obeïffants Sujets & Serviteurs.

A quoi elle auroit repondu : *Je vous remercie de vos bonnes volontez ; vous pouvez vous affurer des miennes ez occafions qui fe prefenteront.*

Et après elle feroit allée à l'Hoftel d'Efnay, & lefdits Sieurs fe feroient retirez.

Le Mercredi huitieme dudit mois, mefdits Sieurs ayant

été avertis que le Roy devoit partir de cette Ville, pour
s'en aller à Grenoble ce même jour, fur les deux heures de
relevée, fe feroient tranfportez en robes de ceremonie fur
le pont du Rhofne, hors la porte du pont-levis, où s'étant
mis à genoux, & Sa Majefté paffant, elle auroit fait arrêter
fon carroffe, & ledit fieur Prevoft des Marchands lui
auroit dit :

Louis XIII,
la Reyne,&c
8 *May* 1630.

S I R E,

*Nous venons reïterer à **Vostre Majeste'** les proteftations
de noftre très-humble fervice & obeüffance, & la continuation de
nos vœux & prieres à Dieu, pour l'heureux fuccez de votre
voyage.*

Et Sa Majefté lui auroit repondu : *Je vous remercie des
temoignages d'affection que me rendez, vous pouvez vous affurer
de la mienne.*

Après quoi Sa Majefté ayant continué fon chemin, lefdits Sieurs font rentrez dans la Ville.

Et le même jour huitieme du courant, lefdits Sieurs ayant
été avertis inopinément que Monfeigneur le Cardinal de
Richelieu étoit arrivé en cette Ville, & étoit allé chez la
Reyne-mere, & enfuite chez la Reyne regnante, ils feroient
allez en robes de ceremonie, affiftez de leurs Officiers &
Mandeurs, attendre fon Eminence à fon logis ; & y étant
arrivée peu de temps après, lefdits Sieurs s'étant avancez &

lui ayant fait la reverence, Monſieur le Prevoſt des Marchands l'auroit aſſuré de la rejoüiſſance commune de tous
les habitans de cette Ville ſur ſon retour en bonne ſanté,
lui auroit offert les vœux & les ſervices du Conſulat ; ce
que ledit Seigneur auroit reçû en bonne part, ayant dit
„ que toutes les fois qu'il venoit en cette Ville, il y trou-
„ voit augmentation de temoignages d'affeƈtion, en ſorte
„ qu'ils devoient faire état de la ſienne en toutes occaſions; „
& ayant pris ledit ſieur Prevoſt des Marchands par la main,
auroit fait quatre ou cinq pas vers la porte, & là les auroit
laiſſez, ayant reçû très-gracieuſement leur ſalut & compliment.

ENTRÉE

DE LOUIS XIII,

ET DE LA REYNE,

le 4 Septembre 1632.

LES Sieurs Prevoſt des Marchands & Echevins * ayant eu avis que la Reyne devoit arriver en cette Ville, entre quatre & cinq heures de relevée, feroient allez avec leurs Officiers, Mandeurs, Exconſuls & Notables, à la porte de Vaize, dite du Lion, pour attendre Sa Majeſté; mais ayant appris que ſon carroſſe étoit verſé à une lieuë de cette Ville, ils auroient envoyé le ſieur Palmier exprès, aux fins d'être informez de la verité de cet accident, dont il fit ſon rapport, & dit qu'il avoit fait entendre à Sa Majeſté qu'il avoit été envoyé par le Conſulat, ſur le bruit de la chûte du carroſſe de Sa Majeſté, aux fins de lui offrir de la part de ladite Ville, tout ce qui dans cette occurrence pouvoit contribuer à ſon ſervice, dont elle avoit dit ſçavoir bon gré à ladite Ville ; & d'autant que le jour finiſſoit, & que Sadite Majeſté n'étoit encore arrivée, on renvoya ledit Palmier, avec des flambeaux de cire blanche à la porte du fauxbourg de la Ville, où leſdits Sieurs ſe rendirent auſſi, attendant

Louis XIII,
& la Reyne.
4 Sept.1632.

---

* Monſieur Claude Pellot, Prevoſt des Marchands; Mrs. Claude Neyret, Pierre Bernier & Jean de Silvecanne, Echevins.

Yyy

Louis XIII,
& la Reyne.
5 Sept. 1632.

Sa Majefté hors ladite porte, à trente pas de diftance, qui arriva qu'il étoit nuit ; & à caufe que Madame de Chevreufe s'étoit bleffée, lors de ladite chûte du carroffe, Sa Majefté fit dire auxdits Sieurs qu'elle les verroit dans la Ville en fon Hoftel, & feroit paffée outre fans s'arrêter : fur quoi lefdits Sieurs auroient envoyé lefdits Arquebufiers avec des flambeaux, pour éclairer autour dudit carroffe de Sa Majefté ; après quoi lefdits Sieurs fe feroient retirez.

Et le lendemain Dimanche, lefdits Sieurs n'ayant pû voir la Reine avant midi, à caufe des grands foins qu'ils avoient contribuez fur l'inconvénient de l'embrafement & incendie deplorable, advenu entre une & deux heures après minuit, de plufieurs maifons étant à la defcente du pont de Saône, du côté de faint Nizier, tant pour faire éteindre ledit feu qui menaçoit de ruiner tout ce quartier, que pour le decombrement du paffage, entierement bouché par les ruines defdites maifons brûlées, très-incommode en cette occurrence de l'arrivée du Roy ; & ayant à aller à la porte de Vaize, appellée du Lion, pour y recevoir Sa Majefté, ils s'y feroient tranfportez en Corps & en ceremonie, comme le jour precedent, fur les cinq heures de relevée ; & advertis que Sa Majefté approchoit, ils feroient fortis hors ladite porte du Lion, où Sa Majefté étant arrivée, montée fur un cheval blanc, fuivie de plufieurs Princes, grands Seigneurs & quantité de Nobleffe, & de fes Compagnies de Moufquetaires, Chevaux-Legers & Gendarmes ; lefdits Sieurs fe feroient mis à genoux, Sa Majefté s'étant arreftée, ledit fieur Prevoft des Marchands lui auroit dit :

S I R E,

DIEU ayant gravé deʒ le commencement du regne de VOSTRE MAJESTÉ, dans le cœur de vos fidelles Sujets de Lyon, l'amour & le respect de vos royalles vertus, fait impreſſion enſuite d'une haute eſtime de voſtre Majeſté, vrai fondement de ſon autorité en cette Ville ; il ne faut pas s'étonner ſi noſtre obeïſſance a toûjours été ſans reproche, & noſtre fidellité ſans ſoupçon, & ſe maintenant au lieu de redouter la preſence & l'arrivée de voſtre Majeſté, comme nos voiſins debauchez, nous ne nous proſternions à ſes pieds, que pour temoigner avec plus de ſoûmiſſion l'extrême joye que nous en reſſentons, laquelle ne peut accroiſtre qu'en voyant la rebellion punie, & tous les Sujets de voſtre Majeſté tenir le langage que tiennent ſes très-humbles, très-obeïſſants, & très-fidelles Sujets de Lyon.

A quoi Sa Majeſté auroit repondu très - gracieuſement : *Je vous remercie des temoignages de la bonne volonté que me rendeʒ ; continueʒ à me bien ſervir, & je continuerai à vous aimer & avoir ſoin de vous aux occaſions qui s'en preſenteront.*

Enſuite de ce, ſe feroit excitée une grande acclamation publique, chacun criant : *Vive le Roy* ; & Sa Majeſté témoignant d'être ſatisfaite de ladite reception, feroit entrée en ladite Ville, où leſdits Sieurs l'ayant ſuivi à Eſnay, où le logement de Sa Majeſté étoit preparé, ils lui furent preſentez par Monſeigneur le Cardinal de Richelieu, qui à ces fins prit par les mains ledit ſieur Prevoſt des Marchands,

Louis XIII,
& la Reyne.
5 Sept. 1632.

lequel & lefdits fieurs Echevins, Officiers, Exconfuls & Bour-geois s'étant mis à genoux dans la chambre de Sa Majefté, lui auroit encore fait un compliment, auquel Sa Majefté auroit repondu avec bonté, à peu près dans les mêmes termes que ci-devant.

Après quoi lefdits Sieurs s'étant retirez avec leur fuite, ils feroient allez au quartier de la Reyne, pour lui rendre leurs devoirs ; mais Sa Majefté leur auroit fait dire qu'elle les verroit le lendemain fur les trois heures de relevée.

Enfuite de ce lefdits Sieurs fe feroient acheminez avec leurs robes Confulaires, ainfi qu'ils les avoient lors des devoirs rendus à Sa Majefté, au logis de mondit Seigneur le Cardinal, lequel les auroit accueilli très-favorablement ; & lefdits Sieurs lui ayant fait la reverence, ledit fieur Prevoft lui auroit prefenté les vœux de la Ville, en ces termes :

MONSEIGNEUR,

APRE'S l'effort inutile des meilleurs efprits de noftre temps, pour loüer dignement les vertus de voftre Eminence dans fon incomparable Gouvernement, nous aimons mieux les admirer dans le filence ; & au lieu de la parole, faire paffer nos cœurs par nos bouches, que nous offrons à voftre Eminence tous entiers, en reconnoiffance des fignalées obligations que la Chretienté & la France vous ont ; & particulierement cette Ville, pour fa fubfiftance & la confervation de nos privileges ; ce qui nous forcera à prier Dieu continuellement pour voftre profperité & fanté, fous les proteftations de vivre & mourir vos très-humbles, très-obeïffants & très-obligez Serviteurs.

A quoi

A quoi ledit Seigneur auroit repliqué : *Que les loüanges qu'ils lui attribuoient ne lui étoient dûës , mais qu'il essayeroit de faire ensorte que ses envieux même seroient contraints d'avoüer que son gouvernement ne tendoit qu'au bien du service du Roy & du general du Royaume ; & qu'il seroit très-content d'avoir occasion de temoigner par effets à cette Ville , l'affection qu'il a pour le bien du general & particulier d'icelle.*

Ce compliment effectué , lesdits Sieurs se seroient retirez.

Le lendemain Lundi , lesdits Sieurs seroient allez en ceremonie complimenter Monseigneur le Garde des Sceaux; & Monsieur le Prevost des Marchands lui auroit parlé en ces termes :

MONSEIGNEUR,

NOUS aurions sujet de craindre la colere du Ciel , voyant la rebellion de nos voisins & les miseres prochaines ; néantmoins considerant que vostre ministere est accompagné de la justice & de la pieté , il n'y a point d'ébranlement qu'avec ces fermes colomnes de l'Etat vous n'asseuriez , & point de maux dont on doive craindre le progrez : ce que nous avons souffert , & qui nous incommode maintenant , se trouvera compensé par le soulagement que nous esperons de la prudence de vos conseils ; en attendant ce bonheur , permettez - nous , Monseigneur , celui de nous dire toûjours vos très-humbles & très-obeüssants Serviteurs.

Et ledit Seigneur Garde des Sceaux les auroit remercié du temoignage d'affection qu'ils lui rendoient , & qu'en

Z z z

Louis XIII,
& la Reyne.
6 Sept.1632.

toutes occasions qui se presenteront, il contribueroit ce qui dependroit de lui, pour le bien & conservation de cette Ville.

Et s'étant lesdits Sieurs retirez, ils seroient allez visiter les autres Seigneurs du Conseil, & auroient fait presenter par aucuns de leurs Officiers de Ville, des melons à Sa Majesté à l'entrée de son disner, ce qu'elle avoit temoigné avoir agréable; pareillement ils auroient fait presenter à la Reine des melons & des bouteilles d'eau de senteur, qu'elle auroit aussi reçû en très-bonne part; & sur les trois heures de relevée, lesdits sieurs Prevost des Marchands & Echevins en habits de ceremonie, assistez de plusieurs Exconsuls & Bourgeois, seroient allez au logis de la Reyne, où Sa Majesté étant entrée dans la salle, ils se seroient tous mis à genoux, & Monsieur le Prevost des Marchands lui auroit fait un compliment, auquel Sa Majesté auroit repondu très-gracieusement; après quoi ils se seroient retirez.

Et le Jeudi neufvieme courant, lesdits Sieurs ayant été advertis que le Roy devoit partir de cette Ville entre midi & une heure, se seroient acheminez sur le pont du Rhosne; & là, entre la seconde porte & la barriere derriere, du costé du Fauxbourg, assistez & vestus comme est dit ci-devant, ils auroient attendu Sa Majesté; laquelle étant arrivée en son carrosse, Monsieur le Prevost des Marchands & sa suite s'étant mis à genoux, lui auroit fait un compliment sur son depart, auquel Sa Majesté auroit repondu avec bonté; & ayant continué sa route, non sans une acclamation generale de *Vive le Roy*, lefdits fieurs du Confulat fe feroient retirez.

Louis XIII,
& la Reyne.
14 *Sept*.1632

Et le Mardi quatorzieme jour de Septembre, lefdits Sieurs ayant été advertis deux jours auparavant que la Reyne defcendroit fur la riviere du Rhofne au pont Saint-Efprit, & que Sa Majefté defiroit qu'ils lui fiffent preparer un bateau ; ce qui auroit été fait très-proprement & avec toutes les commodités, malgré le peu de temps que l'on avoit eu ; & lefdits Sieurs fur les deux heures de relevée, dans leurs habits de ceremonie, feroient defcendus dans ledit bateau au port du Roy, où la Reyne devoit s'embarquer, tous enfemble, attendirent audit port Sadite Majefté ; laquelle y étant defcenduë, lefdits Sieurs s'étant mis à genoux, Monfieur le Prevoft des Marchands lui auroit fait un compliment fur fon voyage, auquel Sa Majefté auroit repondu avec des termes qui exprimoient fa fatisfaction.

Enfuite de ce, ledit fieur Prevoft des Marchands lui auroit prefenté ledit bateau, & encore une corbeille pleine de beaux melons & de boëtes de confitures, le tout couvert de fleurs ; & encore lui auroit offert des bouquets de fleurs d'orange & de jafmin d'Efpagne, que Sa Majefté avoit trouvé très-beaux, & en auroit pris un qu'elle auroit attaché à fa robe, & auroit dit audit fieur Prevoft des Marchands de donner les autres à Mefdames de Chevreufe & de Montbazon, qui étoient près d'elle, ce qu'il auroit effectué ; & Sa Majefté ayant temoigné auxdits Sieurs toute la fatisfaction poffible des foins & des devoirs qu'ils lui avoient rendus, elle feroit entrée dans fon bateau ; & à fon depart grande quantité de peuple là affemblé, criant *Vive le Roy* , & chacun lui fouhaitant bon voyage.

Subfequemment, lefdits Sieurs ayant remercié lefdits fieurs Exconfuls & Bourgeois de Ville , fe feroient retirez pour vacquer aux affaires de la Ville.

ENTRE'E

ENTRÉE

DE LOUIS XIII,

ET DU CARDINAL DE RICHELIEU,
le 15 Septembre 1639.

LES Sieurs Prevoſt des Marchands & Echevins * ayant eu avis que Monſeigneur le Cardinal Duc de Richelieu, devoit arriver ce jourd'hui en cette Ville par la porte Saint-Sebaſtien, ils s'y ſeroient tranſportez, accompagnez des Officiers, & pluſieurs Exconſuls de ladite Ville, & reveſtus de leurs robes Conſulaires violettes, y auroient attendu ſon Eminence ; laquelle étant arrivée entre trois & quatre heures de relevée ; ayant fait arreſter ſon carroſſe, ledit ſieur Prevoſt des Marchands lui auroit fait un compliment en peu de paroles, auquel ſon Eminence repondit : *Je vous ſuis bien obligé de l'affeċtion que vous temoignez avoir pour le Cardinal de Lyon, mon frere ; je crois qu'enſuite d'icelle, vous avez pareille inclination pour moi, laquelle je vous prie de continuer à l'un & à l'autre.*

Et leſdits Sieurs ayant ſuivi ſon Eminence juſques à l'Archevêché, où ſon logement étoit preparé ; & étant entré avec leur ſuite dans la chambre de ſon Eminence, ledit ſieur

* Monſieur Baillon, Prevoſt des Marchands ; Mrs. Nicolas Serre, Barthelemi Ferrus, François de Soleyſel & Pierre Seize, Echevins.

Aaaa

Louis XIII,
& le Card.de
Richelieu.
16 Sept. 1639

Prevost des Marchands l'auroit de nouveau complimenté ; à quoi son Eminence auroit repondu en termes très-forts & très-affectueux.

Le Vendredi seizieme dudit mois de Septembre , lesdits Sieurs ayant appris par une lettre de Monseigneur d'Halin-court, Gouverneur & Lieutenant general pour le Roy en ladite Ville, pays de Lyonnois, Forez & Beaujolois, que Sa Majesté devoit arriver ledit jour en cette Ville , par la porte Saint-Sebastien, sur les deux heures de relevée, ils s'y seroient transportez , assistez des Officiers & Exconsuls de ladite Ville, revestus de leurs robes Consulaires ; & ayant sçû que Sa Majesté s'approchoit, ils seroient sortis hors la barriere, où Sa Majesté s'étant arrestée dans son carrosse, suivi de plusieurs Princes, grands Seigneurs, & quantité de Noblesse, & de ses Compagnies de Mousquetaires , Chevaux Legers & Gendarmes, lesdits Sieurs se seroient mis à genoux , & ledit Prevost des Marchands lui auroit dit :

S I R E,

CETTE VILLE ne pouvoit attendre un plus grand contente- ment que celui qu'elle reçoit d'y voir arriver VOSTRE MAJESTE' en parfaite santé ; aussi se vient-elle jetter à ses pieds , pour lui temoigner l'excès de sa joye , que ce bruit , cette affluence , & ces acclamations expliqueront beaucoup mieux que moi , & pour lui rendre les vœux de la fidellité & de l'obeïssance que nous lui devons , en qualité de vos très-humbles, très - obeïssants , & très- fidelles Sujets & Serviteurs.

A quoi Sa Majesté auroit repondu : *Je vous remercie de voſtre bonne volonté ; continuez, & je vous aimerai.*

Enſuite Sa Majeſté ſeroit entrée, & auroit été reçuë aux acclamations publiques de *Vive le Roy*, qui l'ont ſuivies dans toutes les ruës juſques à Eſnay, où ſon logement étoit preparé, juſques auquel leſdits Sieurs ayant accompagné Sa Majeſté, & lui ayant été preſentez par mondit Seigneur d'Halincourt, & iceux s'étant mis à genoux, ledit ſieur Prevoſt des Marchands lui a encore dit :

Louis XIII,
& le Card. de
Richelieu.
16 Sept. 1639

S I R E,

Nous apportons aux pieds de VOSTRE MAJESTE' les vœux de la fidellité & de l'obeïſſance que nous lui devons, accompagnez des ſouhaits que nous faiſons pour l'accompliſſement de tous ſes grands & genereux deſſeins, afin que nous voyions bien-tôt repoſer voſtre Majeſté à l'ombre de ſes palmes & de ſes lauriers, après avoir terraſſé ſes ennemis & renverſé tous leurs efforts, pendant que nous nous occuperons à dreſſer les trophées de ſes grandes & innombrables victoires, pour les rendre croyables à nos ſucceſſeurs; & que nous continuerons nos prieres à Dieu, pour la proſperité & ſanté de voſtre Majeſté, en qualité de ſes très-humbles, très-obeïſſans, & très-fidelles Sujets & Serviteurs.

A quoi le Roy auroit gracieuſement repondu : *Je vous remercie des temoignages que vous me donnez de votre bonne volonté; continuez à me bien ſervir.*

Après quoi lefdits Sieurs Prevoft des Marchands & Echevins & leur fuite étant fortis de la chambre du Roy, fe feroient retirez.

Le Lundi fuivant dix-neufvieme Septembre, lefdits Sieurs ayant été advertis que le Roy devoit partir de cette Ville fur les fept heures du matin, fe feroient acheminez fur le pont du Rhofne ; & entre la porte appellée la Tour & la derniere barriere du cofté de la Guillotiere, affiftez des Officiers de la Ville & des Exconfuls d'icelle, reveftus de leurs robes Confulaires, auroient attendu Sa Majefté ; laquelle y étant arrivée à ladite heure dans fon carroffe, lefdits Sieurs s'étant mis à genoux, ledit fieur Prevoft des Marchands auroit pris congé de Sa Majefté, & lui auroit dit :

SIRE,

Nous avons un extréme deplaifir de voir partir voftre Majefté de cette Ville, pour s'expofer aux travaux continuels des voyages qu'elle fait pour vifiter fon Royaume ; mais quand nous confiderons qu'en cela elle imite le Soleil qui diftribue la lumiere, la chaleur & la fertilité par toute la terre en la contournant, nous ne pouvons que louer fon deffein, & prier Dieu que voftre Majefté par fa prefence rechauffe les cœurs de fes peuples, diffipe les tenebres & les horreurs de la defobeïffance, & brife les efforts de tous fes ennemis, afin que par fes travaux & fa vigilance, voftre Majefté donne la felicité en fon Royaume, & s'acquiere le repos & la gloire que nous lui fouhaitons, en qualité de fes très-humbles, très-obeïffants, & très-fidelles Sujets & Serviteurs.

Et

Et Sa Majefté temoignant une grande fatisfaction, auroit repondu : *Je vous remercie des temoignages que vous me rendez de voftre bonne volonté ; continuez, & je vous departirai des effets de la mienne ez occafions.*

Louis XIII,
& le Card. de
Richelieu.
19 Sept. 1639

Après cela, chacun criant *Vive le Roy*, Sa Majefté a continué fon voyage ; & lefdits Sieurs ayant fçû que Monfeigneur le Cardinal Duc de Richelieu devoit s'en aller fur le midi, feroient retournez avec leur fuite à la premiere porte dudit pont du Rhofne, où ils auroient demeuré dans la loge du Commis, jufques environ fur les deux heures de relevée que fon Eminence y feroit arrivée ; & ledit fieur Prevoft des Marchands lui auroit dit :

Monseigneur,

Puisque les Anciens ont mis Atlas dans le nombre de leurs Dieux, & lui ont fait des facrifices pour la peine qu'il avoit de faire mouvoir le Ciel & de le fupporter ; nous devons, fans difficulté, rendre les mêmes honneurs à voftre Eminence, puifque par fes intelligences furnaturelles, elle fait agir tout ce Royaume, mefme remuer toute la terre, auffi facilement que fi elle la portoit dans fes mains ; & comme cette Ville fait une partie de ce fardeau, & que voftre Eminence l'a toûjours fupportée & foûtenuë favorablement, nous prions Dieu de tout noftre cœur de lui vouloir continuer & multiplier les forces neceffaires pour un tel effort, afin qu'elle ne fe laffe point de nous foûtenir & faire du bien, comme nous ne nous lafferons jamais de l'honorer, reverer & fervir en qualité de fes très - humbles, très - obeïffants, & très - obligez Serviteurs.

Bbbb

A quoi son Eminence a repliqué : *Je ne sçai que repondre à vos civilitez, sinon que je voudrois avoir le pouvoir que vous me donnez, pour l'employer à vous servir ;* & après son Eminence a continué son voyage, & lesdits Sieurs se sont retirez.

Signé par les Prevost des Marchands & Echevins susdits.

ENTRÉE
DU ROY LOUIS XIII.

Le Lundy 17 Fevrier 1642.

LES Sieurs Prevoſt des Marchands * & Eſchevins de la ville de Lyon, ayant appris que le Roy devoit arriver en ladite Ville, ſe feroient rendus, aſſiſtés des Officiers d'icelle, à la porte du Lion, hors celle de Vaize, au jardin du Sieur de Rouſſy, où ils auroient diſné, & les Sieurs Exconſuls de ladite Ville y feroient venus les trouver, & entre trois & quatre de relevée, ayant eu

LOUIS XIII.
17 *Fevrier*
1642.

* Monſieur Maſcranny, Prevoſt des Marchands. Meſſieurs Gueſton, Raton, Chapuy & Bonniel, Eſchevins.

Louis XIII.
17 *Fevrier*
1642.

avis que Sa Majefté s'approchoit, & feroit bientoft à ladite porte, eux & lefdits Officiers auroient pris leurs robbes violettes & leurs bonnets, comme encore lefdits Sieurs Exconfuls leurs robbes noires, & ayant au devant d'eux les Mandeurs de ladite Ville reveftus de leurs robbes violettes, & portant leurs manches & baguettes, ils fe feroient rendus hors ladite porte du Lion en l'endroit accouftumé en tel cas, où quantité de fable auroit efté mife fur le pavé ; & y ayant attendu quelque temps, & les Moufquetaires & Compagnies de Chevaux-legers de Sa Majefté ayant paffé, elle y eftant arrivée, lefdits Sieurs & toute leur fuitte, ayant mis les genouils en terre, & Sa Majefté ayant fait arrefter fon carroffe, ledit Sieur Prevoft des Marchands lui auroit dit :

S I R E, puifqu'il eft certain qu'une extrefme joye peut caufer la fufpenfion des fens, Voftre Majefté ne s'étonnera pas, s'il lui plaît, fi profternés à fes pieds, celle que nous recevons de la voir heureufement arrivée en fa ville de Lyon, ne nous peut pas permettre de lui exprimer nos reffentimens, mais feulement de l'affurer de noftre fidelité, obeiffance & affection à fon fervice, qui ne finiront qu'avec nos vies, puifque Nous avons le bonheur d'eftre fes très-humbles, très-obeiffants & très-fidelles fujets & ferviteurs.

Dont Sa Majefté ayant tefmoigné qu'elle eftoit fatisfaite, ayant dit que cela eftoit bon, elle auroit adjoufté, ayant levé fon chapeau & s'eftant recouvert : *Je vous remercie de voftre bonne volonté ; continuez à me bien fervir, & je continuerai à vous aimer.*

Et ayant encore relevé fon chapeau avec un vifage riant

&

& gracieux , elle feroit entrée dans ladite Ville : lefdits Sieurs
& leurdite fuitte eftant incontinent entrés en des carroffes ,
auroient fuivi Sa Majefté , laquelle paffant entre ladite porte
du Lion & celle de Vaize, les canons preparés auroient joué :
confequemment Sa Majefté eftant arrivée au lieu d'Efnay, où
fon logement avoit efté preparé, lefdits Sieurs, en mefme
ordre qu'ils eftoient allés à ladite porte du Lion , feroient
entrés dans l'hôtel dudit Efnay en la chambre de Sa Majefté,
où s'eftant derechef mis à genoux devant elle, ledit Sieur
Prevoft des Marchands lui auroit dit très-difertement :

*S I R E , la Monarchie, la puiffance , la juftice & la de-
bonnaireté eftant des graces que Dieu a données à Voftre
Majefté fi avantageufement , ce n'eft pas merveille fi elle regne
fi puiffamment , & fi les Nations eftrangeres , en le reconnoiffant
pour leur Monarque & Souverain , trouvent leur deffenfe en fa
puiffance, la confervation de leurs privileges en fa juftice & en fa
debonnaireté , une part au bien & avantage que tous fes peuples reçoi-
vent de fon amour. Nous fupplions très-humblement Voftre Majefté
de nous en accorder la continuation , & en reconnoiffance, nous
continuerons nos vœux & nos prieres pour fa profperité , fanté &
longue & heureufe vie avec tout le zele & ferveur qui fe peut
defirer en ceux qui font de cœur, d'inclination, comme de
naiffance & par devoir, fes très-humbles , très-obeiffants & très-
fidelles fujets & ferviteurs.*

Et Sa Majefté ayant très-attentivement & avec tefmoi-
gnage de contentement ouï ce difcours, elle auroit dit :
Je vous remercie de votre bonne volonté. Ayant levé fon chapeau ,

Louis XIII.
17 Fevrier
1642.

L l

Louis XIII.
17 *Fevrier*
1642.

& lefdits Sieurs s'eftant levés, Sa Majefté s'approchant dudit Sieur Prevoft des Marchands, lui ayant mis la main fur l'epaule, lui auroit dit avec un très-gracieux vifage : *Vous meritez de faire des harangues, vous les faites courtes & bonnes, bonnes en perfection.* Enfuite dequoi, tous lefdits Sieurs ayant fait très-humble reverence, feroient fortis de ladite chambre; de là feroient allés chez ledit Sieur Prevoft des Marchands, où le Confulat ayant remercié de leur affiftance lefdits Sieurs Exconfuls, ils l'auroient laiffé; attendu que Monfieur Defnoyers y devoit loger, le Confulat l'y auroit attendu jufques au foir, d'autant qu'eftant arrivé dans la Ville, il feroit allé à droiture trouver le Roy, & y auroit demeuré fort tard & jufques entre fix à fept heures qu'eftant retourné audit logis, lefdits Sieurs Prevoft des Marchands, Efchevins & Officiers, reveftus de leurs habits ordinaires, & ayant devant eux les Mandeurs, avec leurs robbes, manches & baguettes, feroient entrés en la chambre où eftoit Monfieur Defnoyers, & ledit Sieur Prevoft des Marchands lui auroit dit :

MONSEIGNEUR, nous vous fupplions de vouloir bien recevoir les tefmoignages de joye que nous venons vous rendre de voftre heureufe arrivée, pour reconnoiffance des reffentiments que nous devons aux affiftances que nous avons eu de voftre protection, qui fera, s'il vous plaît, noftre refuge, comme nos volontés feront toujours d'eftre vos très-humbles & très-obeiffants ferviteurs.

Et mondit Sieur Defnoyers lui auroit dit, *Qu'il les remercioit de l'honneur qu'ils lui faifoient, qu'il affectionnoit grandement cette Ville, & avoit inclination particuliere pour elle, & de*

long-temps, & que *si* depuis qu'il n'y avoit *esté*, il avoit changé
en quelque chose, c'estoit en ce qu'il avoit augmenté son desir de
la pouvoir servir, & qu'il prioit Monsieur le Prevost des Marchands de les en assurer, qu'il le feroit en general & en particulier
de très-bon cœur, en toutes les occasions qui s'en presenteront;
dont tous lesdits Sieurs l'ayant remercié, & se retirants, il
seroit sorti de sa chambre, & les auroit accompagné jusques
à la porte de la salle, estant sur les degrés, dont ayant
pris congé de lui, chacun se seroit retiré chez soi; & du
tout a esté fait le present acte signé Mascranny, Guefton,
Raton, Chapuy & Bonniel.

Louis XIII,
17 Fevrier
1642.

Lesdits Sieurs Prevost des Marchands & Eschevins ayant
sçu que le Roy devoit partir le Dimanche 23 Fevrier à neuf
heures du matin, se seroient acheminés sur le pont du Rhosne
& dehors sa seconde porte, estant sur icelui, ayant les
Exconsuls & leurs Mandeurs avec eux, & tous en habit de
ceremonies ordinaires; dans lequel endroit le Roy estant
arrivé dans son carrosse, & s'estant arresté à l'endroit où ils
estoient, & eux s'estant mis à genoux sur le sable, ledit
Sieur Prevost des Marchands auroit dit:

Depart du
Roy, le 23.
Fevrier.

SIRE, *si le depart de Vostre Majesté nous prive du bien
& de la joye que nous venons de recevoir par son arrivée,
il ne nous ôtera pas le souvenir d'adresser nos prieres à Dieu,
afin qu'il benisse ses desseins, & qu'il lui donne une aussi longue
& heureuse vie que le souhaitent ses très-humbles, très-obeissants
& très-fidelles sujets.*

Et Sa Majefté s'eftant avancée avec un très-gracieux vifage, & tefmoignant qu'elle eftoit bien fatisfaite de ladite Ville, ayant levé fon chapeau & s'eftant recouvert, leur auroit dit :

MESSIEURS, je vous remercie des tefmoignages que vous me rendez de voftre affection ; affurez-vous de la mienne, & me fervez toujours comme vous avez fait ; & eftant paffé outre pour aller coucher à Vienne, lefdits Sieurs feroient entrés dans ladite Ville, & fe feroient feparés. Dont a efté fait le prefent acte, & ont figné comme cy-devant.

RECEPTION

RECEPTION

DE M. LE CARDINAL DE RICHELIEU,
Le Mercredy 19 Fevrier 1642.

LES Sieurs Prevoſt des Marchands & Eſchevins de la ville de Lyon, ayant eſté avertis que Monſeigneur le Cardinal de Richelieu devoit arriver en cette Ville ſur les trois heures de relevée, ſe ſeroient tranſportés au jardin du Sieur de Rouſſy jouxte la porte du Lion, eſtant hors celle de Vaize, accompagnés de leurs Officiers & des Sieurs Exconſuls, où ils auroient diſné, après lequel ayant pris leurs robbes, ils ſe ſeroient tous rendus à ladite porte du Lion au dedans d'icelle, ayant au devant d'eux les Mandeurs en robbes ordinaires de ceremonie ; & y eſtant Monſeigneur le Cardinal arrivé en carroſſe, & icelui arreſté à l'endroit où eſtoient leſdits Sieurs, lui auroit eſté dit par mondit Sieur Prevoſt des Marchands :

MONSEIGNEUR, nous avons trop de part aux avantages que toute la France reçoit par la prudence & les ſoins de voſtre Eminence, pour ne lui pas teſmoigner les reſſentiments de joye que nous donne ſon heureuſe arrivée ; nous y ſommes conviés auſſi par les obligations particulieres que nous lui avons de nous avoir favoriſés de ſa protection ; nous la ſupplions très-humblement de nous en accorder la continuation, & de nous tenir pour ſes très-humbles & très-obeiſſants ſerviteurs.

Monſeigneur le Cardinal DE RICHELIEU. 19 Fevrier. 1642.

M m

Monseigneur
le Cardinal
DE RICHELIEU.
19 Fevrier
1642.

A quoi Monſeigneur le Cardinal auroit reſpondu :

MESSIEURS, j'eſpere que ſi vous eſtes ſatisfaits de mes actions paſſees, vous ne le ſerez pas moins de celles de l'avenir, & je le ſerai beaucoup, quand j'aurai occaſion de vous ſervir en general & en particulier.

Et en après ſeroit paſſé outre pour aller en ſon logis, preparé à l'Archeveſché, & leſdits Sieurs Prevoſt des Marchands & Eſchevins ſuivis & veſtus comme cy-devant ſeroient allés à la ſuitte dudit Seigneur Cardinal juſques audit Archeveſché, où eſtant entrés en ſon antichambre, en laquelle il ſeroit venu, ſortant pour aller voir le Roy, & s'eſtant arreſté où eſtoient leſdits Sieurs, ledit Sieur Prevoſt des Marchands lui auroit dit :

MONSEIGNEUR, Dieu ayant donné voſtre Eminence au Roy pour ſe ſervir de la prudence de ſes conſeils, ce n'eſt pas merveille, ſi ſes actions produiſent de ſi glorieux & avantageux effets pour la France, & ſi pleins d'admiration & d'eſtonnement pour les Nations eſtrangeres, & comme ces meſmes actions lui ont acquis les plus illuſtres titres des Roys ſes devanciers, elles font auſſi par-tout connoiſtre les effets de voſtre prudence, & du zele que vous avez pour ſon ſervice : nous n'offrons pas le noſtre à voſtre Eminence, parce qu'il lui eſt acquis ; mais nous lui rëiterons les ſupplications que nous lui avons faites de nous continuer l'honneur de ſa protection, & de nous croire ſes très-humbles & très-obeiſſants ſerviteurs.

Et ledit Seigneur y ayant respondu avec très-favorable accuëil, auroit dit :

MESSIEURS, comme pour la seconde fois en ce jour vous me rendez les tesmoignages de vostre affection, aussi pour la deuxiesme fois je vous assure de la mienne, & que quand il se presenteroit cent occasions, je n'en laisserois passer aucune, sans essayer de vous faire paroistre combien j'ai de bonne volonté pour cette Ville, & pour vous en general & en particulier.

Estant sorti, s'en seroit allé à Esnay, où Sa Majesté estoit logée, & lesdits Sieurs se seroient retirés : & est à remarquer qu'à l'arrivée dudit Seigneur, n'ont esté tirés aucuns canons ni boëttes, attendu que Sa Majesté estoit dans la Ville, dont a esté fait le present acte. *Signé*, Mascrany, Gueston, Raton, Chapuy & Bonniel.

Lesdits Sieurs Prevost des Marchands & Eschevins se seroient transportés le 24 Fevrier 1642. sur les dix heures du matin à la porte du Rhosne, en la loge du Commis de ladite Ville avec les Officiers, Exconsuls & Mandeurs, tous revestus comme le jour d'hier ; & y ayant attendu jusques à une heure & demie de relevée, Monseigneur le Cardinal Duc de Richelieu y seroit arrivé s'en allant coucher à Vienne, & au lieu où lesdits Sieurs estoient, son carrosse s'estant arresté, ledit Sieur Prevost des Marchands lui auroit dit :

*M*ONSEIGNEUR, *puisqu'il est vrai que les desseins de vostre Eminence ont pour fondement avec plusieurs autres vertus la justice & la charité, il n'en faut pas attendre*

Monseigneur
le Cardinal
DE RICHELIEU.
19 Fevrier
1642.

de moins glorieux & advantageux effets pour la France qu'elle en a eu en tant d'occasions : nous le souhaitons avec passion , & que vostre Eminence en la continuation de son voyage soit accompagnée d'autant de prosperité & de bonheur , que nous avons de volonté de lui faire connoistre que nous sommes ses très-humbles, très-obeissants & très-obligés serviteurs.

Et ledit Seigneur lui auroit respondu : *Ce que vous augurez bien pour la France des desseins du Roy & de son voyage , me fait esperer que les succez s'en ensuivront heureux , & je rapporterai tous mes soins à ce que cela arrive pour le bien general du Royaume & le vostre en particulier, pour lequel vous me trouverez toujours disposé à vous servir.*

Et subsequemment ledit Seigneur ayant continué son voyage, lesdits Sieurs se seroient retirés; & de ce que dessus a esté fait le present acte, signé desdits Sieurs Prevost des Marchands & Eschevins comme dessus.

ENTRE'E

ENTRÉE

DE LOUIS XIII,

le Lundi septieme jour du mois de Juillet 1642.

LES Sieurs Prevost des Marchands & Echevins * ayant eu avis que le Roy revenoit de Perpignan, & devoit arriver ledit jour en ladite Ville par la porte du pont du Rhofne, ils fe feroient rendus à ladite porte au bureau du Commis d'icelle, affifté des Officiers & Exconfuls d'icelle , & tous reveftus de leurs robes Confulaires : ayant appris que Sa Majefté s'approchoit, & Monfieur le Marquis de Villeroy leur ayant fait entendre qu'elle étoit indifpofée , & partant qu'elle ne recevroit aucune harangue, ils feroient allez fur ledit pont, au-delà de la tour d'icelui , & entre icelle & la derniere barriere , à l'endroit en tel cas accoûtumé, auroient attendu Sa Majefté ; laquelle, après que fes Compagnies de Moufquetaires & Chevaux - Legers auroient paffé, y étant arrivée, lefdits Sieurs, & toute leur fuite , auroient fait une profonde reverence, & Sa Majefté ayant levé fon chapeau, & témoigné par un benin & gracieux vifage & regard. qu'elle étoit fatisfaite, auroit paffé outre ; enfuite de quoi, quelques boëtes & canons, qui étoient

Louis XIII.
7 Juill. 1642.

---

* Monfieur Alexandre Mafcranny, Prevoft des Marchands ; Mrs. Philippes Guefton, Loüis Chappuis, & Janton Boniel , Echevins.

preparez, ayant joüé, Sadite Majesté seroit allée en l'hostel
d'Esnay ; & lesdits Sieurs ayant posé leurs robes Consulaires,
après avoir remercié lesdits sieurs Exconsuls de leur assistance,
se seroient separez ; ayant néantmoins auparavant pris resolution de se rassembler à deux heures de relevée, pour aller
voir Monseigneur Desnoyers, Conseiller ez Conseils de Sa
Majesté & Secretaire de ses Commandements, & lui rendre
les devoirs de la Ville, qui lui est grandement obligée des
faveurs & supports qu'il lui a departi.

Et sur les deux heures de relevée, lesdits Sieurs s'étant
assemblez chez mondit sieur le Prevost des Marchands, où
ledit Seigneur Desnoyers étoit logé, le Consulat s'étant rendu
en sa chambre, il lui auroit fait un compliment deu à son
merite & à la bienveillance dont il favorise cette Ville ; &
ledit Seigneur lui ayant temoigné qu'il la lui continuoit, &
desiroit en toutes occasions lui en produire les effets, lesdits
sieurs Prevost des Marchands & Echevins se feroient retirez.

Signé par les Prevost des Marchands & Echevins susdits.

RECEPTION

RECEPTION

DE LA REYNE CHRISTINE DE SUEDE,
le 14 Aouſt 1656.

LES Sieurs Prevoſt des Marchands & Echevins * ayant
reçû lettre du Roy, en date du 9 Juillet dernier, contenant ſes commandements pour la reception de la Reyne
de Suede à ſon arrivée en cette Ville, ont arreſté que
ladite lettre ſera ci regiſtrée, pour y avoir recours quand
beſoin ſera.

En ſuit la teneur de ladite lettre du Roy.

La Reyne
CHRISTINE
de Suede.
14 Aouſt 1656

DE PAR LE ROY.

*TRE'S CHERS & BIEN-AMEZ, Noſtre très-chere & très-
amée Sœur & Couſine la Reyne CHRISTINE-ALEXANDRE,
devant paſſer par noſtre Royaume, pour ſe rapprocher de noſtre
très-cher & très-amé Frere & Couſin le Roy de Suede, Nous avons
ordonné au ſieur de l'Eſſeing de ſe rendre en diligence auprès
d'elle, pour la ſervir pendant qu'elle ſera ſur nos Etats ; & d'autant que nous voulons qu'en ſon paſſage, elle reçoive tous les
honneurs deus à ſa qualité, Nous vous mandons & ordonnons de
les lui rendre tels que vous pourriez faire à nous - même, ſi en*

---

* Monſieur Jacques Guignard, Prevoſt des Marchands ; Mrs. Pierre Mellier,
Raymond Bererd, Juſtinian Croppet & Noël Coſtart, Echevins.

Cccc

perſonne y étions, ſelon que vous en ſerez requis par ledit ſieur de l'Eſſeing, qui a ordre de vous faire ſçavoir plus particuliere-ment noſtre intention ſur ce ſujet ; à laquelle vous aurez à vous conformer ponctuellement, ſi n'y faites faute ; car tel eſt noſtre plaiſir. Donné à la Fere le 9 Mars 1656. Signé LOUIS ; & plus bas, DE LOMENIE ; & au dos écrit : A nos très-chers & bien amez les Prevoſt des Marchands & Echevins de la Ville de Lyon.

Leſdits ſieurs Prevoſt des Marchands & Echevins étant allez le 8 dudit mois à l'hoſtel de Monſeigneur l'Archevê-que, Lieutenant general pour le Roy en la ville de Lyon, pays de Lyonnois, Forez & Beaujolois ; lequel ayant con-feré avec eux ſur l'ordre qui ſeroit obſervé au paſſage dans ladite Ville, de la Reine de Suede, touchant les Penno-nages qui ſe mettront en armes, ledit Seigneur auroit fait une Ordonnance à ce ſujet, qui regle le nombre des Penons, leurs noms, & la quantité de mouſquetaires, piquiers armez de corcelets & bourguignotes, & les places où ils doivent ſe mettre en bataille ; de laquelle Ordonnance leſdits Sieurs ont fait faire l'enregiſtrement, & ont auſſi rendu la leur, pour que les ruës, lieux & places, par où la Reyne devoit paſſer, pour ſe rendre en l'hoſtel de mondit Seigneur l'Ar-chevêque, fuſſent debarraſſez & netoyez de tous encombres, marreins, & autres choſes qui pourroient ſervir d'obſtacle audit paſſage ; laquelle Ordonnance auroit été imprimée, lûë, publiée & affichée, pour que perſonne n'en pretende cauſe d'ignorance.

Le Lundi quatorzieme jour dudit mois, lefdits Sieurs ayant
été advertis que la Reyne de Suede devoit arriver en ladite
Ville fur le foir de celle de Vienne, où elle avoit couché
la nuit auparavant, fe feroient fur les quatre heures de relevée tranfportez en habits de ceremonie, accompagnez de
Meffieurs les Exconfuls, & precedez de leurs Mandeurs,
hors la premiere porte du pont du Rhofne, où ils auroient
attendu dans la loge du Commis la venuë de ladite Reyne;
pendant laquelle attente, il feroit rentré dans la Ville plus
de deux mille chevaux, quantité de carroffes, & une multitude innombrable de peuple qui en étoient fortis pour aller
au devant de ladite Reyne ; laquelle étant arrivée nuit clofe
à l'endroit où étoit le Confulat, où il avoit fait allumer
quantité de flambeaux de cire blanche, & lefdits Sieurs, fur-
tout Monfieur le Prevoft des Marchands, s'étant avancez
après la reverence faite, voulant commencer à lui parler,
même ayant proferé trois ou quatre paroles, la Reyne auroit
dit : *Monfieur, je fuis laffe ; je vous prie, à demain les haran-*
gues, & auroit paffé outre.

A l'entrée de Sa Majefté en ladite Ville, quantité de
canons & boëtes auroient joüé & fait grand bruit ; enfuite
de là elle auroit été conduite par la place de Belle-Cour, où
lefdits Pennonages étoient en bataille, & par les mêmes ruës
defignées dans la fufdite Ordonnance, dont toutes les feneftres de cofté & d'autre étoient garnies de lumieres qui donnoient une grande clarté, jufques à l'hoftel de mondit Seigneur
l'Archevêque ; les corps de garde des Pennonages étant pofez
à la defcente du pont de Saône, du cofté de faint Nizier &

La Reyne
CHRISTINE
de Suede.
15 Aouft 1656

à la place des Changes, & encore jouxte ledit Archevêché y ayant un corps de garde des Suiffes de la garnifon de ladite Ville ; & fe feroit le Confulat & toute fa fuite predite, feparé, ayant remis au lendemain à voir ladite Dame Reyne, pour lui rendre leurs devoirs.

Le Mardi quinzieme dudit mois, lefdits Sieurs ayant appris de mondit Seigneur l'Archevêque, que la Reyne de Suede étoit difpofée à recevoir les honneurs du Confulat, fe feroient tranfportez en robes de ceremonie, & accompagnez comme le jour precedent, en la chambre de ladite Dame, à laquelle ledit Seigneur ayant prefenté lefdits Sieurs, & eux l'ayant approchée, lui faifant grande reverence, ledit fieur Prevoft des Marchands lui auroit deduit par fa harangue, en termes diferts, civils & refpectueux, la joye que le general de cette Ville concevoit de fon heureufe arrivée en icelle, & fait les offres des fervices du Confulat, & de ce qui dependoit de ladite Ville, pendant le fejour de Sa Majefté.

A quoi ladite Dame Reyne auroit repondu : *Meffieurs, je vous remercie, & fuis fort contente de vos civilitez ; & quand j'aurai le pouvoir de vous fervir, je le ferai de bon cœur.*

Et le Confulat après avoir, ainfi que fa fuite, reïteré leurs très-humbles reverences & refpects, fe feroient retirez & feparez.

Et fur le foir de ladite journée, lefdits Sieurs ayant fait preparer un feu d'artifice fur la riviere de Saône, au devant

de

de l'hoftel dudit Seigneur Archevêque ; ledit feu auroit joüé
& parfaitement bien reüffi , ladite Reyne qui l'avoit vû avec
grande commodité des feneftres de fa chambre , ayant
temoigné en avoir grande fatisfaction.

La Reyne
CHRISTINE
de Suede.
17 Aouft 1656

Le Jeudi dix-feptieme dudit mois, lefdits Sieurs ayant
encore fçû de mondit Seigneur l'Archevêque, que la Reyne
de Suede avoit defiré de voir l'Hoftel de Ville, lui avoient
fait preparer une très-belle collation de confitures & beaux
fruits dans la chambre des portraits de ceux qui ont paffé
par les charges Confulaires de ladite Ville, très-bien tapiffée
& garnie à l'endroit où étoit le fauteüil & couffin d'étoffe
d'or & de foye , d'un riche daiz en broderie d'or, tant
plein que vuide : & ladite Dame étant arrivée fur les cinq
heures de relevée, accompagnée dudit Seigneur Archevêque
& de Monfieur de Guife, le Confulat étant au bas du
degré de la grande entrée dudit Hoftel de Ville l'attendant,
& la Compagnie des Arquebufiers fous les armes, ayant le
fieur Defcazaux, Capitaine de la Ville, en tête , & le fieur
Hugalis, Capitaine-Enfeigne de ladite Compagnie, en queüe;
ladite Dame Reyne étant defcenduë de carroffe , lefdits
Sieurs l'auroient reçüë avec les civilitez & honneurs qui lui
étoient deus; & étant montée dans ledit Hoftel, accompagnée
defdits Seigneurs , fix trompettes joüant, feroit allée à droiture dans le jardin dudit Hoftel, où s'étant promenée quelque temps , elle en feroit fortie, & montée par le grand
degré à la grand-falle, où la grande bande de dix - huit
violons, étant dans la tribune de ladite falle, auroit joüé à

Dddd

ſon paſſage en entrant & en ſortant : de là , Sa Majeſté ſeroit entrée en la chambre de ladite collation , où elle prit ſéance ſeule en ſon fauteuil placé près la table où elle étoit dreſſée ; & après en avoir pris & mangé quelque peu, tandis qu'une autre bande de violons a joüé, elle ſe ſeroit levée & ſeroit entrée dans les chambres, où elle auroit aſſez arreſté, de même que dans ladite grand-ſalle & ſur le balcon, où elle ſeroit auſſi entrée ; après quoi , deſcendant par le même grand eſcalier, elle ſeroit de rechef allée audit jardin , où elle ſe ſeroit aſſez long-temps promenée, parlant tantoſt à Monſeigneur l'Archevêque , tantoſt à Monſieur de Guiſe , & auroit auſſi ſouvent parlé à Monſieur le Prevoſt des Marchands ; & enfin s'étant voulu retirer , avant ſe mettre en ſon carroſſe & y étant, elle auroit fait de très-gracieux accueils auxdits ſieurs Prevoſt des Marchands & Echevins , qui l'auroient accompagnée ; après quoi s'étant retirée, leſdits Sieurs ſe ſeroient ſeparez.

Le Mercredi vingt-troiſieme jour dudit mois d'Aouſt , ladite Reyne ayant auparavant fixé ſon depart , ſe ſeroit embarquée ſur la Saône, pour aller coucher à Mâcon, dans un bateau très propre qui lui avoit été preparé, après avoir encore été complimentée ſur ſon depart par Monſieur le Prevoſt des Marchands ; à quoi Sa Majeſté auroit repondu très-gracieuſement. Monſeigneur l'Archevêque qui l'accompagnoit a pris congé d'elle, Monſieur de Guiſe s'eſt embarqué avec elle; & le Conſulat l'ayant vû partir , & ayant accompagné ledit Seigneur Archevêque juſques dans ſon hoſtel, ſe ſeroit enfin ſeparé.

ENTRÉE
DU ROY LOUIS XIV.
Le Dimanche 24 Novembre 1658.

LE ROY feroit arrivé en la ville de Lyon par la porte de Vaize, fur les quatre heures de relevée dans le carroffe de la Reyne où elle étoit, & encore Monfieur & Mademoifelle, ayant au devant dudit carroffe les Moufquetaires du Roy & fes Chevaux-legers, & enfuite quantité de carroffes remplis de Princes, Seigneurs, Dames & Demoifelles; comme encore il y avoit plufieurs perfonnes de qualité & condition à cheval & le train de la fuitte, fans que le Confulat * dût rendre à Sa Majefté les

LOUIS XIV,
24 Novembre
1658,

---

*MM. de la Salle, Prevoft des Marchands. Bollioud, Rambaud, Dugas, André, Echevins.

Nn

Louis XIV.
24 Novembre
1658.

devoirs & honneurs de ladite Ville , comme autrefois avoit été pratiqué aux arrivées des Roys & Reynes en icelle ; & ce attendu que Monseigneur le Marechal de Villeroy, Duc & Pair de France , Gouverneur & Lieutenant general pour Sa Majesté en ladite Ville, pays de Lyonnois, Forez & Beaujolois, avoit fait sçavoir au Consulat que Sa Majesté avoit remis à recevoir cesdits honneurs dans la Ville en son hôtel, pris en la maison de Monsieur Mascrany, Treforier de France en cette Generalité, scize en la Place de Belle-cour; & lorsque Sa Majesté feroit entrée en ladite Ville, quantité de canons & boëtes avoient joués avec grand bruit & éclat, tant au Château de Pierre-scize, qu'au boulevard Saint Jean & sur le quay près ledit boulevard, où ayant été mis un canon jouxte la maison de Monsieur Conani, Conseiller du Roy en la Senechauffée & Siege Presidial de ladite Ville & ancien d'icelle, le coup dudit canon en fit tel effet, qu'il ébranla si fort ladite maison, que tout le toit d'icelle en fut rompu & detaché des murail-les, lesquelles en avoient pris des coups & fentes, au moyen desquelles elles font menacées de ruine; & auroit dit ledit Seigneur Duc de Villeroy au Consulat, qu'il l'aver-tiroit, quand ce feroit la volonté de Sa Majesté, que le Corps Consulaire lui rendît ses devoirs, & le foir dudit jour il auroit averti ledit Sieur Prevoft des Marchands, que ce feroit le lendemain jour & fête de Sainte Catherine 25 dudit mois, fur les dix heures du matin, en son hôtel ; enfuite de quoi ledit Sieur Prevoft des Marchands avoit ordonné aux Mandeurs de ladite Ville d'avertir lefdits Sieurs Echevins

& les Sieurs Officiers & Exconfuls d'icelle de se trouver
ledit jour 25 dudit mois à neuf heures du matin chez icelui
Prevoſt des Marchands, pour de là se tranſporter vers Sa
Majeſté en ſon dit hôtel, aux fins de lui rendre leſdits
honneurs & devoirs, & le même jour 24 de Novembre
Monſeigneur le Cardinal de Mazarin ſeroit auſſi entré en
ladite Ville par ladite porte de Vaize, & ſon Eminence
avoit pris ſon logement chez Monſieur Vidaud, Procureur
du Roy en la Senechauſſée & Siege Preſidial de cette Ville.

Louis XIV.
24 Novembre
1658.

*Du Lundi 25 Novembre 1658. jour & fête de Sainte Catherine
avant midy, en la ville de Lyon.*

LESDITS Sieurs & les Officiers & Exconfuls de ladite
Ville se feroient trouvés chez ledit Sieur Prevoſt des Marchands ſur les neuf heures du matin, & s'étant revêtus de
leurs robbes conſulaires violettes, & autres qu'en tel cas ils
ont accoûtumé de porter, ils se feroient rendus dans l'hôtel
pris par Sa Majeſté ſcis en la place de Belle-cour, & feroient
montés en la chambre de Sadite Majeſté, où la porte leur
ayant été ouverte, ils feroient entrés, & s'étant approchés
de Sa Majeſté qui y étoit & eux mis à genoux, ledit Sieur
Prevoſt des Marchands, portant la parole pour le general
de ladite Ville, auroit diſertement & de bonne grace dit :

*SIRE, il feroit bien difficile d'exprimer par des paroles toute
la joye qu'apporte dans nos cœurs la preſence de votre ſacrée
Majeſté; nous tâcherons de la mieux faire paroître par la continuation de nos obeiſſances, de nos reſpeɑs & de nos ſoumiſſions*

Louis XIV.
24 Novembre
1658.

que par tous les difcours que nous fçaurions faire fur cet augufte fujet, & de meriter la confervation de tous nos privileges par l'inviolable fidelité dans laquelle nous proteftons de vivre & mourir pour le fervice de Sa Majefté & le bien de fon Etat, étant, SIRE, fes très-humbles, très-obeiffants & très-fideles fujets & ferviteurs.

Ce que Sa Majefté ayant ouï très-benignement, & temoigné avoir eu à gré, elle auroit répondu, *qu'elle étoit affurée de l'affeétion de cette Ville, & qu'auffi le pouvoit-elle être de la fienne.* Sa Majefté étant bien informée de la fidelité de ladite Ville, & leur ayant ordonné de fe lever, elle auroit encore dit que *ladite Ville avoit toûjours été fidelle à fes Roys;* & plufieurs Seigneurs prefens y auroient hautement applaudi, & au difcours prononcé par ledit Sieur Prevoft des Marchands, Monfeigneur le Marechal & Monfeigneur l'Archevêque fon frere étant prefens proche de Sa Majefté; & après avoir lefdits Sieurs Prevoft des Marchands, Echevins, Officiers & Exconfuls quelque peu arrêté, étant debout en prefence de Sa Majefté, de laquelle ils avoient encore ouï quelques bonnes paroles en faveur du general de ladite Ville, & deux s'étant inclinés en profonde reverence, ils fe feroient retirés chez ledit Sieur Prevoft des Marchands, où ayant été averti que ce même jour à l'heure de deux de relevée ils y auroient audience de la Reyne en fon hôtel d'Efnay, ils auroient pris ordre de revenir à une heure auffi de relevée chez le Sieur Prevoft des Marchands pour aller audit Efnay rendre les devoirs de cette Ville à Sa Majefté, & pour ce ici fe font retirés.

Dudit

Dudit jour 25 Novembre 1658. à deux heures de relevée, en la ville de Lyon.

Louis XIV.
25 Novembre
1658.

Lefdits Sieurs & les Officiers & Exconfuls de ladite Ville s'étant trouvés, fuivant que ce jourd'huy de matin auroit été arrêté, chez le Sieur Prevoft des Marchands revêtus, comme ils avoient été, lorfqu'ils ont rendu au Roy les devoirs de la Ville, fe feroient fur les deux heures de relevée mis en carroffe pour aller à Efnay rendre les devoirs à la Reyne, & y etant arrivés, ils feroient entrés en l'appartement de Sa Majefté, où ayant quelque peu arrêté en la falle haute, ils feroient auffi entrés en l'antichambre, où Monfieur le Doyen de Saint Jean, affifté de nombre de Meffieurs les Chanoines & autres Ecclefiaftiques de l'Eglife dudit Saint Jean, feroient en après entrés, & eux avancés proche de la porte de la chambre de Sa Majefté, afin d'y entrer avant le Confulat, qui y ayant pris garde, & étant au Corps confulaire de ladite Ville, comme reprefentant tous les autres Corps & Compagnies & le general d'icelle, d'entrer & porter la parole les premiers, ils fe feroient avancés, & lefdits Sieurs de Saint Jean voulant preffer & laiffer en arriere ledit Corps confulaire, Monfeigneur le Maréchal de Villeroy l'ayant fçu, feroit venu à ladite porte, & auroit dit audit Sieur Doyen que c'étoit audit Corps confulaire, reprefentant le general de ladite Ville, d'entrer & parler le premier ; à quoi ledit Sieur Doyen & fa fuitte ayant voulu en quelque forte repugner, ledit Sieur Prevoft des Marchands auroit dit hautement aux Mandeurs de ladite Ville qu'ils

Louis XIV.
25 Novembre
1658.

euffent à paffer; la chofe ayant été reglée par ce que mondit Seigneur Maréchal Duc de Villeroy avoit prefentement dit, & cela auffi étant conforme à l'ufage de tout temps introduit, fur ce Monfieur Saintot, Maître des ceremonies, eft forti par ladite porte, & ayant dit qu'on n'entreroit pas par icelle, auroit pris par la main le Sieur Prevoft des Marchands, & l'auroit conduit, & avec lui les Sieurs Echevins, Officiers & Exconfuls par ladite grande falle en la gallerie, regardant fur le jardin, & la voliere étant au bout d'icelui; dans laquelle gallerie la Reyne étant affife en fa chaife, ledit Corps Confulaire & affiftans s'étant avancés proche d'Elle, & mis à genoux, ledit Sieur Prevoft des Marchands lui auroit dit:

MADAME, *de tous les avantages que me procure la Charge que je fais, il n'en eft point de fi glorieux que celui d'avoir la liberté de pouvoir approcher votre facrée Majefté, pour lui témoigner la joye & la fatisfaction que reffent cette Ville, fe voyant honnorée de fa prefence; & lui protefter, MADAME, que de tout fon Royaume, elle n'en habitera jamais aucune qui la revere avec plus de refpect, d'obeiffance, de fidelité & de foûmiffion que fera celle-cy, étant fes très-humbles, très-obeiffants & très-fidelles fujets & ferviteurs.*

A quoi Sa Majefté auroit répondu très-gracieufement, *qu'elle fçavoit bien que cette Ville s'étoit toûjours maintenuë en la fidelité & obeiffance dûë à fes Roys, & qu'elle fe porteroit toûjours avec affection pour le fervice de ladite Ville;* & fur ce, lefdits Corps Confulaire & affiftans s'étant levés, & ayant fait la reverence duë à Sa Majefté, ils fe feroient retirés après avoir eu les premiers l'audience, & fe tranfporterent chez ledit Sieur Prevoft des Marchands, où ils auroient arrêté de retourner le lendemain à huit heures du matin, pour continuer à rendre les devoirs de ladite Ville.

Louis XIV.
26 Novembre
1658.

Du Mardy 26 Novembre 1658. avant midy, en ladite Ville de Lyon.

LESDITS Sieurs s'étant affemblés, fuivant qu'il avoit été refolu le jour precedent, chez ledit Sieur Prevoft des Marchands avec les Officiers & Exconfuls de ladite Ville, & ayant eu avis que fon Eminence leur donneroit audience, ils fe feroient revêtus de leurs robbes, comme ils avoient fait le jour precedent, & feroient allés à pied, attendu la proximité du lieu, chez fon Eminence, qui auroit pris fon logement chez Monfieur Videau, Confeiller & Procureur du Roy en la Senechauffée & Siege Prefidial de ladite Ville, & ayant trouvé fon Eminence en la falle dudit logement, lefdits Sieurs Prevoft des Marchands & Echevins, Officiers & Exconfuls s'eftant approchés d'elle, & l'ayant faluée, ledit Sieur Prevoft des Marchands lui auroit dit :

MONSEIGNEUR, je n'ai jamais fi fort paffionné la profeffion de la robbe qu'à prefent, dans la penfée qu'elle auroit pû m'acquerir la maniere de pouvoir dire à Votre Eminence quelque chofe de raifonnable fur toutes les rares qualités qu'elle poffede ; la rudeffe de mon metier m'oblige donc de paffer après les avoir toutes adorées, aux témoignages de la joye & de la fatisfaction que reffent cette Ville, fe voyant honnorée de fa

Louis XIV.
26 Novembre
1658.

préfence, & vous affurer, Monseigneur, *que Votre Emi-*
nence n'en protegera jamais aucune qui foit plus reconnoiffante de
fes faveurs que fera celle-cy, étant fes très-humbles, très-obeiffans
& très-obligés ferviteurs.

Et Son Eminence avec favorable accueil auroit répondu *qu'il avoit toûjours confideré cette Ville, comme l'une des plus impor-* *tantes du Royaume, qui avoit en toutes occafions fait paroître fon* *zele & affection pour le bien du fervice du Roy, & qu'auffi en* *toutes celles qui fe prefenteroient pour fon bien & foulagement,* *Son Eminence fe porteroit avec entiere affection, & que cette Ville* *fe pouvoit affurer de fa protection;* & auroit fon Eminence ajoûté plufieurs gracieux offres & démonftrations de bonne volonté à l'endroit du general & particulier de ladite Ville, après quoi ledit Corps Confulaire & affiftans ayant falué Son Eminence, fe feroient retirés.

Et ayant appris que Monfieur fe leveroit bientôt, lefdits Sieurs Prevoft des Marchands & Echevins, Officiers & Ex-confuls fe feroient auffi tranfportés en fon logement pris chez le Sieur Gionio; & ayant fçu que Monfieur n'étoit encore levé, ils auroient paffés au Parloir des Dames Reli-gieufes de Sainte-Marie peu éloignées de la maifon dudit Sieur Gionio; & ayant eu avis que Monfieur étoit levé, ils feroient allé lui rendre les devoirs & honneurs de ladite Ville en fa chambre remplie de quantité de Seigneurs, & entr'autres Monfeigneur le Duc de Villeroy, Monfeigneur l'Archevêque fon frere étoient avec Monfieur, près duquel le Corps Confulaire & fes affiftans fe feroient approchés,

&

& ayant falué Son Alteffe Royale, comme il apparte- Louis XIV.
25 Novembre
1658.
noit, ledit Sieur Prevoft des Marchands étant debout, &
de même lefdits Sieurs Echevins, Officiers & Exconfuls,
auroit dit :

*MONSIEUR, Notre joye n'auroit pas été complette,
non plus que la Cour, fi nous n'avions eu l'avantage de
poffeder Votre Alteffe Royale en cette Ville, pour l'affurer de nos
obeiffances, & lui protefter qu'elle n'en habitera jamais aucune qui
la revere avec plus de refpeƈ & d'admiration que fera celle-cy,
étant fes très-humbles & très-obeiffants ferviteurs.*

A quoi Monfieur leur auroit répondu, *qu'il fe fentoit
obligé de la civilité du Confulat, & qu'il n'y auroit jamais
occafion de le fervir & le general de cette Ville, qu'il ne le fît
avec joye.*

Au fortir de là ledit Corps Confulaire & fes affiftants ayant
appris par Monfieur Saintot qu'ils verroient Mademoifelle
en même temps, ils fe feroient rendus en fon logement
chez Mademoifelle Dugué, où ils auroient trouvé Meffieurs
tenans la Senechauffée & Siege Prefidial de cette Ville, qui
étoient en la falle de la maifon, & non Mademoifelle qui
étoit allée à l'Eglife ouïr la Meffe, & on auroit fait entrer
ledit Corps Confulaire & affiftants en la chambre de Mademoifelle, qui y feroit bientôt retournée; & eux l'ayant
faluée & étant debout, ledit Sieur Prevoft des Marchands
ayant pris la parole, auroit dit :

P p

Louis XIV.
25 Novembre
1658.

MADEMOISELLE, *Nous croirions n'avoir fait notre cour qu'à demi, si nous n'avions eu l'avantage de vous faire la reverence, & vous temoigner la joye que ressent cette Ville, se voyant honnorée de la presence de Votre Altesse Royale, vous protestant que nous tâcherons de meriter par toutes nos actions l'honneur de votre bienveillance, aussi bien que la qualité de vos très-humbles & très-obeissants serviteurs.*

A quoi elle auroit répondu, *qu'elle remercioit le Consulat des bontés & des civilités qu'il avoit pour elle, & le pria de vouloir continuer à son Pays de Dombes toutes les assistances qu'il pourroit pour l'amour d'elle, offrant en revanche de le servir en toute rencontre;* & ensuite ils se seroient retirés, ayant été ouïs plûtôt que lesdits Sieurs du Siege.

RECEPTION

DE S. A. R. MADAME LA DUCHESSE DE SAVOYE,
& les Princesses MAURICE & MARGUERITE DE SAVOYE,
ses filles ; de S. A. R. Monseigneur le DUC DE SAVOYE,
& de Monseigneur le Chancelier de France, le 28 Novembre 1658.

LE ROY, la Reyne, Monsieur, Mademoiselle, & la plus grande partie de la Cour, qui se trouvoient à Lyon * depuis le 24 dudit mois, seroient allez sur les deux heures de relevée au rencontre de Madame Royale, tante du Roy, Duchesse de Savoye, qui devoit arriver en cette Ville par la porte du pont du Rhosne; & entre quatre & cinq heures de ladite relevée, leurs Majestés, Monsieur, Mademoiselle & toute leur suite, sont rentrez avec Madame Royale, Duchesse de Savoye, & les Princesses Maurice & Marguerite de Savoye, & tous dans le carrosse de leurs Majeltez ; & étant allez accompagner la Reyne en son hostel d'Esnay, d'où elles seroient allées prendre leur logement à l'Archevêché ; & ne seroit le Corps Consulaire allé faire aucune reception à madite Dame Royale, à ladite porte du Rhosne : & son Eminence, avant que le Roy fût forti pour aller à ladite rencontre, seroit sortie pour même effet par ladite porte, & rentrée en la Ville beaucoup auparavant que le Roy & ladite Dame y soient entrez.

Madame la
Duchesse de
SAVOYE,&c.
28 Nov. 1658

* L'on peut voir la relation de cette Entrée, ci-devant à la page 141.

Madame la Duchesse de SAVOYE, &c. 28 Nov. 1658

Le Samedi suivant, dernier Novembre de ladite année, les sieurs Prevost des Marchands & Echevins * ayant été avertis par Monseigneur le Marechal Duc de Villeroy, que le Corps Consulaire devoit aller rendre les devoirs & honneurs à Madame Royale, & sçû par Monsieur Saintot, Maître des ceremonies, que pour ce ils se devoient trouver entre quatre & cinq heures de relevée, se seroient assemblez avec eux les Officiers & Exconsuls, tous revestus comme ci-devant, & seroient allez rendre les devoirs de ladite Ville sur les cinq heures; ils seroient entrez en la chambre de ladite Dame, & l'ayant saluée & étant tous debout, ledit sieur Prevost des Marchands auroit pris la parole, & dit :

M A D A M E,

D E tous les avantages que me procure la Charge que je fais, il n'en est point de si glorieux que celui d'avoir la liberté de pouvoir approcher VOSTRE ALTESSE ROYALE, *pour lui temoigner la joye & la satisfaction que ressent cette Ville, se voyant honorée de sa presence ; lui offrir tout ce qui peut être en nostre pouvoir, & lui protester, Madame, qu'elle n'en habitera jamais aucune dans ses Etats, qui la revere avec plus d'admiration, de respect & de soûmission, que fera celle-ci, étant ses très-humbles & très-obeïssants Serviteurs.*

A quoi Son Altesse Royale auroit repondu : *Qu'il étoit vrai qu'elle ne croyoit pas qu'il y eût aucune Ville dans les Etats*

---

* Monsieur de Baillon de la Salle, Prevost des Marchands ; Mrs. Bollioud, Rambaud, Dugas & d'André, Echevins.

de Monsieur son Fils , qui eût tant de bonté & de civilité pour elle que celle-ci ; ce qu'elle attribuoit plûtost à l'honneur qu'elle avoit d'appartenir au Roy , qu'à son propre merite ; qu'elle en étoit parfaitement obligée au Consulat , & qu'il ne se presenteroit point d'occasions de lui temoigner & de le servir , qu'elle ne le fît avec passion.

Et ayant lesdits Sieurs salué Son Altesse Royale , ils se feroient retirez.

Le Dimanche suivant, le Roy ayant été averti que Son Altesse Royale Monsieur le Duc de Savoye , devoit arriver à la relevée en ladite Ville, Sa Majesté en feroit partie , ayant avec elle Monsieur , & suivie de quelques Princes, & quantité de Seigneurs , & entr'autres de Monseigneur le Marechal Duc de Villeroy , & de Monseigneur l'Archevêque, son frere , accompagnée de ses Mousquetaires, Chevaux-Legers & autres Gardes ; & sur les cinq heures de ladite relevée, Sa Majesté, Monsieur, & Son Altesse Royale le Duc de Savoye , feroient rentrez en ladite Ville, dans le carrosse de Sa Majesté, & suivis de quantité de carrosses, de Cavaliers de la Ville sortis avec Sa Majesté ; à quoi fut ajoûtée la suite dudit Duc de Savoye , lequel auroit pris son logement audit Archevêché.

Le Lundi deuxieme jour de Decembre , lesdits Sieurs ayant appris par Monseigneur le Marechal Duc de Villeroy, que Sa Majesté viendroit prendre une collation dans l'Hostel de Ville , ils auroient donné ordre à ce qu'elle fût dressée d'une maniere convenable, malgré le peu de temps que l'on avoit

Madame la Duchesse de SAVOYE, &c. 1 Dec. 1658.

E e e e

Madame la Duchesse de Savoye, &c.
2. Dec. 1658.

pour s'y preparer, Sa Majesté devant y venir le même jour, ils auroient en même temps commandé les deux cens Arque-busiers, très-proprement vestus & bien armez, qui resterent en ordre de bataille sur la place des Terreaux au devant dudit hostel, jusques à ce que leurs Majestez en fussent sorties ; & étant arrivez après cinq heures, & avec elles Monsieur, Mademoiselle, Madame Royale Duchesse de Savoye, Son Altesse Royale Monsieur le Duc de Savoye, son fils, & les Princesses Maurice & Marguerite de Savoye, sœurs dudit Seigneur Duc, ils seroient entrez dans ledit Hostel à la lueur des flambeaux de cire blanche, dont il étoit illuminé ; & en même temps, il entra une si grande affluence de Seigneurs & de Noblesse, que tout le vestibule en étoit rempli ; & néantmoins lesdits sieurs Prevost des Marchands & Echevins auroient été presentez à Sa Majesté par Monseigneur l'Archevêque, laquelle reçût très-benignement leur salut : ensuite étant, ainsi que la Reyne & toute la Compagnie, monté par le grand escalier, s'être aresté quelque temps dans la grand-salle, ils auroient passé dans la salle des portraits, où ladite collation étoit dressée, & leurs Majestez & lesdits Princes & Princesses s'étant assis autour de la table, & mangé de ladite collation pendant environ un quart d'heure, ils se seroient levez de table, & seroient descendus par le petit escalier fait en ovale ; le Consulat qui suivoit, ayant derechef salué le Roy, Sa Majesté auroit reçû leur reverence très-favorablement, & avec temoignage de sa satisfaction ; après quoi, Elle & toute sa suite seroient sortis dudit Hostel de Ville.

Le Mardi suivant troisieme dudit mois, lesdits Sieurs seroient allez en Corps dans leurs habits de ceremonie, avec leur suite ordinaire, à l'Archevêché rendre leurs devoirs & honneurs à Son Altesse Royale le Duc de Savoye ; & après lui avoir fait la reverence, Monsieur le Prevost des Marchands qui portoit la parole, lui dit, étant debout :

Madame la
Duchesse de
Savoye,&c.
3 Dec. 1658.

MONSEIGNEUR,

Nous venons temoigner à Vostre Altesse Royale, la joye & la satisfaction que ressent cette Ville, se voyant honorée de sa presence ; lui offrir tout ce qui peut étre en nostre pouvoir, & lui protester qu'elle n'en habitera jamais aucune, même dans tous ses Etats, qui la revere avec plus de respect & de soûmission que fera celle-ci, étant ses très-humbles & très-obeïssants Serviteurs.

A quoi Son Altesse Royale auroit repondu très-gracieusement, & seroit partie en poste le lendemain Mercredi, pour se rendre à Turin, après avoir pris congé de leurs Majestez.

Le même jour, sur les six heures du soir, le feu d'artifice preparé aux depens de la Ville sur la riviere de Saône, pour joüer devant leurs Majestez & les Princesses de Savoye, auroit été très-bien executé, dont le dessein ayant été gravé, n'en sera fait ici plus grande mention.

Le Jeudi suivant, lesdits Sieurs étant informez que Monseigneur le Chancelier seroit arrivé de la veille en cette Ville, & qu'il étoit logé chez le sieur de Forendal, seroient allez

Madame la
Ducheſſe de
Savoye, &c.
5 Dec. 1658.

en ceremonie le complimenter, & M. le Prevoſt des Marchands portant la parole, lui a dit :

MONSEIGNEUR,

NOSTRE joye n'auroit pas été parfaite, ſi nous n'avions eu l'honneur de joüir de voſtre preſence, pour vous remercier des graces & des bontez qu'il vous plaît d'accorder journellement à cette Ville; nous tâcherons d'en meriter la continuation, & de vous perſuader, Monſeigneur, par toutes nos actions, que vous n'en protegerez jamais aucune qui ſoit plus reconnoiſſante de vos faveurs que ſera celle - ci, étant ſes très - humbles, très - obeïſſants & très - obligez Serviteurs.

Et Monſeigneur le Chancelier lui repondit : *Que ce n'étoit pas la premiere fois qu'il étoit venu en cette Ville, & qu'il l'avoit toûjours reconnuë pour très-fidelle au Roy, & ayant par ſes devoirs & aſſiſtance bien merité du ſervice de Sa Majeſté; & qu'auſſi il l'avoit toûjours conſiderée, & en toutes occaſions appuyé ſes intereſts, & continueroit en toutes celles qui lui en fourniroient les moyens.*

Et le Dimanche ſuivant, huitieme dudit mois, Madame Royale de Savoye, & Meſdames les Princeſſes Maurice & Marguerite, ſes filles, ſont parties de cette Ville ſur les dix heures du matin, pour s'en retourner à Turin, après avoir pris congé de leurs Majeſtez, qui les ſont allé accompagner juſques hors de cette Ville.

RECEPTION

RECEPTION

DE MADAME FRANÇOISE DE VALOIS, Epouse de Monfieur le *DUC DE SAVOYE, PRINCE DE PIEDMONT, le 23 Mars 1663.*

LES Sieurs Prevoſt des Marchands & Echevins * ayant
ſçû de Monſeigneur l'Archevêque, Lieutenant de Roy
au Gouvernement, que Madame Françoiſe de Valois, mariée
à Monſeigneur le Duc de Savoye, devoit arriver en cette
Ville ledit jour ſur le ſoir : en conformité des Ordres de
Sa Majeſté, de rendre à cette Dame les honneurs dûs à ſon
rang, leſdits Sieurs ayant donné leurs ordres aux Capitaines
Penons qui devoient, avec les Bourgeois armez, occuper
les places par où ladite Princeſſe devoit paſſer, ſe ſeroient
rendus ſur les quatre heures de relevée, en robes de ceremonie, precedez de leurs Mandeurs & accompagnez de leurs
Officiers, à la porte de Vaize, dite du Lion ; où ayant
attendu quelque temps, & ladite Dame étant arrivée à ladite porte dans ſon carroſſe, où étoit Madame la Comteſſe
d'Armagnac, fille de Monſeigneur le Marechal de Villeroy,
Monſieur le Prevoſt des Marchands l'auroit haranguée, &
lui auroit temoigné par ſon diſcours accommodé au ſujet,

Madame
FRANÇOISE
DE VALOIS.
21 Mars 1663

* Monſieur du Sauzay, Prevoſt des Marchands ; Mrs. Pellot, Arthaud,
Lumague, Chappuis de la Fay, Echevins,

Ffff

la joye que la Ville & les Citoyens reſſentoient à ſon paſſage : à quoi S. A. R. auroit repondu, & remercié très gracieuſement le Conſulat ; & enſuite elle auroit continué ſon chemin au bruit du canon, par les places où les Pennonages montoient la garde, juſques en l'Abbaye d'Eſnay, où ledit Seigneur Archevêque lui avoit fait preparer un magnifique appartement, où peu de temps après ſon arrivée, leſdits ſieurs Prevoſt des Marchands & Echevins ſe ſont rendus toûjours en habits de ceremonie, pour lui rendre les devoirs & honneurs de la Ville, & Monſieur le Prevoſt des Marchands auroit harangué de nouveau ladite Dame, & felicitée ſur ſon mariage ; & ayant quitté leurs robes, ainſi que leurs Officiers, excepté les Mandeurs, ſeroient allez au Gouvernement, où ils auroient fait à Madame la Comteſſe d'Armagnac qui y étoit logée, les compliments dûs à ſa naiſſance & à ſon rang, auquel elle auroit repondu en des termes qui marquoient ſon affection pour la Ville ; après quoi le Conſulat ſe ſeroit retiré & ſeparé.

Et le Lundi vingt-ſixieme Mars, leſdits Sieurs informez par mondit Seigneur l'Archevêque, que Madame la Ducheſſe de Savoye vouloit voir l'Hoſtel de Ville, ils y auroient fait preparer une ſuperbe collation, dont la table étoit ſur une eſtrade entourée d'une baluſtrade, pour la commodité de la Princeſſe ; laquelle étant arrivée ſur les cinq heures du ſoir audit Hoſtel de Ville, avec toute ſa ſuite, dont elle a trouvé l'avenuë bordée des Arquebuſiers, leſdits ſieurs Prevoſt des Marchands & Echevins l'ont reçûë au bas du Perron, &

l'ont conduite au son des trompettes par le grand escalier dans la grand-salle, où elle a trouvé une symphonie de douze violons, placée dans la tribune, qui a joüé pendant tout le temps de ladite collation qui étoit placée dans le salon, à costé de ladite grand-salle du costé de vent : S. A. R. a ensuite visité toutes les salles dudit Hostel de Ville, puis est descenduë par le même escalier, suivie & accompagnée du Consulat, auquel cette Princesse a donné toutes les marques possibles de satisfaction ; après quoi étant montée dans son carrosse, elle se seroit retirée, & Messieurs du Consulat se seroient separez.

Et le Jeudi vingt-neufvieme dudit mois, Madame la Duchesse de Savoye, accompagnée de Madame la Comtesse d'Armaignac, de M. le Marquis de Ville, Ambassadeur de Savoye, & de Madame l'Ambassadrice, sa femme, partit de cette Ville sur les trois heures de relevée, par la porte de la Croix-rousse, au bruit du canon & des boëtes, pour aller coucher à Montluel, & continuer son voyage jusques aux Etats du Duc de Savoye, son époux.

Signé par les Prevost des Marchands & Echevins susdits.

ORDONNANCE CONSULAIRE,

Concernant la Reception de MADAME ROYALE DE SAVOYE, *le Lundi premier May* 1684.

Madame
ROYALE DE
SAVOYE.
1 *May* 1684.

LES Sieurs Prevost des Marchands & Echevins * ayant reçû les Ordres, pour la Reception de Madame Royale :

Il est enjoint aux Capitaines Penons, & autres Officiers des quartiers de ladite Ville qui sont commandez, de faire mettre sous les armes toutes les personnes de leur quartier capables de les porter, sans aucune exception, pour se rendre demain mardi, deuxieme de ce mois, à l'heure & aux lieux indiquez par le Sieur * * *, Major de la Ville, & y rester sans tirer, pendant l'entrée de Son Altesse Royale, le tout à peine de cinquante livres d'amende ; & afin que personne ne pretende cause d'ignorance de la presente Ordonnance, elle sera luë, publiée & affichée, partout où besoin sera. Fait au Consulat, par Nous Prevost des Marchands & Echevins, ledit jour premier May mil six cent quatre-vingt-quatre.

* Monsieur de Ponsaimpierre, Prevost des Marchands ; Messieurs de la Rejasse, de Belly, Terrasson & Messier, Echevins.

RECEPTION

SOLEMNELLE DANS LA VILLE DE LYON
de Monseigneur l'Eminentiſſime Cardinal FLAVIO CHIGI,
Neveu de Sa Sainteté, & ſon Legat à Latere en France.
Tiré du Livre imprimé à Lyon en 1664. Volume in-folio
chez Alexandre Fumeux.

ON ne vit jamais un plus beau jour que celui qui fut deſtiné pour la ſolemnité de la Reception de Monſieur le Cardinal Chigi, Legat.

Le Cardinal
Flavio Chigi.
3 de Juillet
1664. *

Toute la Nobleſſe & les Bourgeois qui avoient voulu marquer l'excez de leurs ſatisfaction, par leurs ornemens civils & militaires, firent briller aux yeux toutes les richeſſes du monde dans l'ajuſtement & dans la magnificence de leurs habits. Il n'y avoit rien de ſi galant, de ſi riche & de ſi beau à voir que ce meſlange d'hommes & de femmes ſi pompeuſement parées, qui faiſoient en pluſieurs endroits de la Ville d'admirables & de charmantes perſpectives, ſur de grands amphiteatres qu'on avoit dreſſés pour placer une foule de perſonnes de toutes ſortes de conditions, que les feneſtres & les ruës n'étoient pas capables de contenir; ce qui paroiſſoit plus agreable à pluſieurs, que les Arcs de triomphe qu'on avoit dreſſés à la portes du pont du Rhône

* Monſieur Camille de Neufville, Archevêque de Lyon. Monſieur Charrier, Prevoſt des Marchands. Meſſieurs Lumague, Chappuis, de Madieres & Bais, Echevins.

Le Cardinal
FLAVIO CHIGI.
3 de Juillet
1664.

& en la ruë Portefroc ; encore qu'ils fuſſent faits d'une main fort adroite , conduite par un excellent genie.

L'on avoit mis ſur pieds ſeulement dix mille hommes, qui bordoient les ruës , & qui en pluſieurs places formoient de petits camps, comme en celle de Belle-cour, de Saint Nizier & du Change. Cette premiere étoit remplie de neuf Bataillons, qui formoient enſemble un petit corps d'Armée, tant par le nombre des ſoldats & des tentes qui étoient dreſſées ſur l'arriere-garde de chaque Bataillon, que par l'artillerie que l'on avoit logée aux deux bouts de cette Place.

L'on ne vit jamais gueres de troupes ſi leſtes, plus adroites , ni mieux armées qu'elles , ni qui ſceuſſent mieux conſerver la fierté de la guerre dans une action de paix où elles étoient employées. Car encore que la plûpart de cette ſoldateſque & de ces troupes fuſſent tirées des boutiques, elles ne laiſſoient pas de faire parfaitement connoître dans leurs marches & dans leurs poſtes qu'elles ſçavoient fort bien manier l'épée, le mouſquet & la pertuiſane.

La Compagnie des Gardes Suiſſes entretenuë en chacune des portes de la Ville , commandée par Monſieur de Schaufeſtein , Capitaine au Regiment des Gardes, bordoit des deux côtés depuis la barriere du pont du Rhône, juſqu'au milieu de la ruë de la Barre, qui étoit comme toutes les autres du paſſage, ſablée & tenduë de riches tapiſſeries. Le reſte de la ruë étoit bordée par les Compagnies de Meſſieurs Cholier & Thioly , Capitaines des Quartiers de Saint Juſt & Plat-d'Argent : & celles de Meſſieurs Farjot, Riviere & Genevay , Capitaines des Quartiers de
Saint George

Saint George, du Plâtre & de Saint Vincent, bordoient un côté de la Place de Belle-cour ; cependant que celles de Messieurs de Laval, de la Sale, du Sauzay, Tremel, Barlet, Serize, Bourdin, Girardon & Gravier, Capitaines des Quartiers de Belle-cour, du Puits-pelu, ruë de Flandre, Place Confort, ruë Lanterne, Bon-rencontre, l'Hôpital & Pescherie, formoient de l'autre côté chacune son Bataillon. Les Compagnies de Messieurs de Murard, de la Pape & de la Tour, Capitaines des Quartiers de ruë Buisson, Saint Sebastien, ruë Paradis, bordoient le Port du Roy, le Quay des Celestins & le Port du Temple. Celles de Messieurs Ferrus l'aîné, Tevenet & Morand, Capitaines des Quartiers du Port du Temple, ruë Pepin, ruë Grenette, bordoient le Quay de Saint Antoine. Celles de Messieurs de Bais, Raton, Cochardet & Vernay, Capitaines des Quartiers de Saint Pierre, ruë Neuve, Griffon, Haute-Grenette, étoient pareillement rangées sur le Port & dans la ruë Chalamont. Celles de Messieurs de Cotton, Guerin & Ferrus le jeune, Capitaines des Quartiers de Saint Nizier, Bourgneuf & l'Herberie, occupoient la ruë de la Grenette & la Place de Saint Nizier. Celles de Messieurs Grollier, Beraud & de Pontsaintpierre, Capitaines des Quartiers de la Place des Terreaux, de Pierre-scize, Boucherie Saint Paul, étoient rangées depuis l'Herberie jusqu'à la Place du Change, dans laquelle étoient les Compagnies de Messieurs de Merle & Guetton, Capitaines des Quartiers du Change & de la Juifverie. Enfin toute la ruë de Saint Jean étoit bordée de celles de Messieurs de Messimieu, de Madieres, de Pomey,

Q q

Le Cardinal FLAVIO CHIGI. 3 de Juillet 1664.

Le Cardinal
Flavio Chigi.
3 de Juillet
1664.

Chauſſes, de Flecheres & Charvin, Capitaines des Quartiers de la Baleine, Port Saint Paul, ruë Tramaſſac, Gourguillon, Portefroc & ruë Thomaſſin.

Chacune de ces Compagnies étoit compoſées d'environ cent cinquante Mouſquetaires, & d'environ cinquante Pertuiſaniers & Piquiers armés de corcelets & de bourguinottes de Milan. Tous les Officiers étoient ſuperbement vêtus, & les Soldats ne l'étoient gueres moins, dont la plus grande partie avoit affecté d'être aſſortie d'habits de même parure en chaque rang, ce qui étoit d'autant plus agreable à voir, qu'ils étoient diverſifiés de file en file.

Deux Compagnies du Regiment Lyonnois, qui étoient commandées par Meſſieurs de la Chaiſe d'Aix & Camus du Peron leurs Capitaines, furent miſes en garde à l'entrée du Couvent des Reverends Peres du Tiers-Ordre de S. François, qu'on avoit choiſi pour y faire les premieres ceremonies hors de la Ville.

L'on avoit preparé pluſieurs chambres dans ce lieu, qu'on avoit meublé de tout ce qui étoit de plus riche & de plus magnifique dans la Ville : en celle où la collation avoit été dreſſée, qui étoit tenduë d'une tapiſſerie à fond blanc relevé en or, il y avoit un des ſuperbes buffets qu'on ait encore vû paroître en ſemblables occaſions, & un dais en broderie d'or & d'argent où l'art ſurpaſſoit beaucoup la matiere dont il étoit compoſé : au milieu de toutes ces dorures & de deux rangs d'orangers en fleurs, l'on voyoit une longue eſtrade couverte de tapis de Perſe, ſur laquelle étoit élevée une grande table chargée de dix huit pyramides de fruits, de gelées, de pâtes, de confitures les plus rares & les plus exquifes, fur autant de baffins de vermeil doré : outre ces appartemens le pourtour du cloiftre, & les murs qui bordoient une longüe allée de tilleuls, au bout de laquelle étoit placé le haut dais, furent auffi tendus de riches tapifferies.

La Compagnie des Gardes de Monfeigneur l'Archevêque, commandée par Monfieur de Belleroche & de la Chaife, Capitaine & Lieutenant, & celle du Prevoft des Marefchaux, fous la conduite de Monfieur d'Allier, Prevoft general, & de Monfieur du Fay, fon Lieutenant, furent rangées en bataille près ladite maifon des Reverends Peres du Tiers-Ordre de Saint François.

Toutes chofes ainfi difpofées, Monfeigneur le Legat, qui étoit deja entré dans la Ville *incognitò*, depuis deux jours, partit de l'Abbaye d'Aynay, où il étoit logé, environ une heure après midy, pour fe rendre audit Monaftere qu'on avoit choifi hors de la Ville, comme le lieu le plus propre, où fon Eminence pourroit plus commodement recevoir les complimens de foumiffions & de civilités, que les Compagnies ont accoûtumé de faire en pareilles occafions.

Après qu'il fe fut repofé quelque temps dans le magnifique appartement qu'on lui avoit deftiné, il fut conduit fur un thrône qu'on lui avoit preparé au fond d'une longue allée de tilleuls, qui formoient par leurs verdures & leurs branches entrelacées un lambris le plus agreable du monde. Ce thrône dont le dais étoit de velours violet, rehauffé de crefpines & des cantonnieres d'or, & enrichi

Le Cardinal
Flavio Chigi.
3 *de Juillet*
1664.

des armoiries de la Ville, relevées en broderie fur chaque pente, étoit pofé fur plufieurs marches couvertes de tapis de Perfe. Il étoit devancé par un pavillon tendu des tapifferies de l'Hôtel de Ville, & bordé de feize Gardes veftus de cafaques violettes, dont les manches étoient toutes remplies de galons d'or, & les autres endroits chamarrés feulement de quatre & accompagnés de boutons d'or : leurs chapeaux fur lefquels paroiffoient trois plumes blanches & violettes, étoient auffi bordés de galons d'or.

Monfieur de la Platiere, Major du Regiment Lyonnois, qui faifoit en ce jour la charge de Maître des Ceremonies, introduifit premierement Meffieurs les Comtes ; il fut harangué par Monfieur le Comte de Rochebonne, Chamarier de l'Eglife en l'abfence de Monfieur le Doyen, auquel le Legat répondit avec grace, *qu'il feroit fçavoir à Sa Sainteté le zele devot que le plus illuftre Chapitre du monde avoit pour le Saint Siege, & qu'il ne manqueroit pas de lui apprendre les honneurs qu'il lui avoit rendus en qualité de fon Minifte, que d'ailleurs depuis long-temps le Saint Siege reveroit la fidelité & l'ancienneté de l'Eglife de Lyon, qui s'étoit renduë recommendable par le grand nombre des Prelats & des Martyrs qu'elle avoit confacrés au culte de la Religion.*

Après que cette illuftre Compagnie fe fut retirée par une longue allée de charmes, qui étoit à la gauche du thrône, & qu'elle eut repris le chemin de la Ville, afin d'aller recevoir Monfieur le Legat à l'entrée de fon cloiftre, où elle avoit fait élever un arc de triomphe, le Clergé s'approcha, devancé de tous les Ordres Religieux qui ont

accoûtumé

accoûtumé d'aller proceſſionnellement en pareilles ceremonies.

Monſieur du Faure, Chanoine & grand Obeancier de
Saint Juſt, revêtu d'une chappe & d'une mitre blanche,
qu'il quitta pour parler au nom du Clergé, dont il eſt
l'Orateur né, comme grand Obeancier, harangua Monſieur
le Nonce, qui lui fit une reponſe fort gracieuſe.

Meſſieurs du Preſidial, qui s'étoient aſſemblés en robbes
rouges dans le Palais, l'heure de la marche étant venuë,
monterent ſur des beaux chevaux, richement caparaſſonnés
& couverts de houſſes de velours noir, bordées de grandes
franges de pareille couleur. Ils étoient precedés de la Compagnie du Guet, commandée par Monſieur Farjot, monté
ſur un cheval d'Eſpagne, dont les mors & les étriers étoient
dorés, & couvert d'une grande houſſe en broderie d'or &
d'argent. Les Mouſquetaires qui le ſuivoient étoient vêtus
d'une cotte d'armes bleuë, où les chiffres du Roy étoient
poſés en broderie ſur le devant & ſur le derriere, & dont
les aiſlerons étoient chargés de trois étoiles d'argent, pour
marquer les fonctions de cette Compagnie qui veille de nuit
pour le repos des Citoyens. Monſieur de l'Eſtrete, Lieutenant, étoit auſſi monté ſur un cheval barbe, harnaché de
la même maniere que le precedent, & marchoit à la tête
des Piquiers, qui étoient tous armés de cuiraſſes & de bourguinottes, avec le colletin de buffle. Ils étoient ſuivis des
derniers Mouſquetaires vêtus de caſaques rouges & bordées
d'un paſſement d'or. Ces Magiſtrats étoient encore precedés
des Sergens à cheval, portans les bâtons fleurdeliſés, botés,

R r

Le Cardinal
FLAVIO CHIGI,
3 de Juillet
1664.

Le Cardinal
FLAVIO CHIGI.
3 de Juillet
1664.

éperonnés & ceints d'une 'écharpe blanche, dont les chevaux étoient couverts de petites houffes de differentes couleurs. Les Huiffiers Audienciers marchoient enfuite, portans
en main leurs verges, vêtus de leur robbes noires, doublées
de velours, & montés fur des chevaux couverts de houffes
de même étoffe, brodées auffi de quatre bandes de velours.
Les Greffiers qui les fuivoient, vêtus de la même façon, pre-
cedoient immediatement Meffieurs du Prefidial.

Comme ces Magiftrats furent arrivés auprès du thrône,
Meffire Matthieu de Seve, Baron de Flecheres, Lieutenant
General, harangua Son Eminence, qui lui répondit très-
noblement.

Dans le temps que Meffieurs du Prefidial fe retiroient,
Meffieurs les Treforiers s'avancerent le long de l'allée de
tilleuls. Meffire Jacques de Thelis, Baron de Chamboft,
Seigneur de Chaftel & de Torigny, Confeiller du Roy &
Prefident, harangua Monfieur le Nonce, qui lui répondit
avec des marques d'une finguliere eftime.

Comme Meffieurs les Treforiers fe retiroient, Meffieurs
les Eleus s'avancerent. Ils étoient venus jufques près le lieu
de la ceremonie, montés fur des beaux chevaux barbes,
dont les étriers & les mors étoient dorés, & les houffes
de velours noir bordées de franges de foye ; ils étoient vêtus
de leurs robbes noires doublées de velours : ils avoient en
tête leurs Huiffiers Audienciers & leurs Greffiers, montés
pareillement fur des chevaux dont les houffes étoient de
farge noire & bordées de quatre bandes du même velours.
Devant les Huiffiers marchoient encore les Sergens à bâtons

fleurdelifés fur des chevaux couverts de petites houffes de
diverfes couleurs.

Monfieur de Noyelle harangua Son Eminence, qui lui fit 3 Le Cardinal
FLAVIO CHIGI,
de Juillet
1664.
une réponfe très-polie.

Meffieurs les Eleus ayant quitté la place, le Corps de la
Nation Florentine fe prefenta, conduite par Monfieur du
Puis, leur Conful par provifion du Grand Duc de Tofcane,
qui fit fa harangue en Italien, auquel le Legat répondit.

Dans le temps que Meffieurs les Florentins fe retiroient
par l'allée de charmes, Meffieurs les Luquois s'avançoient
par celle des tilleuls, conduite par Monfieur Pierre Ange
Guinifi, Gentilhomme d'une des plus illuftres & plus anciennes familles de cette Republique. Il harangua Son Eminence
en fa langue naturelle. Le Nonce lui répondit avec
bonté.

Toutes les harangues étant finies, dans le temps que
les Compagnies remonterent à cheval, & qu'elles reprirent
leur rang pour la marche, Meffieurs les Prevoft des Marchands & Efchevins s'étoient venus rendre à la porte du
pont du Rhône où ils devoient recevoir fon Eminence : ils
étoient precedés de leur Compagnie de trois cens Arquebufiers, vêtus de cafaques violettes, chamarrées de paffemens
d'or, avec le chapeau bordé de même retrouffé d'un
ruban qui relioit trois plumes en aigrette, dont une violette étoit accompagnée de deux blanches. Ils étoient encore
devancés de fix Mandeurs à cheval, vêtus de leurs habits
de ceremonie, dont les deux derniers portoient les cafaques
aux ecuffons en broderie des armoiries de la Ville. Ces

Le Cardinal
FLAVIO CHIGI.
3 de Juillet
1664.

Magiſtrats marchoient au milieu de trente Pertuiſanniers vêtus auſſi de caſaques violettes, mais plus longue que celles des Arquebuſiers & plus chamarrées de galons d'or : ils avoient comme eux le chapeau bordé d'or & garni de trois plumes. Monſieur le Prevoſt des Marchands paroiſſoit vêtu de ſa robbe de ſatin violet, & Meſſieurs les Echevins des leurs d'un damas de même couleur; ils étoient montés ſur des parfaitement beaux chevaux d'Eſpagne blancs à houſſes de velours noir. Meſſieurs l'Advocat & Receveur generaux de la Ville les ſuivoient vêtus de leurs robbes de moëre de ſoye violette, montés ſur des barbes noirs, dont les houſſes étoient auſſi de velours. Après eux marchoient Meſſieurs les Exconſuls en robbes de ſoye noires avec des chapeaux de velours de même couleur, & enſuite cent notables Bourgeois, que ces Magiſtrats avoient choiſis parmi un grand nombre de ceux qui ſe ſont déja acquittés dignement des charges publiques; ils étoient tous montés ſur des chevaux à houſſes de drap noir, chamarrées de bandes de velours.

Comme Monſieur le Legat fut arrivé à la barriere du pont du Rhône precedé d'un beau cortege, à la tête duquel étoit Monſieur Maurice Marguin, nommé par le Roy Maréchal des Logis de la Legation, Meſſieurs les Prevoſt des Marchands & Echevins s'avancerent d'abord qu'ils le virent approcher : il étoit monté ſur une mule blanche, que ces Magiſtrats lui avoient donnée, richement caparaſſonnée, dont la houſſe étoit de velours cramoiſy chamarrée de paſſemens d'or, & garnie de franges & de houpes de

même :

même : il étoit en habit de Ceremonie, vêtu de fa chape
rouge, & ayant en tête le chapeau de Cardinal ; le Sieur
de Servantio, Maître de Ceremonie, le lui ôta pour lui
mettre le bonnet rouge, lorſque Monſieur le Prevoſt des
Marchands l'eut abordé, qui après une profonde inclination, lui dit ; *Qu'il venoit témoigner à Son Eminence le reſpeſt
& la devotion que la Ville , l'une des plus conſiderables du
Royaume , avoit pour le Saint Siege , duquel Son Eminence
étoit une des plus fermes colomnes , & en qui comme Legat
Apoſtolique , le Vicaire de Jeſus-Chriſt en avoit depoſé toute l'authorité ; qu'elle le conſideroit comme un Ange de paix qui appor-
toit le rameau d'olive au Fils aîné de l'Egliſe , qui en le
recevant lui rendoit les honneurs qui étoient dûs à un ſi haut
Miniſtere.* Il finit en ſouhaitant la conſervation de cette
Eminence.

Monſieur le Legat dit, *qu'il avoit de la joye d'entrer dans
une Ville déja illuſtre par le nombre des Martyrs & preſentement
heureuſe par la conduite de tant de ſages Magiſtrats, qu'il en
conſerveroit le ſouvenir bien cherement, & qu'il ne laiſſeroit paſſer
aucune occaſion de témoigner ſa reconnoiſſance pour les honneurs
qu'il y avoit reçus.*

Ce compliment fini, on continua la marche. Les Religieux alloient les premiers, & chaque Ordre marchoit ſous
ſa Croix, & puis tout le Clergé ſuivoit ſous celle de l'Egliſe
Collegiale de Saint Juſt. La Compagnie du Prevoſt alloit
immediatement après, qui fut ſuivie de celle du Guet, &
des Arquebuſiers de la Ville, commandée par Monſieur
Trelon, Capitaine, & par Meſſieurs le Beau & Hugalis,

S ſ

Le Cardinal
Flavio Chigi,
3 de Juillet
1664.

Le Cardinal
FLAVIO CHIGI.
3 *de Juillet*
1664.

Lieutenant & Enseigne. Les Gardes de Monsieur l'Archevêque se mirent à leur queuë, vêtus de leur casaque vertes,
chamarrées de galons de soye orangée, montés sur de fort
beaux chevaux.

Les Troupes de Monsieur le Legat s'avançoient conduites
par Monsieur Marguin Marechal des Logis de la Legation,
& ensuite les Aydes de Chambre qui tenoient devant eux
sur leurs chevaux des grandes toilettes en broderie, qu'ils
ont coûtume de porter quand ils marchent en ceremonie.

Après ces petits Officiers, l'on voyoit venir les Seigneurs,
les Gentilshommes & les grands Officiers de la suite de cette
Eminence magnifiquement vêtus, & montés sur des chevaux de Naples richement caparassonnés.

Les Nations Florentine & Luquoise les suivoient, tandis que
Messieurs les Eleus s'avançoient, precedés de leurs Sergens
à bâtons fleurdelisés, de leurs Huissiers & de leurs Greffiers.
Les Presidens de ce Siege avoient à leur suite quatre Laquais
de leur livrée, & chaque Eleu en avoit deux.

Messieurs du Presidial vêtus de leurs robbes rouges,
marchoient ensuite, qui avoient aussi à leur tête leurs Sergens
portant des bâtons fleurdelisés, les Huissiers Audienciers & les
Greffiers. Monsieur le Lieutenant general étoit suivi de six
Laquais de ses livrées, & Monsieur le Lieutenant Particulier
de quatre, & chacun des Conseillers de deux, qui portoient
aussi les livrées de leurs maîtres.

Ces Compagnies marchoient d'un ordre different de
celui qu'elles avoient tenu pour les harangues; car les
Chefs n'étoient plus à la tête de leurs Compagnies; mais

les Officiers les derniers receus la tenoient après les Gens
du Roy.

Les notables Bourgeois & les Exconsuls, qui avoient
accompagné Messieurs le Prevost des Marchands & les
Echevins, marchoient après ces Compagnies, & ils étoient
immediatement suivis de Monsieur le Prevost des Marchands,
qui marchoit seul devant les deux Massiers de son Eminence,
qui portoient des masses d'or, suivis de quatre Valets de
pieds qui tenoient à la main des bâtons levés & des mar-
teaux dorés, qui sont encore des marques de ceremonie.

Monsieur l'Archevêque paroissoit à la fin de ce magnifique cortege, monté sur un fort beau cheval barbe, dont
la housse étoit de velours violet chamarrée d'or. Et comme
il ne faisoit en cette ceremonie que la fonction de Lieutenant pour le Roy, se reservant à Paris celle de Prelat, il
étoit seulement vêtu d'un habit long de damas violet,
enrichi de la Croix de l'Ordre du Saint Esprit & du cordon
bleu.

Le Porte-Croix de son Eminence marchoit ensuite, qui
portoit la Croix de la Legation qui étoit de vermeil doré.

Enfin l'on vid paroître Monsieur le Legat sous un dais
de damas violet à boutonnieres & à crespines d'or, où ses
armoiries étoient relevées en broderie dans le fond & sur
le milieu des quatre pentes, que Messieurs les Echevins lui
avoient presentés, suivis de quatre hommes vêtus des couleurs de la Ville, qui en tenoient les bâtons.

Enfin Monsieur le Legat étant arrivé à l'entrée du Cloître de l'Eglise de Saint Jean, & étant descendu de sa mule,

Le Cardinal
FLAVIO CHIGI.
3 *de Juillet*
1664.

Meſſieurs les Echevins quitterent leurs fonctions, & aban-
donnerent le dais au peuple, qui s'en ſaiſit, comme auſſi
de la mule de Son Eminence ; cependant Meſſieurs les
Comtes accompagnés des Chevaliers, des Perpetuels & des
Habitués de leur Egliſe, s'étant avancés lui preſenterent un
nouveau dais de velours cramoiſy, à franges & à creſpines
d'or, où les armoiries de Son Eminence paroiſſoient ſur
les quatre pentes, relevées en broderie. Il étoit porté par
quatre Diacres revêtus d'aubes & de dalmatiques, ſous lequel
ce Cardinal étant entré, Monſieur le Comte de Rochebonne, Chamarier de l'Egliſe de Lyon, revêtu d'une chape
fort magnifique, & portant à la tête une mitre qui n'étoit
pas moins riche, ni moins precieuſe, aborda ce Prelat, &
après avoir quitté la mitre, le harangua pour la ſeconde fois.

Le Chapitre ayant receu une réponſe fort obligeante,
retourna proceſſionnellement en ſon Egliſe, à l'entrée de
laquelle on avoit preparé un prie-Dieu, couvert d'un tapis
de Perſe, ſur lequel il y avoit deux carreaux de velours
cramoiſy, où ſon Eminence s'étant miſe à genoux, Monſieur
le Comte de Rochebonne lui donna les Reliques de la vraye
Croix à baiſer, & lui offrit en même temps un aſperſoir
avec de l'eau benite, qu'il répandit enſuite ſur le Peuple :
puis un Diacre lui preſenta une navette pleine d'encens
qu'elle benit, duquel ledit Monſieur de Rochebonne l'en-
cença par trois fois. Ce qu'étant fait, la Proceſſion continua de marcher, & Son Eminence fut conduite toûjours
ſous le dais juſqu'au Chœur, où Monſieur l'Archevêque &
les Compagnies avoient déja pris leurs places ; & étant
arrivée

arrivée devant le baluſtre du grand Autel, ſe mit à genoux ſur un autre prie-Dieu, orné, comme le precedent, de tapis & de carreaux, & couvert d'un dais rouge, où étoient pareillement en broderie les armoiries de cette Eminence.

Cependant les répons qu'on avoit commencé dès l'entrée du Cloiſtre étant parachevés, Monſieur le Comte de Cremeaux dit les Oraiſons pour le Pape, pour le Roy, & pour Monſieur le Legat; après quoi Monſieur le Maître du Cœur entonna le répons, *Inter natos mulierum non ſurrexit major*, &c. lequel étant fini, Son Eminence ſe leva pour dire l'Oraiſon de Saint Jean-Baptiſte, après laquelle Monſieur le Comte de Cremeaux publia l'Indulgence qu'elle avoit donnée à tout le Peuple qui y avoit aſſiſté, qui receut enſuite la benediction de ce Prelat.

Toute cette grande ceremonie étant enfin terminée, Meſſieurs les Comtes allerent accompagner Son Eminence juſqu'en ſon carroſſe, qui l'attendoit dans la cour de l'Archevêché, pour la ramener au Palais d'Aynay, où elle étoit logée; laquelle en paſſant remercia fort civilement Monſieur le Prevoſt des Marchands, Monſieur le Lieutenant General & Monſieur le Preſident des Eleus, de l'honneur qu'ils lui avoient rendus; & en quittant Meſſieurs *les* Comtes elle leur fit agreablement des excuſes de l'incommodité qu'elle leur avoit cauſée : mais comme ce Cardinal témoigna le plaiſir qu'il avoit eu de voir les troupes qui avoient bordé les ruës de ſon paſſage, Monſieur l'Archevêque promit de les faire paſſer en revuë devant cette Eminence : en effet il fit d'abord donner ſes ordres aux

Tt

Le Cardinal
FLAVIO CHIGI.
3 de Juillet
1664.

Capitaines Penons, & à tous les Officiers de ces Penonnages, d'aller le 3 Juin se ranger en bataille avec leurs troupes en la Place de Belle-cour ; ce qu'ayant été ponctuellement executé, Monsieur le Legat vint se rendre environ sur les quatre heures du soir en la maison de Monsieur de Saint Maurice, d'où il pouvoit commodement voir passer ces troupes, qui en même temps commencerent à défiler au nombre d'environ quatorze mille hommes, selon l'ordre de la reception de leurs Capitaines, dont les plus anciens ont le pas.

RECEPTION

DE TRÈS-ILLUSTRE ET PUISSANTE
Princeffe MARIE-ADELAYDE, Princeffe de Savoye, allant à la Cour de France époufer Monfeigneur le DUC DE BOURGOGNE. Le 18 Octobre 1696.

MESSIRE Loüis Dugas, Ecuyer, Seigneur de Savou-noux & Bois-Saint-Juft, Confeiller du Roy en la Senechauffée & Siége Prefidial de Lyon, Auditeur de Camp de ladite Ville, Province de Lyonnois, Foreft & Beaujolois, * Prevoft des Marchands; Mathieu Pecoil, Ecuyer, Seigneur de la Thenaudiere & de Choulds, ancien Confeiller du Roy en ladite Senechauffée & Siége Prefidial; Noble Corneil Vialis, Sieur de la Cour, Confeiller du Roy, Juge en la Jurifdiction de la Doüane de cettedite Ville ; Gabriël de Glatigni, Confeiller du Roy & fon premier Avocat en la Senechauffée & au Siége Prefidial de Lyon, & Jacques Colabau, Echevins de ladite Ville & Communauté de Lyon.

La Princeffe MARIE-ADE-LAYDE de Savoye. 18 *Octobre* 1696.

Etant néceffaire qu'on foit informé à l'avenir des honneurs qu'on a rendus à Dame Marie-Adelaïde, Princeffe de Savoye, à fon paffage en cette Ville pour aller à la Cour de France y époufer Monfeigneur le Duc de Bourgogne, en

---

* Monfieur Dugas, Prevoft des Marchands; Meffieurs Pecoil, Vialis, de Glatigni & Colabau, Echevins.

La Princesse
MARIE-ADE-
LAYDE de
Savoye.
18 Octobre
1696.

execution de la paix concluë entre Sa Majesté Très Chrêtienne Louïs XIV. Roy de France & de Navarre, & son
Altesse Royale Victor Amedée II. Duc de Savoye; il a été
deliberé & resolu qu'il en sera fait mention dans les Registres de ladite Ville par le Secretaire d'icelle, ainsi que
s'ensuit.

Le Jeudi 18ᵉ jour dudit mois d'Octobre, étant celui de
l'arrivée en cette Ville de ladite Princesse de Savoye, le
Consulat fit mettre sous les armes la Bourgeoisie de ladite
Ville, sous les ordres du Sieur de Pramiral, Major de cette
Ville; sçavoir, un Penonnage entier au fauxbourg de la
Guillotiere, un au-delà du pont du Rhône, & quarante-
cinq hommes de chacun des autres trente-quatre Penonnages,
qui formoient deux hayes depuis la porte du Rhône, par
laquelle ladite Princesse entra dans la Ville jusqu'à son
Palais en la maison du Sieur Mascrany située en la Place
de Belle-cour à l'extrémité du mail du côté de soir; ledit
Palais a été gardé jour & nuit par la Compagnie du Sieur
de Tourneron, & par celle des Arquebusiers de ladite
Ville, la premiere ayant la droite & celle-cy la gauche,
avec cette circonstance que Monseigneur le Comte de
Canaples, Commandant en cette Ville, prenoit l'ordre
de la Princesse, & le donnoit à l'un & l'autre desdites
Compagnies separement.

Le Corps Consulaire avec le Procureur General, Secretaire & Receveur de ladite Ville, tous revêtus de leurs
robbes violettes de ceremonies, precedé par les Mandeurs
portans les grands Ecussons aux armes de la Ville, & suivis
par

par les Sieurs Exconfuls en robbes noires, fe rendirent à
ladite porte du Rhône près la barriere, fur les trois heures
après midy. La Princeffe y étant arrivée dans un carroffe
de Sa Majefté, qui l'avoit été prendre au pont de Beau-
voifin, le Sieur Defgranges, Maître des Ceremonies, ayant
fait arrêter ledit carroffe à la barriere du pont du Rhône,
qui n'étoit éloignée de la porte que de quelques toifes,
ladite Dame Princeffe étant à la portiere dudit carroffe,
Madame la Ducheffe de Lude, fa Dame d'honneur à fa
gauche, & quelques autres Dames qui l'accompagnoient,
Monfieur le Prevoft des Marchands à la tête dudit Corps
Confulaire, lui a dit :

La Princeffe
MARIE-ADE-
LAYDE de
Savoye.
18 Octobre
1696.

MADAME, Si nous avions fuivi les mouvemens de notre cœur, nous ferions allés au delà de nos limites vous offrir les hommages refpectueux de tout un Peuple dont les accla-mations vous feront connoître qu'il vous regarde comme le gage affuré de fa felicité. Le Ciel ne pouvoit pas vous referver, MA-DAME, une plus brillante deftinée; vous réuniffez les deux Heros de notre fiécle; ils vous uniffent au Prince le plus accompli qui fut jamais, & vous allez rendre à toute l'Europe armée cette paix tant fouhaitée, que la fureur de la guerre avoit bannie depuis fi long-temps.

C'eft dans cette penfée, MADAME, que toute la France goûte par avance les fruits de l'union des deux plus beaux Sangs du monde, & que nous regardons comme un veritable bonheur d'être les premiers à vous pouvoir donner des marques de la joye que vous avez repanduë dans tout le Royaume.

V v

La Princesse
MARIE-ADE-
LAYDE de
S voye.
18 Octobre
1696.

Toutes les Villes de cet Etat s'empresseront, MADAME, à vous montrer les mêmes sentimens, à vous offrir des cœurs pleins de respects & de soumission; mais nous avons l'avantage de les avoir devancées; heureux si nous avons celui de vous persuader, MADAME, de nos respects très-profonds.

La Princesse remercia Monsieur le Prevost des Marchands par une inclination de la tête & du corps, en se soûlevant tant soit peu de son siége, & lui dit, *qu'elle rendroit compte au Roy de l'honneur qu'on lui faisoit.* Après cela son carrosse continua sa route devancé par celui de Monsieur le Comte de Brionne & de Monsieur le Marquis d'Anjo; & étant arrivés dans ledit Palais, l'on mit le feu à cent boëtes préparées à cet effet sur le rempart de la Ville, qui jouerent successivement les unes aux autres, pour marquer à cette Princesse la joye publique. On fit en même temps une illumination dans toute l'étenduë de la Place de Belle-cour par des flambeaux sur chaque fenêtre couverts de papiers peints aux armes de France & de Savoye, qui a continué pendant les trois nuits que la Princesse a demeuré à Lyon.

Une heure après qu'elle y fut arrivée, les Sieurs Prevost, Procureur general, & Perrichon, Secretaire de ladite Ville, vêtus de leurs robbes noires, se rendirent au Palais de ladite Princesse, precedés par les deux premiers Mandeurs, & lui offrirent au nom du Consulat & de la Ville une quantité de boëtes de dragées & confitures & deux caisses de fruits de la saison, dont elle les remercia.

Le Vendredy 19ᵉ dudit mois d'Octobre les autres Compagnies de la Ville furent la complimenter après son dîné;

Monſieur le Doyen de S. Jean commença à la tête du Clergé.

Le Dimanche 21e ſur les huit heures du matin, le Conſulat & les ſuſdits trois Officiers en robbes de ceremonie, precedés par les Mandeurs, ſe rendirent dans ledit Palais, pour ſouhaiter à la Princeſſe un heureux voyage, & lui demander ſa protection pour la Ville de Lyon ; ce qui fut fait par la bouche de M. le Prevoſt des Marchands, en ces termes.

MADAME, *Vous avez accordé à nos empreſſements la liberté de vous venir aſſurer de nos profonds reſpects : mais nous vous ſupplions,* MADAME, *de recevoir en même temps les aſſurances des vœux que nous faiſons pour la gloire & la felicité de votre vie ; ils ſont trop juſtes & trop ardens, pour n'être pas exaucés ; & le Ciel,* MADAME, *ne vous a pas fait naître d'un Pere illuſtre par une longue ſuite de Heros, & plus illuſtre encore par lui-même, d'une Princeſſe dont la pieté & toutes les vertus relevent glorieuſement l'éclat de ſa naiſſance ; il ne vous a pas comblée,* MADAME, *de ſes faveurs, ni deſtinée pour un Prince ſur qui il a repandu toutes ſes graces, & qui fait déja les delices de toute la France, pour ne pas achever ce qu'il a ſi bien commencé.*

Nous nous intereſſons, MADAME, *au bonheur de ces jours qui doivent compoſer une ſi belle vie, par un ſentiment de reconnoiſſance du repos que vous allez nous procurer, & dont nous commençons à goûter les premieres douceurs ; mais,* MADAME, *nous nous y intereſſons par des motifs bien plus preſſants, lorſque nous vous regardons comme devant être bientôt unie au Sang de notre grand Monarque.*

C'eſt par ces ſentimens, MADAME, *que nous eſperons de*

La Princesse
Marie-Ade-
layde de
Savoye.
21 Octobre
1696.

meriter l'honneur de votre protection, & que nous vous demandons pour une Ville qui s'est toûjours distinguée par une fidelité inviolable pour ses Souverains, & qui vous sera toûjours, Madame, très-respectueusement soumise.

La Princesse, qui étoit droite au milieu de sa chambre, fit la reverence & remercia très-gracieusement.

Ce jour-là les Penonnages furent pareillement commandés, & demeurerent sous les armes jusqu'au départ de la Princesse, laquelle étant sortie par la porte de Vaize, hors laquelle on avoit placé un Penonnage entier, les mêmes cent boëtes, qui avoient été preparées dans la maison de la Butte près la porte d'Halincourt, jouerent comme la premiere fois.

Lorsque Monseigneur le Comte de Brionne arriva à Lyon avec M. le Marquis d'Anjo & ladite Dame Duchesse de Lude, avec plusieurs autres Dames du Palais, pour aller recevoir la Princesse au pont de Beauvoisin; Messieurs le Prevost des Marchands & Echevins, avec lesdits trois Officiers, furent complimenter mondit Seigneur le Comte de Brionne par la bouche de mondit Sieur le Prevost des Marchands, & le Consulat deputa à ladite Dame de Lude & audit Sieur Danjo; après quoy on leur envoya par les Mandeurs le present d'honneur accoûtumé, c'est-à-dire, du vin aux hommes & des confitures aux Dames; celui dudit Seigneur Comte de Brionne fut distingué des autres, comme il l'est par sa qualité, outre son merite personnel & Neveu de Monseigneur le Marechal Duc de Villeroy, Gouverneur de cette Ville; dont a été fait le present acte par le Secretaire de ladite Ville, soussigné avec lesdits Sieurs Prevost des Marchands & Echevins.

RELATION

RELATION

DE CE QUI S'EST FAIT A LYON AU PASSAGE
de Monseigneur le DUC DE BOURGOGNE & de
Monseigneur le DUC DE BERRY ; depuis le 9 d'Avril,
jusqu'au 13 du même mois 1701. *

LE Samedy 9 Avril, Messeigneurs les Princes qui avoient couché dans un Bourg du Dauphiné nommé Eyrieu, traverserent le matin une belle & vaste plaine appellée Sainfons, & parurent à la vûë de Lyon à une heure après midy. Le temps se trouva heureusement le plus favorable qu'on eût eu depuis six mois, & ce beau temps continua précisément jusques à leurs départ.

M. le Duc DE
BOURGOGNE
& M. le Duc
DE BERRY.
9 Août 1701.

Tous les ordres ayant été donnés & les mesures prises

* Monsieur Vaginay, Prevost des Marchands ; Messieurs Perrichon, de la Rouë, Croppet de Saint Romain & Sabot, Echevins.

Xx

M. le Duc de
BOURGOGNE
& M. le Duc
DE BERRY.
9 Août 1701.

pour la reception des Princes, dès qu'on fut averti qu'ils approchoient, la Noblesse des trois Provinces du Lyonnois, Forest & Beaujolois, qui avoit été invitée, se mit en marche pour aller au-devant d'eux. Elle avoit à sa tête Monsieur le Marquis de Rochebonne, Commandant dans la Province, & elle marchoit par pelotons & sans ordre ; mais cette confusion avoit je ne sçais quoi de noble, & qui plût beaucoup. Cet illustre Corps composé d'un fort grand nombre de Gentilshommes bien montés & fort lestes, trouva Nosseigneurs les Princes à demi-lieue au-delà du fauxbourg de de la Guillotiere, & eut l'honneur de les saluer.

Monsieur le Marquis de Rochebonne fit son compliment, qui fut agréé, autant par sa justesse que par sa briéveté. Après quoy la Noblesse suivit le Carrosse des Princes, & prit avec eux la route de la Ville.

Les differentes Marechaussées du Gouvernement avec leurs Prevosts & leurs Officiers s'étoient renduës à ce même endroit, & elles faisoient un très-bel effet par leur bon ordre, par leur nombre & par leurs habits qui étoient propres & uniformes.

Les Academistes de cette Ville, au nombre de vingt seulement, mais tous fort choisis, formoient un petit Corps à part, qui parut des plus brillans & des mieux arrangés. Monsieur Pavant de Floratis, leur Ecuyer & Gouverneur de l'Academie de Lyon, les ayant disposés sur une ligne avec beaucoup d'ordre, eut avec eux l'honneur de saluer trois fois les Princes, l'épée à la main.

Après ces divers Corps de Cavalerie, les Princes avançant

un peu plus vers le Fauxbourg, trouverent le Corps le plus avancé de la Bourgeoisie de la Ville. Elle formoit dans cet endroit un Bataillon complet, dont la tête & la queuë étoient compofées de Piquiers & de Cuiraffiers, ou de gens armés de toutes pieces. Leurs armes étoient toutes dorées ou damafquinées pour la plûpart, & les rayons du Soleil qui les frapoient, leur donnoient encore un éclat nouveau.

Ce premier Bataillon étoit immediatement fuivi d'une longue file d'environ cent cinquante carroffes qui occupoient un affez grand efpace, étant tous rangés fur une même ligne, pour laiffer la droite à Meffeigneurs les Princes. Six cens Dames des plus diftinguées de la Ville, vêtuës de deüil, & parées de leurs plus riches pierreries, rempliffoient cette nombreufe fuite de carroffes qui alloient aboutir au commencement du Fauxbourg.

Trois mille hommes fort proprement vêtus & diftingués par quartiers, qu'on appelle à Lyon Penonnages, faifoient une double haye tout le long de ce Fauxbourg qui eft d'une longue étenduë. Les ruës & les fenêtres étoient remplies d'une foule incroyable de peuple, & l'on avoit été obligé, pour fatisfaire l'empreffement public, de dreffer en de certains endroits de longs amphitheatres qui furent occupés par un grand nombre de perfonnes choifies.

Le pont du Rhône, qui eft à la tête de ce Fauxbourg, fut laiffé entierement vuide, parce que fon peu de largeur fit juger qu'il ne convenoit pas de l'embarraffer, & l'on donna là-deffus de fi bons ordres, que qui que ce foit de la Ville ne parut fur ce pont, (qui a plus de deux cens

M. le Duc de
Bourgogne
& M. le Duc
de Berry.
9 Août 1701.

foixante toifes de long,) tandis que les carroffes des Princes & de leur fuite y défilerent.

Le Confulat compofé de Monfieur Vaginay, Prevoft des Marchands; de Meffieurs Perrichon, de la Rouë, Croppet de Saint Romain & Sabot, Echevins; de Meffieurs le Procureur Général, le Secretaire & le Receveur, tous en robbes violettes, qui font leurs robbes de cérémonie, & des Sieurs Exconfuls en robbes noires, s'étoit rendu à l'extremité du pont entre la barriere & la porte de la Ville. Ils étoient precedés par leurs Mandeurs en robbes, & portans leurs grands écuffons.

Meffeigneurs les Princes étant arrivés dans cet endroit, eurent la bonté de faire arrêter leur carroffe pour recevoir le compliment du Prevoft des Marchands, qui parla avec beaucoup d'efprit & de dignité, & dont ils parurent extrêmement fatisfaits.

La Harangue finie, on oüit tout-à-coup une agreable fanfare de quinze trompettes qu'on avoit placé à la defcente du pont, devant la Chapelle du S. Efprit, & le Peuple répondit à ce bruit par une acclamation générale & par un million de *Vive le Roy*.

On avoit placé à la porte la Compagnie des deux cens Arquebufiers, commandée par Monfieur Ferrus, Capitaine de la Ville, qui en garda les Portes ce jour-là & les trois jours fuivans.

Une double haye de Penons occupoit la premiere ruë qui fe prefente d'abord en entrant & qui va aboutir à la Place de Belle-cour.

Cette

Cette Place, qui eſt une des plus belles de l'Europe &
qui a plus de ſix cens pas de long, & plus de, trois cens
de large, parut ce jour-là aux yeux de tout le monde un
ſpectacle tout-à-fait ébloüiſſant.

Toute la vaſte étenduë de cette Place étoit remplie d'une
multitude innombrable de gens de la Ville & d'Etrangers,
laquelle cependant ne cauſa nulle confuſion, & l'on a jugé
qu'il ſe trouva ce jour-là dans Belle-cour plus de ſoixante
& dix mille ames, ſans compter un grand nombre de perſonnes de diſtinction, qui étoient aux fenêtres, aux balcons & ſur les amphitéatres qu'on avoit dreſſés en divers
endroits.

Vingt Bataillons complets de la Bourgeoiſie de la Ville
rangés & diſciplinés tout auſſi bien qu'il ſe puiſſe, faiſoient
une double haye depuis l'entrée de Belle-cour, juſques au
Palais qui avoit été preparé pour Meſſeigneurs les Princes.

Monſieur de Vallorges Major de la Ville, étoit au milieu
de toutes ces troupes, à qui il donnoit l'ame & le mouvement, & qu'il avoit diſpoſées dans un très-bel ordre, ſur le
plan que Monſieur le Maréchal Duc de Villeroy, Gouverneur de la Province, avoit pris ſoin de dreſſer lui-même.

La magnificence de ces Troupes répondoit parfaitement
à leur diſcipline, & l'on oſe aſſûrer ici qu'il ſeroit difficile
de trouver ailleurs une milice auſſi richement vêtuë & auſſi
brillante que celle-cy le fut en cette occaſion.

Les Capitaines Penons avec leurs Lieutenans & leurs Enſeignes avoient preſque tous des habits en broderie, ou
chamarrés de galons d'or ou d'argent.

Y y

M. le Duc de Bourgogne
& M. le Duc de Berry.
9 Avril 1701.

Chaque Penonnage avoit un riche drapeau avec fa devife particuliere.

Mais ce qui merite une attention bien finguliere, c'eft que parmi tous ces quartiers qui font au nombre de trente-cinq , & qui étoient tous compofés de deux cens hommes choifis, il n'y en avoit prefque aucun où l'on ne remarquât un fort grand nombre de perfonnes auffi magnifiquement vêtuës que des Officiers pourroient l'être. On vit même avec une vraye admiration dans la Place de Belle-cour plufieurs Penonnages entiers dont tous les Soldats, voulant à l'envi marquer leur zéle dans cette glorieufe occafion , avoient des jufte-au-corps d'écarlate , ou de velours , ou d'un drap des plus fins & tous galonés d'or ou d'argent.

Tous les rangs étoient chacun en particulier parfaitement uniformes , & cette grande multitude d'armes dorées , de plumets blancs & d'écharpes frangées d'or , avoit quelque chofe de très-grand & qui frappoit agréablement les yeux.

Auffi les deux grands Princes voyant toute cette Bourgeoifie fous les armes , lui firent l'honneur de dire fort haut qu'ils la trouvoient fort riche & bien difciplinée.

L'ordre que Monfieur le Marechal de Villeroy avoit fait publier de ne point tirer fur peine de la vie, fut exacte-ment obfervé ; mais les Princes par une diftinction très-glorieufe pour la Bourgeoifie de cette Ville, voulurent bien lui permettre par la confideration de fa fidelité éprouvée, de laiffer les pierres & les meches aux armes à feu qu'elle portoit : ce qu'on n'avoit pas permis dans les autres Villes du paffage des Princes.

Ce fut entre cette double haye d'Infanterie, dont les Capitaines & les Lieutenans faluoient de la pique, & les Enfeignes du drapeau, que Nofleigneurs les Princes furent conduits aux Palais, où le Roy avoit ordonné qu'on les logeât, & où il avoit autrefois logé lui-même & Madame la Ducheffe de Bourgogne après lui. C'étoit la maifon de M. Mafcrany, qu'on appelloit la maifon rouge, & qui étoit au fond de Belle-cour, à l'extremité du jeu de mail qui y étoit.

M. le Duc de Bourgogne & M. le Duc de Berry. 9 Avril 1701.

La Garde du Palais, laquelle fe faifoit nuit & jour, fut partagée entre la Compagnie franche de Monfieur de Souternon, Capitaine dans le Regiment Lyonnois, qui avoit la droite, & le plus ancien Penonnage, parmi les Troupes duquel il y avoit cinquante Cuiraffiers. La Garde fut relevée de vingt-quatre heures en vingt-quatre heures, par le Major de la Ville.

Les deux auguftes Princes étant entrés dans leur appartement, Monfieur Proft de Grange-blanche, Procureur Général de la Ville, & Monfieur Perrichon le Fils, Secretaire de la même Ville, precedés des deux premiers Mandeurs, allerent leur offrir les prefens de la Ville. Ces prefens parurent d'un fi bon goût, & ils étoient fi galamment arrangés, que les Princes après les avoir reçûs très-gracieufement, & les avoir confiderés quelque temps, ordonnerent qu'à l'exception du vin, on envoyât tout le refte à Verfailles.

Ce fut pour obéir à cet ordre fi glorieux & fi plein de diftinction pour cette Ville, que Monfieur Defgranges Maître des Ceremonies écrivit le même jour à Monfieur le Prevoft des Marchands; & lui fit fçavoir que *Monfeigneur* le Duc de Bourgogne & Monſeigneur le Duc de Berry avoient trouvé ſi agréables les preſens qu'il leur avoit fait, qu'au vin près, ils vouloient les envoyer tous à Verſailles; & qu'ainſi il le prioit de vouloir bien lui envoyer la perſonne qui les avoit rangés, afin qu'il pût les faire emballer proprement. Il le prie auſſi par la même Lettre, de lui envoyer un memoire de tous ces preſens, dont le detail, quelque long & quelque brillant qu'il puiſſe être, ne pourroit pas cependant répondre à l'idée qu'en donne un témoignage auſſi honorable que celui-là.

Les Princes après avoir paru quelque temps aux fenêtres du Palais, d'où ils voyoient avec plaiſir cette prodigieuſe multitude de gens qui rempliſſoient la Place de Belle-cour, entrerent dans leur cabinet, où ils reſterent enfermés aſſez long-temps. Lorſqu'ils en furent ſortis, on leur preſenta à chacun un Livre magnifiquement relié en velours violet, avec leurs armes relevées en broderie d'or: c'étoient les principales antiquités & les ſingularités les plus remarquables de cette Ville, recueillies par le Pere de Colonia Jeſuite, & accompagnées de pluſieurs applications à l'honneur des Princes. Le lendemain le Conſulat fit diſtribuer à toute leur Cour un grand nombre d'exemplaires de ce même ouvrage.

Sur les cinq heures & demie du ſoir les Princes allerent en chaiſe à l'Opera, qu'on leur avoit fait préparer avec toutes les précautions & tous les ſoins poſſibles. La porte de la ſalle étoit gardée par le Chevalier du Guet, à la tête de ſa Compagnie, toute en habits neufs uniformes. On avoit ménagé pour les Princes un eſcalier dérobé, qui écarta d'eux la foule qui fut extraordinaire. Leur loge étoit tapiſſée d'un

velours

velours cramoifi avec des crepines d'or, & l'attention dont ils honorerent la reprefentation de cette piece, qui fut celle de Phaëton, & qui réuffit à merveille, fut une marque du plaifir qu'ils y eurent.

L'Opera fini, les Princes retournerent au Palais, où ils fouperent. Ce fut durant leur fouper qu'on tira tout le canon de la Ville, avec un fort grand nombre de boëtes : les Princes ayant eu eux-mêmes la bonté d'ordonner, par complaifance pour les Dames, qu'on renvoyât à ce temps-là cette marque de la joye publique, afin de leur épargner la frayeur qu'elles auroient pû avoir, fi on avoit tiré le canon tandis que leurs carroffes paffoient fur le pont du Rhône.

Le Dimanche dixiéme d'Avril, les Princes allerent entendre la Meffe à l'Eglife Cathedrale de Saint Jean.

Monfieur l'Archevêque en chape & en mitre les reçut à la porte de l'Eglife. Il étoit à la tête des Chanoines Comtes de Lyon, & de tout fon Clergé en chape & rangé des deux côtés de la nef, depuis la porte du Chœur, jufques à la grande porte de l'Eglife, où l'Archevêque préfenta l'eau benîte aux Princes, & leur fit un difcours plein d'éloquence & de pieté.

La harangue finie, les Princes fuivirent l'Archevêque & le Clergé dans le Chœur, & furent conduits dans les places de l'Archidiacre & du Maître du Chœur, fur chacune defquelles on avoit mis un dais.

Après les ceremonies accoûtumées, Monfieur l'Archevêque s'étant allé habiller au thréfor de l'Eglife, vint célebrer la Meffe pontificalement, & avec la même folemnité qui

Z z

s'obferve aux plus grandes fêtes de l'année. Il étoit affifté de fept Acolytes, de fept Sous-Diacres, de fept Diacres, de fept Prêtres revêtus de leurs chafubles, du nombre defquels il étoit, & de fept autres Prêtres revêtus de leurs chapes

Tous les Officians au nombre de quarante, les Comtes en mitre & les autres découverts, entrerent dans un très-bel ordre par la grande porte du Chœur, & faluerent les Princes en paffant. La Meffe fut entonnée par Monfieur le Comte de Saint George, Précenteur, & elle fut chantée par tout le Clergé en plein-chant. On fit *l'Adminiftration*, qui eft une ancienne cérémonie qui s'y pratique, lorfque Monfieur l'Archevêque y officie. On appelle *Adminiftration* l'effay du pain & du vin, qui fe fait par le plus ancien des Perpe-tuels, en préfence de tous les Diacres & de tous les Sous-Diacres. Pour cet effet, ils fortent tous du Chœur, & fe rendent à la Chapelle de Notre-Dame, où Monfieur le Prieur de la Platiere eft obligé d'apporter du pain & du vin, dont on choifit le meilleur pour le faint Sacrifice, & après l'avoir choifi, on le porte fur la credence avec grande folemnité.

Toutes les autres cérémonies de la Meffe Pontificale furent pratiquées avec beaucoup d'ordre & de dignité, fuivant l'ancien & conftant ufage de l'Eglife de Lyon, & attache-rent extrêmement Noffeigneurs les Princes.

Monfieur l'Evêque de Saint-Flour, de la Maifon d'Eftaing, qui étoit venu à Lyon pour les faluer, affifta à toute cette cérémonie avec les Comtes de Lyon, du nombre defquels il avoit autrefois été.

(265)

Après le dîner Monſeigneur le Duc DE BOURGOGNE &
Monſeigneur le Duc DE BERRY, ſuivant leur pieté ordinaire, allerent à Vêpres dans l'Egliſe d'Ainay.

Après que les Vêpres furent dites, ils s'arrêterent quelque
temps avec plaiſir à conſiderer un monument antique qu'on
leur fit remarquer dans cette Egliſe. Ce ſont les deux colomnes du celebre Temple d'Auguſte, que les ſoixante Nations
des Gaules qui negocioient à Lyon, firent bâtir à l'honneur
de cet Empereur au confluent du Rhône & de la Saône,
il y a plus de dix-ſept ſiécles. Ces colomnes, qui ont été
depuis partagées en quatre, ſoûtiennent aujourd'huy la voûte
du Chœur de l'Egliſe d'Ainay.

Sur les trois heures les Princes allerent prendre un divertiſſement qu'on leur avoit préparé dans la Place de Belle-
cour. La Compagnie des Chevaliers de l'Arc, fort ancienne
dans Lyon, avoit dreſſé dans le fond de cette Place une
maniere de camp, qui avoit cent cinquante pas de long
& quatre-vingt de large. Le fond de ce camp étoit rempli
par quantité de barraques peintes diverſement & deſtinées
pour les Chevaliers. La tête du camp étoit ornée de quatre
pavillons, au milieu deſquels il y en avoit un cinquiéme
préparé pour les Princes, lequel étoit couvert d'ardoiſes &
embelli au dedans de tapiſſeries de Flandres, de glaces, de
portieres, de rideaux, de deux fauteüils de velours cramoiſi
avec des crepines d'or, & de pluſieurs autres ornemens.

Les Chevaliers au nombre de ſoixante, outre ceux de
cinq autres Villes de la Province, qui s'étoient venus join-
dre à ceux de Lyon, portoient chacun un riche carquois

M. le Duc DE
BOURGOGNE
& M. le Duc
DE BERRY.
10 *Avril* 1701

M. le Duc de
Bourgogne
& M. le Duc
de Berry.
10 *Avril* 1701

revêtu d'un drap bleu & relevé en broderie d'or, avec des fleurs-de-lys & des trophées de même. Ils avoient fur la tête un bonnet à la Polonoife fourré de petit gris & chamarré de galons d'or en zigzag. Leurs habits étoient propres & uniformes, & pour marque de leur Chevalerie, ils portoient chacun à la boutoniere une Croix de vermeil, chargée d'un arc & d'une fléche en fautoir.

Ils avoient à leur tête leurs Officiers précédés de leurs Tambours & de leurs Hautbois, & de plufieurs hommes habillés à la maniere des principales Nations qui fe fervent aujourd'huy de l'arc & de la fléche.

Les Princes étant entrés dans ce camp, eurent la complaifance de s'armer du braffard d'argent, de l'arc & des fléches qu'on leur prefenta, après que Monfieur Vaginay, Capitaine-Lieutenant de la Compagnie, leur eut fait un compliment très-jufte, & ils tirerent plufieurs coups avec une adreffe qui fut extrêmement applaudie ; & pour marquer combien ils étoient fatisfaits de la Compagnie & de fes exercices, ils lui firent l'honneur avant que de partir de Lyon, d'écrire leurs noms dans le livre des Chevaliers ; ils accepterent avec plaifir les riches armes dont ils s'étoient fervis, qu'on eut l'honneur de leur préfenter. Enfin pour derniere marque de bonté, ils firent emporter avec eux l'Oifeau qui fut abbatu par un Chevalier de Lyon, nommé Mory, la fléche avec quoi il l'avoit abbatu, & l'arc avec le carquois dont il s'étoit fervi pour cela.

Environ les cinq heures, Noffeigneurs les Princes, allerent à la Maifon de Saint Antoine, pour voir les Joûtes qu'on

qu'on leur avoit préparé fur la Saône, & pour voir tirer le
feu d'artifice dreffé fur la même riviére. Ils furent reçûs à
la porte par tout le Confulat, qui avoit choifi cette maifon,
comme la plus commode & par fa fituation & par fon agrément. Les Religieux de Saint Antoine, fenfibles à une pareille
diftinction, s'étoient difpofés de tout leur mieux à recevoir
dans leur maifon les grands Princes qui devoient l'honorer
de leur prefence.

La galerie & les fales voifines avec l'efcalier qui y conduit, étoient embellies de quantité de luftres & de cande-
labres de cryftal, & on n'avoit rien negligé pour bien orner
cet appartement. On y voyoit des peintures de prix & en
grand nombre : une Judith d'Hannibal Carrache, un Sene-
que du Guide, des originaux du Padoüan, du Correge,
d'André del Sarto, de Leonard Vinchi, Maître de Raphaël
d'Urbin, &c.

La place des Princes étoit marquée par un riche dais de
fatin blanc en broderie, avec les armes de France. On avoit
placé fous le dais deux fauteuils d'un velours bleu, avec
deux carreaux fur les deux fenêtres des Princes, deux
fur les tabourets qui étoient au bas, & deux fur les fauteuils. Tout le refte de la galerie étoit orné à proportion.

Les Bateliers au nombre de cent partagés en deux Efca-
dres, & tous vêtus de blanc, avec des galons & des
boutonnieres de foye, donnerent beaucoup de plaifir aux
Princes, en faifant devant eux les mêmes exercices qu'ils
avoient eu l'honneur de faire autrefois devant le Roy. On
voyoit fur leur drapeau un emblême, qui convenoit fort

M. le Duc de
Bourgogne
& M. le Duc
de Berry.
10 Avril 1701

A aa

M. le Duc de
Bourgogne
& M. le Duc
de Berry.
10 *Avril* 1701

au fujet, & qui exprimoit bien la vive joye qu'ils avoient de fervir au divertiffement des Princes. C'étoit un navire rempli de Matelots qui pouffoient des cris d'allegreffe, en voyant paroître dans le Ciel les deux Aftres qu'on nomme les Gemeaux, & qui font d'une augure très-favorable pour les Matelots. Ces paroles fervoient d'ame à l'emblême:

ALACRES FACIUNT HÆC SIDERA NAUTAS;

Le favorable afpect de ces Aftres brillans,
Rend tous nos Matelots contents.

Les cris d'allegreffe que pouffoient les Combattans, les acclamations d'un Peuple infini qui affiftoit à ce fpectacle, le bruit des tambours, des hautbois & des tymbales, mêlé à ces voix confufes, tout cela enfemble fut pour les Princes un agréable amufement.

Le temps qui reftoit depuis la Joûte jufques à ce qu'on tirât le Feu d'artifice, fut rempli par un beau concert de voix & d'inftrumens, qui agréa fort.

A l'entrée de la nuit, on fut frappé tout à coup d'un fpectacle des plus grands & des plus beaux qu'on puiffe imaginer.

La Montagne de Fourviére & celle des Chartreux, qui commandent l'une & l'autre la Ville, & qui forment le long de la Saône une maniere d'amphithéatre de plus d'une demi-lieuë de circuit, parurent dans un inftant éclairées d'un nombre prodigieux de pots à feu d'une invention particuliere, & arrangés avec beaucoup de fymmetrie. Les maifons des Communautés & les maifons des Bourgeois,

dont ces collines font couvertes, accompagnoient cette illu-
mination générale par des illuminations particuliéres , &
l'on diftinguoit avec plaifir fur ces Montagnes en feu , des
pyramides ardentes , des clochers embrafés & des galeries
rayonnantes.

Les Maifons qui font bâties fur les deux bords de la
Saône , & qui occupent l'efpace de plus d'une demi-lieuë ,
depuis la porte de S. George , jufques fort loin au-delà de
celle de Vaize , étoient éclairées d'un nombre infini de
lanternes qu'on avoit placé aux deux côtés de chaque
fenêtre. Entre toutes les maifons , l'Hôtel du Gouvernement
fe diftingua par une illumination bien ordonnée , & qui
fut fort remarquée de Meffeigneurs les Princes. Ce fut à la
faveur de cette illumination la plus brillante qu'on eût
encore vû , que les Princes durant plus de deux heures con-
templerent avec beaucoup de plaifir fur les quais , fur les
ponts , fur les amphithéatres , fur les balcons & aux fenêtres
cette multitude d'environ cent mille perfonnes qui avoient
les yeux attachés fur eux , & qui de temps en temps faifoient
retentir l'air d'un million de *Vive le Roy* , qui empêchoient
qu'on n'entendît le fracas que faifoient les tymbales & les
tambours des trente-cinq quartiers , dont chacun en avoit
un grand nombre , defquels on battoit tout à la fois.

L'illumination du refte de la Ville , qui fut générale
durant quatre nuits , étoit femblable à celle des quais , & les
Princes fatisfaits d'un fpectacle fi charmant , eurent la bonté
de repeter plufieurs fois , qu'ils n'avoient encore rien vû
de fi ébloüiffant.

M. le Duc de
Bourgogne
& M. le Duc
de Berry.
11 *Avril* 1701

C'eſt durant ces acclamations dont on a parlé, & durant la plus belle nuit du monde, qu'on tira le Feu d'artifice qui eut tout le ſuccès qu'on pouvoit deſirer.

Le Lundy onziéme, Noſſeigneurs les Princes, accompagnés de Monſieur le Marechal Duc de Noailles, & ſuivis du Conſulat en Corps, allerent entendre la Meſſe dans l'Egliſe des Carmelites. Après la Meſſe ils entrerent dans le Monaſtere, où Madame de Villeroy, qui en étoit la Superieure, les reçut à la tête de ſa Communauté, & leur fit un compliment dont ils furent extrêmement ſatisfaits. Ils viſiterent la maiſon, & ils loüerent le bon ordre & la modeſtie qu'ils y remarquerent.

A leur retour ils furent complimentés par les divers Corps de la Ville, les Chefs portant la parole à la tête de leurs Compagnies. Les Députés de Geneve, qui s'étoient rendus à Lyon, firent enſuite leur compliment, & offrirent les preſens de leur Republique.

Après le dîné, Noſſeigneurs les Princes allerent au Jeu de l'Arquebuſe, dreſſé dans la Place de Belle-cour par les Chevaliers de la Butte, au nombre de quarante, ſans compter les Officiers. Leurs habits d'un drap d'Angleterre gris celeſte, avec un double agrément d'argent, leurs bas teints en écarlate, leurs plumets blancs, leurs armes dorées, & qui paſſent pour les plus belles du Royaume ; le reſte de leur ajuſtement qui étoit tout-à-fait uniforme, tout cela enſemble donnoit à leur Compagnie un air fort propre & fort diſtingué.

Tous ces Chevaliers s'étant aſſemblés le matin, ſe rendirent à l'Hôtel à l'Hôtel de Ville, où ils reçurent les Brigades de Chambery, de Grenoble & de Saint-Eftienne, invitées au Prix général, que les Chevaliers de Lyon rendoient; celles de Bourgogne ayant manqué au rendez-vous, à caufe du changement de route de Meffeigneurs les Princes.

Toutes les loix de cette Chevalerie ayant été réglées de concert, on fit fervir pour tous les Chevaliers dans la falle des portraits de l'Hôtel de Ville un repas auffi delicat que fomptueux, fur quatre tables de vingt-cinq couverts chacune. Après le repas ils fe mirent en marche pour fe rendre à la Place de Belle-cour, où les Officiers eurent l'honneur de faluer Noffeigneurs les Princes, qui des fenêtres de leur Palais les virent entrer en bon ordre dans la grande allée des tilleuls. Au bout de cette allée on avoit conftruit pour les Princes, à la diftance neceffaire pour tirer, une falle richement ornée, avec des loges pour les Chevaliers, embellies de pillaftres & de frifes, ce qui faifoit une fort agréable perfpective.

A peine les Compagnies eurent-elles formé une double haye, que Meffeigneurs les Princes fe rendirent dans leur jeu, & ayant pris les armes que les Officiers eurent l'honneur de leur préfenter, ils firent l'ouverture du Prix, & tirerent chacun deux coups avec beaucoup d'adreffe. Ils voulurent même par une bonté & une confiance finguliere que tous les Chevaliers tiraffent en leur prefence, & ils prirent la peine de demander le nom & le pays de ceux qui avoient donné dans le noir. Enfin pour marquer l'eftime qu'ils faifoient de cet exercice, ils eurent la bonté avant leur départ d'en figner les Regiftres.

M. le Duc de
Bourgogne
& M. le Duc
de Berry.
11 Avril 1701

B bb

M. le Duc de
Bourgogne
& M. le Duc
de Berry.
11 *Avril* 1701.

Le premier prix fut remporté par la Brigade des Chevaliers de Grenoble.

Environ les trois heures, Noſſeigneurs les Princes allerent au grand Monaſtere de la Viſitation de Sainte Marie, où ils virent le cœur de Saint François de Sales, que la feüe Reine Mere, étant à Lyon, fit proprement enchaſſer dans un grand reliquaire d'or. Avant que de ſortir ils firent leur priere à ce Saint avec une pieté fort exemplaire.

De-là Meſſeigneurs les Princes allerent pour la ſeconde fois dans la maiſon de Saint Antoine, où ils furent encore reçûs par le Conſulat, & où on leur donna de nouvelles fêtes ſur la riviere. Les Bateliers joûterent encore une fois. Les joûtes furent ſuivies du divertiſſement de l'Oye & de celui des Canards, dont les Bateliers rompoient en paſſant les cages à coups de marteau & ſe plongeoient à l'envi dans la riviere, pour y prendre les Canards qui s'y étoient jettés. Cet exercice fut fort plaiſant, & quand il fut fini, les Princes allerent dans la Place de Belle-cour, où étoit le Regiment de Gal, qu'ils firent paſſer en revûë.

Le ſoir ils furent à l'Opera, où l'on repreſenta *l'Europe-galante*, avec un *Prologue*, qui avoit été compoſé par les ſoins du Conſulat. Le deſſein de ce Prologue rouloit ſur l'union de la France & de l'Eſpagne, qui établit le repos de l'Europe, malgré les efforts de l'envie qui tâchoit de le troubler. On avoit fait faire aux Acteurs des habits neufs & riches, & cette piéce eut beaucoup de réuſſite.

Après le ſouper on tira dans la Place de Belle-cour une fort grande quantité de feux d'artifice, & l'illumination fut

aussi belle & aussi générale , qu'elle l'avoit été les deux
nuits précédentes.

M. le Duc de Bourgogne & M. le Duc de Berry. 12 Avril 1701

Le Mardy douziéme Messeigneurs les Princes allerent à
la Messe dans l'Eglise du grand Collége des Jesuites. Elle
fut célébrée par Monsieur l'Abbé la Croix, Chapelain du
Roy, & les Princes l'entendirent avec une attention & une
pieté qui édifierent fort toute l'assemblée. Au sortir de la Messe
ils monterent à la bibliotheque , magnifiquement bâtie par
la Maison de Villeroy, & augmentée fort considerablement
par la bibliotheque de feu Monsieur l'Archevêque de Lyon.
Monsieur le Marechal de Noailles leur fit remarquer les
divers monumens qu'on y a érigés à l'honneur de cette
Maison , & pour y conserver le souvenir de ses bienfaits.
Les Princes s'arrêterent quelque temps à considerer des glo-
bes, à examiner des manuscrits, & à voir parmi les Livres
de feu Monsieur l'Archevêque un Livre composé autrefois
par le Roy, & intitulé, *Traduction de la guerre de César
contre les Suisses.*

De-là ils entrerent dans le cabinet des medailles du Pere
de la Chaize, où ils resterent demi-heure, & où ils firent
voir une érudition & un goût pour l'antiquité qui enchan-
terent toute l'assemblée.

Au sortir du cabinet deux Ecoliers choisis eurent l'honneur de presenter aux Princes des Poësies Françoises & Latines , que le College avoit composé à leur honneur, & dont
on distribua un grand nombre d'exemplaires à toute leur
suite. Les Princes les reçurent avec bonté, & donnerent des
vacances aux Ecoliers. Le soir les Jesuites voulant donner

M. le Duc de
Bourgogne
& M. le Duc
de Berry.
12. Avril. 1701

une marque publique de leur reconnoiſſance pour l'honneur qu'ils avoient reçû, firent une grande illumination devant leur College, accompagnée de pluſieurs décharges de boîtes, & d'une fanfare de trompettes & de tambours.

L'après dîné, ſur les trois heures, Meſſeigneurs les Princes allerent à l'Hôtel de Ville, & furent reçûs à la portiere de leur carroſſe par le Conſulat en robbes de cérémonies.

Les portes de cet Hôtel étoient gardées par la Compagnie des deux cens Arquebuziers de la Ville, & quatre Bataillons de la Bourgeoiſie étoient rangés en fort bon ordre dans la Place des Terreaux, que l'Hôtel de Ville a en face.

Noſſeigneurs les Princes étant entrés dans le veſtibule, & ayant vû en paſſant les anciennes tables de bronze de l'Empereur Claude, furent d'abord conduits dans la ſalle qu'on nomme *de l'Abondance*, où l'on avoit diſpoſé avec de grands ſoins des métiers & des Ouvriers d'une propreté exquiſe, pour leur faire voir nos Manufactures de brocart d'or & d'argent, qui ſont des plus belles du monde, & qui entretiennent les trois quarts de la Ville.

On leur expliqua fort ſenſiblement la maniere dont la ſoye ſe forme dans ſes commencemens & celle dont elle ſe met en œuvre. On leur particulariſa tous les ſoins & tous les ménagemens divers que demande cette fabrique, & on eut le bonheur de voir que ces grands Princes entrerent dans tous ces détails avec bonté & même avec plaiſir, perſuadés que la ſcience des détails convient aux Souverains encore plus qu'au reſte des hommes.

Au

Au fortir de ce lieu, ayant fait un tour dans la grande cour de l'Hôtel, ils monterent par le grand efcalier dans la chambre du Confeil, où l'on avoit étalé les plus beaux & les plus riches brocards d'or & d'argent qui fe foient fabriqués dans cette Ville, & le Confulat eut l'honneur de leur en prefenter trente pieces differentes.

De cette chambre ils paſſerent dans la falle du Confulat, où ils examinerent avec foin un nouveau plan des reparations qu'on devoit faire à l'Hôtel de Ville.

Avant que de quitter cette falle, ils y virent encore le deſſein de la Statuë equeſtre de Loüis le Grand, que le Confulat avoit fait jetter en bronze, du poids d'environ trente milliers, dans la Ville de Paris.

De-là Meſſeigneurs les Princes defcendirent dans une derniére falle, où l'on fit devant eux, une expérience qui n'eſt pas moins curieufe qu'elle eſt utile au Royaume : c'eſt la maniére dont on dore les lingots & dont on les dégroſſit après les avoir dorés.

Au fortir de l'Hôtel de Ville, Noſſeigneurs les Princes toûjours accompagnés du Confulat allerent vifiter l'Abbaye royale de Saint-Pierre : Madame de Chaulnes, qui en étoit l'Abbeſſe les reçût à la tête de fa Communauté, & leur fit un compliment qui mérita leur approbation.

Le foir ils allerent pour la troifiéme fois à l'Opera, où l'on reprefenta de nouveau *l'Europe galante*, dont ils avoient demandé la repétition.

Le Mercredy treiziéme du mois, le temps fe trouvant encore parfaitement beau, Meſſeigneurs les Princes allerent à fix heures & demie du matin entendre la Meſſe dans l'Eglife

M. le Duc de
Bourgogne
& M. le Duc
de Berry.
12 Avril 1701

C cc

M. le Duc de
Bourgogne
& M. le Duc
de Berry.
13 Avril 1701

des Celeſtins. Toutes les ruës par où ils devoient paſſer depuis la porte de leur Palais juſques au lieu de l'embarquement étoient bordées d'une double haye de la Bourgeoiſie, au nombre de ſept mille hommes, ſans compter les Officiers, & ſans y comprendre les Compagnies particulieres dont on a parlé dans toute cette Relation.

Le batteau dans lequel s'embarquerent Meſſeigneurs les Princes avoit environ 65. pieds de long 12. de large & 9. de haut. Le ſallon pour les Gardes, qui avoit 10. pieds de long, étoit tapiſſé de brocatel avec deux grandes formes couvertes de même & matelaſſées. La chambre des Princes de 26. pieds de longueur étoit garnie d'un damas rouge cramoiſi, & ornée de deux canapés avec ſes carreaux à houppes d'or, de 24. perroquets, de deux fauteuils, de deux chaiſes, deux tables, le tout de velours cramoiſi, avec les crepines & les moletes d'or. Les portieres étoient de damas avec des crepines d'or. La cheminée ou chauffe-panſe étoit blanche & or, avec ſa corniche dorée. Il y avoit dans la chambre cinq fenêtres de trois pieds & demi de large chacune, toutes à paneaux de glace avec des rideaux de taffetas blanc; la cheminée occupoit la place de la ſixiéme; treize miroirs placés entre les fenêtres, à côté des portes & ſur la cheminée achevoient de donner à cette chambre tout l'agrément qu'on pouvoit ſouhaiter. Les portes, qui étoient de glace avec les chaſſis dorés, avoient huit pieds de haut & quatre de large. Le cabinet des Valets de chambre avoit dix pieds de long, il étoit tapiſſé de brocatel, & les autres meubles étoient de la même étoffe; l'on y avoit pratiqué un eſcalier pour monter au deſſus du batteau.

Tout le deſſus de la barque étoit couvert d'un drap d'écarlate bordé d'un galon d'or, & la baluſtrade qu'on voyoit ornée tout autour de filets d'or, ſur un fond blanc, n'étoit pas le moindre agrément de ce batteau. La manœuvre & les cordages n'ayant pas permis d'y faire un pavillon, on y avoit ſuppléé par deux paraſols de damas garnis de galons & de franges d'or. Le grand mât portoit un pavillon blanc orné de trois fleurs-de-lys, & le mât d'arriere un pavillon bleu avec un lion d'or. Enfin on avoit eu toute l'attention imaginable à ne rien oublier de ce qui pourroit contribuer à la ſûreté, à l'agrément, à la commodité & au bon goût de ce bâtiment.

Ce batteau de Meſſeigneurs les Princes, outre celui de la Muſique qu'il avoit à ſes côtés, étoit accompagné de trois autres diligences partagées en deux chambres chacune & toutes capiſſées à neuf. La premiere de ces diligences étoit pour l'équipage de Monſeigneur le Duc de Bourgogne, la ſeconde pour celui de Monſeigneur le Duc de Berry, & la troiſiéme pour celui de Monſieur le Marechal Duc de Noailles: outre ces quatre diligences, il y avoit trois grandes barques pour le bagage, pour les Suiſſes & pour les autres Domeſtiques; une pour le carroſſe du Corps, une pour la cuiſine avec ſes cheminées & tous ſes fours differens, & une à côté pour le gobelet & pour la fruiterie, ce qui faiſoit en tout dix barques ou diligences, pourvûës avec profuſion de toutes ſortes de pieces de gibier, de venaiſon, de liqueurs, de vins, & généralement de toutes les manieres differentes de rafraîchiſſemens dont on avoit pû s'aviſer.

Cette petite flotte fut heureuſement tirée par près de quatre

M. le Duc de
Bourgogne
& M. le Duc
de Berry.
13 *Avril* 1701

cens chevaux qu'on avoit choifi avec foin dans tout le Gouvernement, & qui dans le temps du départ fe trouverent
tous à la fois poftés depuis la route de Lyon jufques à Châ-
lon, pour fe relayer de deux en deux lieuës.

Noffeigneurs les Princes, étant arrivés avant huit heures
au Port Neufville, qui étoit le lieu de leur embarquement,
furent reçûs par le Confulat en Corps & en habit de cérémonie à l'entrée du batteau, où il eut l'honneur de les conduire,
& ce fut dans ces derniers momens qu'ils reçurent avec toute
la bonté imaginable les derniéres & finceres marques de refpect qu'il s'empreffa de leur donner. Dans cet inftant toute
l'artillerie de Pierre-fcize & toutes les boîtes de la Ville tirerent; l'air retentit d'une infinité d'acclamations de *Vive le
Roy*, & d'un million de vœux qu'on faifoit pour leur profperité. Douze Prifonniers que le Confulat avoit fait mettre
en liberté, en payant leurs dettes à l'arrivée des Princes,
fe prefenterent pour remercier leurs auguftes Liberateurs.
Les Bateliers fe hâterent de fignaler leur zele par quelques
joûtes nouvelles, & faluerent les Princes en fe jettant tous
enfemble dans la Riviere dès qu'ils les virent partir : on vit
même fur le rivage un grand nombre de perfonnes fondre
en larmes en les perdant de vûë ; & le Ciel qui avoit juf-
ques-là favorifé de fes plus beaux jours le zéle & l'empreffement des Lyonnois, changea un moment après leur depart,
& il commença à pleuvoir, comme il faifoit avant l'arrivée
des deux grands Princes.

RECEPTION

RECEPTION

DE S. A. R. MADAME CHARLOTTE ADELAYDE D'ORLEANS, allant épouſer Monſeigneur le DUC DE MODENE, le 16 May 1720.

LES Sieurs Prévôt des Marchands & Echevins * ayant jugé néceſſaire que l'on fût informé du cérémonial obſervé au paſſage de Madame CHARLOTTE ADELAYDE D'ORLEANS, Fille de Son Alteſſe Royale Monſeigneur le Duc d'Orléans, Régent du Royaume, mariée à Monſeigneur le Duc de Modene, à ſon paſſage en cette Ville; il a été délibéré & réſolu qu'il en ſera fait mention dans les Regiſtres de la Ville, ainſi que s'enſuit.

Le Lundy 15 Avril 1720, Monſieur Deſgranges, Maître des Cérémonies, vit Monſieur le Prévôt des Marchands, à qui il avoit écrit de Tarare pour donner avis que Madame la Ducheſſe de Modene devoit arriver le lendemain.

Le Mardy 16 le Conſulat s'étant rendu ſur les trois heures chez Monſieur le Prévôt des Marchands, ſe tranſporta en robbes violettes à la porte de Vaize, ſurnommée du Lion ou de l'Avancée, ſuivi des Sieurs Exconſuls en robbes noires, précédé par les Mandeurs portants les écuſſons aux armes de la Ville, les Mandeurs ſervans, portants les

---

* Monſieur Cholier, Prévôt des Marchands; Meſſieurs Bourlier, Caſtillony, Terraſſon, Eſtienne, Echevins.

D dd

manteaux violets, fuivants lefdits Sieurs Exconfuls.

CHARLOTTE
ADELAYDE
D'ORLEANS.
16 *May* 1720.

La Compagnie de Souternon, prépofée pour la garde des portes de la Ville, qui avoit été relevée de celles de la Guillotiere & de la Croix-Rouffe par les quartiers de la Place de Loüis le Grand & de la Grand-Côte, étoit à la porte fous le Château de Pierre-fcize avec fes Officiers à la tête.

Celle des Arquebufiers, auffi avec leurs Officiers, étant rangée à droit & à gauche depuis la porte de l'Avancée jufqu'à la place du Baftion, où étoit partie du quartier de Pierre-fcize, l'autre rangée en double haye jufqu'au portail des Peres Cordeliers de l'Obfervance.

Les trompettes & tymbales étoient à la porte de l'Avancée.

Les quartiers du Port S. Paul, de S. Vincent, de la Boucherie S. Paul, la grande Doüanne, de la Juiverie, du Change, de la ruë des trois Maries, de ruë du Bœuf & Porte-froc, étoient fous les armes, formants des Bataillons dans toutes les Places, fuivant la difpofition qui en avoit été faite par les foins des Sieurs Defrefne & de la Thibaudiere, Major & Ayde-Major, qui étoient à cheval pour fe porter dans les endroits néceffaires pour que tout fût en bon ordre.

La Compagnie du Guet fut poftée à la Place du Gouvernement, fes Officiers à la tête, auffi bien que tous ceux de tous les quartiers qui étoient fous les armes.

Celui de Pierre-fcize étoit deftiné pour prendre la garde de la porte de Vaize, auffi-tôt après le paffage de la Princeffe, la Compagnie de Souternon ayant ordre de fe tranſporter dans la cour du Palais Archiépiſcopal pour y faire garde le jour & la nuit.

La Princeſſe arriva dans un des carroſſes du Roi, ſur les cinq heures, précédée d'un autre auſſi à huit chevaux, ſix Pages du Roi de la petite Ecurie autour de ſon carroſſe, eſcortée & entourée d'un détachement des Gardes du Corps, qui avoient l'épée à la main, commandés par un Exempt, un Brigadier & un Sous-Brigadier; les carroſſes précédés par la Maréchauſſée, qui étoit allée juſqu'à la Breſle, commandée par le Sieur Deſpinace, Prévôt général.

Le Sieur Deſgranges le fils reçu en ſurvivance à la charge de Maître des Cérémonies, qui étoit venu prendre le Conſulat chez Monſieur le Prévôt des Marchands, fit arrêter à ladite porte le carroſſe où étoit la Princeſſe, Madame la Ducheſſe de Villars à ſa gauche & Meſdames de Bacqueville & de Goujon étant ſur le devant du carroſſe. Monſieur le Prévôt des Marchands à la tête du Conſulat, a dit:

M*ADAME , Nous venons vous aſſûrer de nos plus profonds reſpects; nous venons vous rendre nos hommages & ceux de nos Citoyens.*

Vous trouvererez de toute part des marques de vénération, des attentions redoublées dûes à l'auguſte Sang de nos Rois & à une Princeſſe de votre rang.

Vous les augmenterez, MADAME, par les charmes de votre perſonne, par cette grandeur, par cette douceur qui prévient toujours, & qui gagne les cœurs.

Fille d'un Prince, qui par l'étendüe de ſon génie, qui

CHARLOTTE
ADELAYDE
D'ORLEANS.
16 *May* 1720.

CHARLOTTE
ADELAYDE
D'ORLEANS.
16 May 1720.

par mille grandes qualités, après avoir fait l'espérance de ce Royaume, en fera toute la félicité; née d'une Princesse des plus accomplies, vous auriez fait les délices de tous les Etats où vous auriez été destinée; vous allez faire ceux de toute l'Italie trop accoûtumée de s'enrichir de nos pertes.

Que nous serions heureux, MADAME, de pouvoir mériter par nos respects & nos empressemens quelque part dans vos bontés! quel bonheur pour nous, si vous vouliez donner quelque témoignage en notre faveur auprès de notre grand Prince, de notre fidélité, de notre attachement pour nos Maîtres & pour lui! Votre cœur, votre esprit bienfaisant, nos vœux, tout peut nous flater, MADAME, que vous serez notre protectrice déclarée.

Madame la Duchesse de Modene remercia Monsieur le Prévôt des Marchands, & fit une inclination de tête & du corps en se soûlevant de sa place.

Dans le moment le canon de Pierre-scize fit plusieurs décharges, & l'on tira quantité de boëtes placées à la porte d'Alincourt vis-à-vis celle de Vaize; son carrosse continüa sa route, précedé & suivi par nombre d'autres, où étoient les principaux Officiers de sa suite.

Le grand nombre de Bourgeois & le Peuple sortis en foule de la Ville, ceux qui étoient dans les ruës, & tout ce qui étoit aux fenêtres, fut un témoignage public de l'empressement de cette Ville pour rendre des respects à tout ce qui porte l'auguste nom de nos Rois; la Princesse en parut très-satisfaite.

Etant arrivée dans la cour de l'Archevêché, elle trouva

au

(283)

au bas du perron Monseigneur l'Archevêque qui l'attendoit, & qui lui donna la main pour defcendre de carroffe
& la conduire dans fon appartement, après lui avoir rendu
les refpects dûs à fa naiffance.

Charlotte
Adelayde
d'Orleans.
16 May 1720.

Dès qu'elle y fut entrée, on tira le canon de l'Arfenal
avec un fort grand nombre de boëtes; la Compagnie
des Arquebufiers, qui avoit eu le temps de fe rendre fur le
pont de bois, fit auffi plufieurs décharges de moufqueterie.

Quelque temps après, les Sieurs Procureur général & Receveur de la Ville en robbes violettes, s'y rendirent précédés
par les deux premiers Mandeurs, & lui offrirent au nom
du Confulat une quantité confidérable de coffrets de confitures, dont elle les remercia; après quoi elle alla à la
Comédie avec les Dames de fa fuite qui étoient dans fon
carroffe; la loge de Monfeigneur le Maréchal avoit été
préparée, & pendant fon fejour elle alla tous les jours au
fpectacle, la Compagnie du Guet étant à la porte du
Gouvernement, & les Gardes du Corps fur le théatre avec
leurs armes. Elle foupa le foir en public, & Monfeigneur
l'Archevêque eut l'honneur de manger avec elle & les
Dames qui accompagnoient la Princeffe: il y eut enfuite
un Lanfquenet, & tous les foirs qu'elle a refté à Lyon.

Le Mercredy le lendemain elle reçut les complimens des
Compagnies qui allèrent en Corps fur les trois heures après
midy, & qui furent préfentées par le Sieur Defgranges; elle
fut enfuite fe promener à la Place de Loüis le Grand &
fur les remparts, fuivie des Gardes du Corps à cheval, l'épée
à la main, & les Pages du Roi à cheval; Monfeigneur

E e e

Charlotte
Adelayde
d'Orleans.
19 May 1720.

l'Archevêque la suivit dans son carrosse & plusieurs autres.

Le Jeudy dix-huitiéme la Princesse ne sortit que pour aller à la Comédie.

Le Vendredy dix-neuviéme elle alla à l'Abbaye de Saint Pierre, où toute la Communauté (Madame de Bressac Abbesse étant à la tête) la vint recevoir à la porte de ladite Abbaye, qui étoit gardée par la Compagnie des Arquebusiers, pour empêcher qu'il n'entrât trop du monde dans le Couvent; & on lui servit une collation magnifique, qui répondoit parfaitement à la noblesse & à la générosité de Madame l'Abbesse de Saint Pierre.

Le Samedy 20 sur les quatre heures Madame la Duchesse de Modene vint à l'Hôtel de Ville, où elle fut reçuë à la portière de son carrosse par le Consulat en robbes de cérémonie, au bruit des tymbales & des trompettes; l'entrée en étoit gardée par la Compagnie des Arquebusiers, & les salles par les Gardes du Corps.

Après que la Princesse eut admiré la beauté du vestibule de l'Hôtel de Ville, elle monta le grand escalier qui conduit dans la grande salle, qu'elle trouva magnifique : de-là elle entra dans la chambre du Conseil, où on avoit fait monter un métier d'Ouvrier en soye, sur lequel l'Ouvrier travailloit ; elle donna grande attention à ce travail, & se fit expliquer jusqu'au plus petit détail de cette fabrique.

De-là elle passa dans la salle des portraits, où on avoit fait préparer tout ce qui étoit nécessaire pour les opérations dépendantes de l'art des Tireurs d'or, soit pour dorer ou dégrossir les lingots, soit pour écacher l'or & l'argent, &

le mettre en filé pour les différents ouvrages où ils peuvent être employés : cette manufacture parut à la Princesse digne de sa curiosité, & elle ne méprisa point de se faire rendre raison de tout ce qui dépend de cette profession, qu'elle trouva aussi importante que rare & particuliére.

Elle fut aussi conduite à la chambre du Consulat, où on lui servit une collation & des rafraîchissemens; Monsieur le Prévôt des Marchands eut l'honneur de porter à la Princesse des corbeilles de confitures & de fruit, & des tasses de différentes eaux glacées.

Au sortir dudit Hôtel Madame la Duchesse de Modene alla au Grand Collége pour y voir la Bibliothéque; elle en sortit si tard, qu'elle ne put aller à la Comédie; elle alla se promener sur les remparts & dans la Place de Loüis le Grand.

Le Dimanche & le Lundy la Princesse ne sortit que pour aller à la Comédie.

Le Mardy 23e Madame de Modene devant partir, & ayant témoigné le matin qu'elle desiroit d'aller à Vienne par eau, on lui fit préparer un coche avec des bateaux pour une partie de sa suite, le reste étant parti par terre.

Ledit jour 23e la Princesse sortit de son Palais, sur les huit heures, dans le carrosse de Monseigneur l'Archevêque pour se rendre à la porte d'Ainay : elle trouva au sortir de son Palais la Compagnie des Arquebusiers rangée des deux côtés jusqu'au pont de bois de la Place de Loüis le Grand ; les quartiers de Place Confort, du Plâtre, du Port du Temple, de Saint Nizer, de rüe Longue, de rüe Tupin, de rüe de

Bellecordiere , de la Place de Loüis le Grand & de ruë Buiſſon , furent poſtés & rangés des deux côtés dudit pont & des ruës par où la Princeſſe paſſa, depuis l'entrée dudit pont du côté de l'Archevêché juſqu'au port d'Ainay, la Compagnie du Guet, ſes Officiers à la tête, étant à la porte des Chaînes d'Ainay.

Si-tôt qu'elle fut entrée dans le coche, les canons qui étoient ſur le rempart & à l'Arſenal, tirérent & firent un très-grand feu, de même que quantité de boëtes qui avoient été placées ſur le rempart.

Le lendemain de l'arrivée de Madame de Modene , Madame la Ducheſſe de Villars Brancas fut complimentée par députation au nom du Conſulat; Monſieur Bourlier, Echevin, portant la parole, & enſuite le premier Mandeur lui offrit les préſens de confitures , qui lui avoient été deſtinés; on fit auſſi des préſens de vin & d'eau cordiale à Monſieur l'Envoyé de Modene & à Meſſieurs Deſgranges pere & fils, dont & du tout a été dreſſé le préſent acte.

RECEPTION

RECEPTION

DE MONSEIGNEUR LE PRINCE DE CONTY
& de Madame Douairière PRINCESSE DE CONTY sa Mère,
le 28 Avril 1730.

LES Sieurs Prévôt des Marchands & Echevins * ayant confidéré qu'il étoit néceffaire que l'on fût informé à l'avenir du cérémonial qui a été obfervé au paffage en cette Ville de Monfeigneur le PRINCE DE CONTY & de Madame ELIZABETH DE BOURBON CONDE', Douairière de Louis Armand, Prince de Conty, fa Mère ; il a été délibéré, qu'il en feroit dreffé procès verbal, & enregiftré fur les Regiftres de cette Ville, pour y avoir recours quand befoin feroit.

Le Mercredi 26 Avril dernier, Monfieur le Prévôt des Marchands auroit dépêché le Sieur Graffot, premier Mandeur de cette Ville, pour aller jufqu'à Roanne attendre le Prince & la Princeffe pour fçavoir de Leur Alteffe Sérénillime le jour & l'heure de leur arrivée en cette Ville ; pour raifon de quoi il avoit eu l'honneur d'écrire à la Princeffe, qui lui fit faire réponfe par le Secretaire de fes commandements, qu'elle arriveroit avec le Prince fon Fils le Vendredi à onze heures du matin, & qu'elle iroit loger

Le Prince & la Princeffe DE CONTY. 28 d'Avril 1730.

---

* Monfieur Perrichon, Prévôt des Marchands: Meffieurs Guichard, Quinfon, Broffette & Palerne, Echevins.

F ff

Le Prince &
la Princeſſe
DE CONTY.
28 d'Avril
1730.

à l'Hôtel du Gouvernement ; & ledit Sieur Graſſot étant arrivé de Roanne le Jeudi matin, il fut réſolu, le Conſulat étant aſſemblé chez Monſieur le Prévôt des Marchands, que l'on obſerveroit ce qui eſt porté par le cérémonial à l'égard des Princes & Princeſſes du Sang, lorſqu'ils viennent en cette Ville.

Et à cet effet le Vendredi 28 dudit mois d'Avril, le Conſulat s'étant rendu ſur les huit heures du matin chez Monſieur le Prévôt des Marchands, ſe tranſporta en robe violette à la porte de Vaize ſurnommée du Lyon ou de l'Avancée, ſuivi des Sieurs Exconſuls en robes noires, précédés par les Mandeurs portant leurs grands écuſſons aux armes de la Ville, les Mandeurs ſervans, portant leurs manteaux violets, ſuivant les Sieurs Exconſuls pour y attendre le Prince & la Princeſſe.

Toute la Compagnie-franche du Régiment Lyonnois, prépoſée pour la garde des portes de cette Ville, qui avoit été relevée de celles de la Guillotière & de la Croix-Rouſſe par les quartiers de la Place de Louis le Grand & de la Grand-Côte, étoit à la porte ſous le Château de Pierre-ſcize avec ſes Officiers à la tête.

Celle des Arquebuſiers, auſſi avec leurs Officiers, étoit rangée en haie à droit & à gauche depuis la porte de l'Avancée juſqu'au Couvent des deux Amans ; à la ſuite de laquelle Compagnie étoit le quartier de Pierre-ſcize, qui bordoit pareillement la haie juſqu'à la première porte où ladite Compagnie franche du Régiment Lyonnois étoit en haie devant le Corps-de-garde.

Les trompettes & les tymbales furent placées à la porte de l'Avancée.

Le Prince & la Princesse DE CONTY. 28 d'Avril 1730.

Sur le paſſage du Prince & de la Princeſſe depuis la première porte de Vaize juſqu'au Gouvernement, étoit le quartier du Port Saint Paul, qui étoit en bataille à la Place appellée de la Roche, celui de la Boucherie Saint Paul auſſi en bataille au Port Dauphin, le quartier de la grande Douane à la Place de la Douane, celui de la Juiverie bordoit la haie depuis le coin de la ruë de Flandres juſqu'à celui du Change, & le quartier du Change étoit rangé en bataille à la Place du Change; laquelle diſpoſition avoit été exécutée par les ſoins du Sieur Dufreſne, Major de cette Ville, qui étoit à cheval dès le matin pour mettre l'ordre néceſſaire dans les campements deſdits quartiers.

La Compagnie du Guet poſée à gauche de la Place du Gouvernement rangée en haie, les Officiers à la tête, & la Compagnie franche du Régiment Lyonnois, qui étoit à la première porte de Vaize, fut relevée après que le Prince & la Princeſſe eurent paſſés, par un détachement du quartier de Pierre-ſcize, compoſé d'un Sergent, un Caporal & vingt Bourgeois, & ladite Compagnie franche s'embarqua pour venir prendre la droite à la Place du Gouvernement & être rangée en haie à l'arrivée de la Princeſſe & du Prince dans leur Palais, leurs Officiers à la tête, laquelle Compagnie étoit deſtinée pour faire garde le jour & la nuit au Palais.

Vers les dix heures le Conſulat fut averti par un Officier de la Ville, que Monſieur le Prévôt des Marchands avoit envoyé à une lieuë de la Ville, que le Prince & la Princeſſe

Le Prince &
la Princesse
DE CONTY.
28 d'Avril
1730.

alloient arriver ; enforte que dans le moment le Confulat fe mit en état de leur préfenter leurs refpects. Un moment après ils arrivèrent, précédés par la Maréchauffée qui étoit allée jufqu'à la Brefle, commandée par le Sieur Bonnot de Mably, Prévôt général ; le Prince & la Princeffe étoient dans le fond du carroffe, & Monfieur l'Intendant avec Mademoifelle Fontaine fur le devant, Leur Alteffe Séréniffime, ayant vu le Confulat rangé, firent arrêter leur carroffe, & Monfieur le Prévôt des Marchands à la tête du Confulat, les complimenta, en ces termes :

MADAME, La ville de Lyon toujours fidelle à fes devoirs & à fes Souverains n'a pas l'avantage d'être la première à vous offrir des fentiments & des refpects ; mais notre empreffement & la fincérité de nos vœux pour le Sang augufte de nos Rois, ne méritent pas moins la protection & les bontés de V. A. S. Nous vous les demandons, MADAME, pour nos Citoyens & pour nous ; nous les demandons à ce grand Prince dont la préfence nous caufe d'autant plus de joie, qu'elle nous retrace l'idée du Héros qui vous a donné le jour.

C'eft un bonheur pour les Peuples de connoître les Princes qui font nés pour les commander ; ce doit être auffi une fatisfaction pour eux d'être témoins de la joie, de la tendreffe & de l'admiration qu'ils infpirent en recevant les hommages de tous les cœurs. Tels font, MADAME, nos véritables fentiments pour V. A. S. & pour ce digne objet de votre amour, dont les graces feules le feroient chérir & refpecter, & qui eft formé pour les plus grandes deftinées : combien d'autres titres vous affûrent notre plus profonde vénération & tous nos refpects ? Madame

Madame la Princeſſe de Conty répondit avec beaucoup de bonté pour celui qui portoit la parole & pour la Ville en général ; Monſieur le Prince de Conty témoigna auſſi beaucoup de ſatisfaction. La parole fut adreſſée à Madame ſa Mère, parce qu'elle l'avoit ainſi décidé par l'inſtruction qu'elle avoit bien voulu faire donner, parce que ce Prince étoit encore au Collége.

Leur carroſſe, autour duquel leurs Gardes étoient, continua ſa route ſuivi de tous les équipages du Prince & de la Princeſſe & de tous ceux du Conſulat, ce qui faiſoit un très-bel effet ; quand tout ce cortège fut près de Pierre-ſcize, le canon du Château fit pluſieurs décharges, & depuis la première porte juſqu'à leur Palais ils trouvèrent dans les ruës un peuple infini, & les fenêtres des maiſons toutes garnies de monde, qui à l'envi les uns des autres, s'empreſſoient à donner des marques de la joie qu'ils avoient de voir un Prince & une Princeſſe iſſus de l'auguſte Sang de nos Rois, dont ils parurent très-ſatisfaits.

Auſſi-tôt que Leurs Alteſſes Séréniſſimes furent arrivées à leur Palais, on tira le canon de l'Arcenal & quantité de boîtes, & le Conſulat, qui avoit eu l'honneur de les y accompagner, ſe retira ; & quelque temps après, les Sieurs Procureur général & Secretaire, & le Receveur de la Ville, en robes violettes, précédés des deux premiers Mandeurs, ſe rendirent dans l'appartement du Prince & de la Princeſſe pour leur offrir les préſens de la Ville, ſçavoir, au Prince, du vin de Bourgogne & des liqueurs, & à la Princeſſe douze grands coffrets de confitures ou de dragées avec une cor-

Le Prince &
la Princeſſe
DE CONTY.
28 d'Avril
1730.

beille magnifiquement ajuſtée, remplie de fleurs artificielles des plus belles.

L'après midi Leurs Alteſſes Séréniſſimes allèrent à l'Opera de Philoméne ; la Compagnie du Guet étoit toute ſous les armes à la porte de la Salle des Spectacles, à l'exception de ſix Soldats qui étoient placés dans le parterre à une certaine diſtance de la loge du Prince & de la Princeſſe, le fuſil ſur l'épaule.

Le lendemain matin 29 dudit mois d'Avril, Leurs Alteſſes Séréniſſimes ſur le midi reçurent les compliments de toutes les Compagnies, & l'après midi elles allèrent dans la maiſon des Fabricants, où elles virent travailler dans une des ſalles une étoffe magnifique, ce qui attira fort leur attention.

De-là le Prince & la Princeſſe allèrent dans la ſalle des Tireur d'or près la Charité, où ils avoient reçu ordre de faire préparer tout ce qui étoit néceſſaire pour les opérations de leur art, ſoit pour dorer ou dégroſſir les lingots, ſoit pour écacher l'or & l'argent, & les mettre en filé pour les différents ouvrages où ils peuvent être employés, & cette manufacture parut à Leur Alteſſe Séréniſſime digne de leur curioſité ; après quoi elles allèrent à l'Opéra, où l'on repréſenta celui d'Armide, dont elles parurent également ſatisfaites que du premier.

Le Dimanche matin 30 Avril, le Prince & la Princeſſe allèrent aux grands Jeſuites : la Bibliothéque les ſurprit, non-ſeulement par le grand nombre de livres qu'elle contient, mais encore par la grandeur & la beauté du vaiſſeau. Ce fut dans cet endroit que pluſieurs Ecoliers tant penſionnaires qu'externes eurent l'honneur de complimenter Leur Alteſſe Séréniſſime; après quoi elles virent le médaillier.

Ils entrèrent au ſortir des Jeſuites dans l'Egliſe de la Congrégation des Prêtres Miſſionnaires de Saint Joſeph, fondée par feu Monſieur le Prince de Conty; & ils firent l'honneur à Monſieur le Prévôt des Marchands de venir dîner chez lui.

L'après midi le Prince & la Princeſſe allèrent à Fourvière, & furent charmés de la beauté de la vûë; ils deſcendirent enſuite dans l'Egliſe de Saint Jean, & Leurs Alteſſes Séréniſſimes y furent reçuës à la porte par le Chapitre en habit d'Egliſe; elles furent de là ſe promener dans la Place de Louis le Grand, où ils admirèrent la beauté, de même que la figure équeſtre de Louis XIV; enſuite elles allèrent ſur les remparts dont la vûë leur parut un objet digne de l'admiration des Etrangers, & dans tous ces différents endroits Leurs Alteſſes Séréniſſimes trouvèrent ſur leurs pas un peuple infini qui s'empreſſoit à les ſuivre pour avoir le plaiſir de les voir de près.

Le Lundi premier jour du mois de Mai, que le Prince & la Princeſſe avoient fixé pour leur départ, ils montèrent dans leur carroſſe à ſept heures du matin, avec toute leur ſuite, leurs gardes étant à cheval autour de leur carroſſe; la Compagnie du Guet étoit en haie à droite & à gauche dans la Place du Gouvernement & vis-à-vis la porte dudit Hôtel, le Prévôt de la Maréchauſſée étoit à cheval avec trente de ſes Cavaliers qui marchoient à la tête du cortège.

Le quartier de ruë des trois Maries étoit en bataille à la

Le Prince & la Princeſſe DE CONTY. 28 d'Avril 1730.

Le Prince &
la Princesse
DE CONTY.
1 *Mai* 1730.

Place de la Baleine ; celui de ruë du Bœuf, à la Place neuve ; à la Place Saint Jean, celui de Portefroc & de Gourguillon ; à la petite Place qui fait face à la voûte de l'Archevêché, le quartier de Saint Georges, & tous en bataille.

Sur le pont de bois à la Place de Louis le Grand, la Compagnie du Guet & celle des Arquebusiers rangées en haie ; & depuis le pont de bois jusqu'à la porte du Rhône, le long de la Place de Louis le Grand, les quartiers de ladite Place, du Port du Temple, de la Place Confort, & celui de Bellecordière étoient rangés en haie des deux côtés vis-à-vis le Corps-de-garde de la porte du Rhône, la Compagnie franche du Régiment Lyonnois étoit rangée en haie, & lorsque le Prince & la Princesse y furent arrivés, on tira les canons & les boîtes qui ne discontinuèrent point pendant que Leurs Altesses Sérénissimes passèrent le pont du Rhône ; dont & du tout a été dressé le présent procès verbal par le Sieur Secretaire de la Ville, pour servir & valoir ce que de raison les an & jour susdits

RECEPTION

RECEPTION

DE SA MAJESTE' LA REYNE DE SARDAIGNE,
née Princesse ELIZABETH DE LORRAINE, lors de son passage
en cette Ville, le 27 Mars 1737, pour se rendre dans les
Etats de Sa Majesté le Roi DE SARDAIGNE, son
Epoux.

LE 22 Mars 1737, Monsieur le Prévôt des Marchands
eut avis de la Cour, que la Princesse Elizabeth de Lorraine, mariée au Roi de Sardaigne, passeroit ici *incognito ;*
& qu'ainsi elle ne recevroit point les complimens des Compagnies.

La Princesse
ELIZABETH
de LORRAINE
27 Mars 1737

Cependant le Consulat s'assembla *, & il fut délibéré
qu'on lui rendroit les honneurs qui lui étoient dûs.

Le Mercredi, vingt-septième jour du mois de Mars mil
sept cent trente-sept, la Princesse Elizabeth de Lorraine,
Reine de Sardaigne, que le Prince de Carignan, Prince
du Sang de la maison de Savoye, avoit épousée ci-devant
à Luneville en Lorraine, au nom du Duc de Savoye, Roi
de Sardaigne, arriva en cette Ville sur les quatre heures

* Monsieur Camille Perrichon, Prevost des Marchands ; Mrs. François Brac,
Pierre Flachat, Pierre Jouvencel, & Jacques Soubry, Echevins.

Hhh

La Princesse
Elizabeth
deLorraine
27 Mars 1737
après midi. Son entrée fut magnifique, mais suivant les Ordres de la Cour elle garda l'*incognito* : elle étoit escortée par un Régiment de Cavalerie.

Messieurs les Prévôt des Marchands & Echevins, en robes de cérémonies, précédés de leurs Mandeurs, accompagnés de leurs Officiers, & suivis de Messieurs les Exconsuls, allèrent recevoir Sa Majesté à la première porte du fauxbourg de Vaize, appellée du Lion, où elle eut la bonté de faire arrêter son carrosse : on ne lui fit point de compliment. La Compagnie des Arquebusiers étoit sous les armes pour la la garde du Consulat : la Milice Bourgeoise très-proprement habillée, occupoit la place des deux Amans, & bordoit des deux côtés les rues depuis cette place jusqu'à l'Archevêché, où Sa Majesté devoit prendre son logement; enforte qu'on fut obligé de mettre beaucoup de monde sous les armes, pour remplir le grand espace de terrein qu'il y a entre la porte de Vaize & le Palais de l'Archevêché.

Un Escadron de la plus belle Jeunesse de la Ville, avoit été à sa rencontre jusqu'à Limonay; le plus grand nombre étoit vêtu d'un uniforme rouge ; mais on distingua sur-tout environ deux cens jeunes gens habillés de drap verd, qui est la couleur de la Maison de Lorraine : les uns & les autres entrèrent dans la Ville deux à deux l'épée à la main, & furent se ranger en ordre de bataille au-devant des prisons de l'Archevêché, & sur la place qui est à l'entrée du Pont de bois, ce qui faisoit un très-beau coup d'œil : la propreté des habillemens, la beauté des chevaux, & le bel ordre que cette Compagnie obferva , furent remarqués de Sa Majefté.

La Princeffe
ELIZABETH
de LORRAINE
27 Mars 1737.

Comme le jour étoit parfaitement beau , tous les carroffes, & même toutes les chaifes , étoient fortis : l'ajuftement de la parure des Dames qui rempliffoient ces voitures, contribua beaucoup à la magnificence de cette réception , & à donner à Sa Majefté une jufte idée de cette grande Ville.

M. François de Château - neuf de Rochebonne, Pair de France , Archevêque & Comte de Lyon, reçut la Reine à la porte du Palais de l'Archevêché.

Une heure après fon arrivée, Monfieur le Duc de Villars envoyé par la Cour, alla complimenter au nom du Roi la Reine de Sardaigne.

Sur le foir, Monfieur le Procureur général de la Ville & Monfieur le Secrétaire, précédés des Mandeurs, préfentèrent à Sa Majefté les préfens d'honneur.

M. le Marquis de la Roque, envoyé par le Roi de Sardaigne pour recevoir Sa Majefté & la conduire dans fes Etats, s'étoit rendu le même jour à Lyon ; & fut logé par Monfieur le Prévôt des Marchands dans le Couvent des R. P. Céleftins.

Les carroffes & les équipages étoient fournis par la Cour de France, & pris dans les écuries du Roi.

Madame la Princeſſe d'Armagnac, épouſe de Monſieur le Prince Charles, grand Ecuyer de France, fut chargée par ordre du Roi d'accompagner la Reine juſques dans ſes Etats.

Le Samedi, trentième dudit mois, la Reine partit de cettedite Ville ; les rues étoient bordées par la Milice Bourgeoiſe, comme le jour de ſon arrivée, juſqu'à la porte du pont du Rhône, où Meſſieurs les Prévôt des Marchands & Echevins s'étoient rendus en robes de cérémonie. Le même Eſcadron de jeuneſſe, habillé comme eſt dit ci-devant, accompagna Sa Majeſté ſur la route du Pont de Bon-voiſin, pendant un certain temps.

RECEPTION

DE S. A. R. MONSEIGNEUR DOM PHILIPPE,
Infant d'Espagne, Duc de Parme & de Plaisance, le Lundi
17 Février 1744. & jours suivans.

LES Sieurs Prévôt des Marchands & Echevins * ayant jugé à propos de faire insérer dans les Régistres des Actes consulaires le détail des honneurs qui ont été rendus à Son Altesse Royale Monseigneur DOM PHILIPPE, Infant d'Espagne, petit-fils de France, lors de son passage & séjour en cette Ville, en conséquence des ordres du Roi portés dans la Lettre de Monsieur Amelot à Monsieur le Prévôt des Marchands, en date du 13 Février 1744, ils auroient délibéré & arrêté qu'il en seroit dressé procès verbal, ainsi qu'il suit.

Son Altesse Royale qui étoit à Chambery, ayant formé la résolution de passer par Lyon pour se rendre en Provence, Monsieur le Prévôt des Marchands n'en fut informé que quatre jours avant son arrivée : le peu de temps qui restoit ne permit pas au Consulat de faire tous les préparatifs qu'il auroit desiré pour donner des marques de son zèle & de son empressement; il rendit une Ordonnance le 12 Février précédent, pour enjoindre aux Habitans de cette

D. PHILIPPE,
Infant d'Es-
pagne.
17 Février
1744.

* Monsieur Claret-la-Tourette, Prévôt des Marchands; Messieurs Valfray, Barbier, Gillet & Monlong, Echevins.

I ii

Ville d'illuminer pendant la nuit du jour de l'arrivée du Prince, & celles de fon féjour, les faces des maifons qu'ils occupoient, ce qui fut exécuté; comme auffi de s'affembler en armes aux endroits qui leur feroient indiqués, avec défenfes de tirer.

Son Alteffe Royale ayant couché le 16 Février à la Verpillière, diftant de cinq lieuës de cette Ville, Monfieur l'Intendant, qui s'y étoit rendu eut l'honneur de lui faire la révérence, & de paffer la foirée avec lui.

Le lendemain 17 Février, le Prince partit à dix heures dans fa chaife; Monfieur l'Intendant mena dans fon carroffe M. le Marquis de Lamina, M. le Marquis de Sancta-Crux, grand Maître de fa maifon, & M. le Marquis de Mumany, Secretaire d'Etat; les autres Officiers du Prince fuivoient dans leurs chaifes & dans les carroffes que Monfieur le Prévôt des Marchands avoit envoyés à la rencontre. A deux lieuës de la Ville de Lyon, le Prince trouva un Efcadron d'environ deux cens Cavaliers tous en habits rouges, & la plûpart montés fur des chevaux de prix très-bien harnachés; c'étoit la Jeuneffe de Lyon compofée des riches Négociants, ou de leurs enfans, qui avoient fait cette cavalcade & pris cette efpéce d'uniforme pour venir au-devant du Prince.

A quelques cinquante pas de là, Monfieur le Marquis de Rochebaron, Commandant dans les trois Provinces, parut à cheval à la tête de la Nobleffe, & fuivi d'un grand nombre d'Officiers-tous dans l'uniforme de leur Régiment: il mit pied à terre, & eut l'honneur de faluer l'Infant, qui paffa devant cette Troupe. Enfuite venoit un

Efcadron du Régiment de Royal-Piedmont Cavalerie, que Monfieur de Rochebaron avoit commandé ; cet Efcadron armé prit la place derrière la chaife après les Gardes-du-Corps du Prince, & Monfieur le Marquis de Rochebaron, & ceux qui le fuivoient, prirent un chemin plus court pour fe trouver au Palais à l'arrivée de l'Infant. L'ordre de la marche étoit tel.

D. Philippe, Infant d'Efpagne. 17 *Février* 1744.

1° La Nobleffe, avec Monfieur le Marquis de Rochebaron à la tête.

2° Quatre Brigades de Maréchauffée.

3° L'Efcadron compofé de jeunes gens de la Ville.

4° La chaife de l'Infant précédée & fuivie des Gardes-du-Corps.

5° L'Efcadron de Cavalerie marchant fur quatre-de hauteur.

Enfuite les chaifes, carroffes & équipages de la fuite de l'Infant & un grand nombre d'autres carroffes de la Ville remplis de plufieurs perfonnes, qui étoient forties pour aller à la rencontre de Son Alteffe.

A l'entrée du fauxbourg de la Guillotière on tira des boîtes ; les Habitans du Fauxbourg étoient fous les armes avec tambours & drapeaux ; cette Milice tenoit jufqu'à l'entrée du pont. Auffi-tôt que l'Infant parut à la tête du pont, qui étoit bordé des deux côtés par la Compagnie des Arquebufiers, on tira un grand nombre de coups de canons, qui étoient placés le long du Rhône à l'autre extrémité du pont du côté de la Ville. Meffieurs les Prévôt des Marchands & Echevins & Officiers en robes violettes, précédés des Mandeurs, portant leurs grands écuffons, &

Meſſieurs les Exconſuls en robes noires de cérémonies qui s'étoient rendus à l'entrée de la porte de la Ville, eurent l'honneur de ſaluer l'Infant ; Monſieur le Prévôt des Marchands eut celui de lui faire un compliment à la portière de ſa chaiſe, tel qu'il ſuit.

MONSEIGNEUR, *L'honneur de recevoir VOTRE ALTESSE ROYALE dans ces murs, faiſoit depuis long-temps l'objet des vœux de cette grande Ville. Elle mettra à jamais au nombre de ſes plus beaux jours ce jour fortuné, où elle ſe voit honorée de la préſence d'un Prince que ſa naiſſance & ſes vertus rendent également cher & reſpectable aux deux premiers Royaumes de l'Univers.*

Fils d'un Roi que la France a donné à l'Eſpagne, Petit-fils de Louis le Grand, Votre Alteſſe Royale a reſſerré des nœuds ſi auguſtes par une nouvelle alliance avec notre grand Monarque : qu'elle daigne recevoir nos hommages, qui lui ſont dûs à tant de titres ; qu'elle écoute avec bonté les vœux d'un Peuple empreſſé ; il ſe plaindroit de jouir ſi peu de temps de ſon auguſte préſence, s'il ne voyoit la victoire qui appelle Votre Alteſſe Royale à la conquête de ſes Etats.

Comme la Garde ordinaire des portes, qui eſt compoſée d'une Compagnie franche anciennement tirée du Régiment Lyonnois en garniſon auxdites portes, étoit deſtinée à la garde de l'Infant dans ſon Palais, & que les Habitans de la Ville de Lyon jouiſſent de temps immémorial du privilège de ſe garder eux-mêmes, de garder leurs Princes, & de n'admettre aucunes troupes étrangères, les portes de la

Ville

Ville étoient gardées par les Bourgeois. Cette milice bourgeoise bordoit en double haie, depuis la porte de la Ville
jusqu'à celle du Palais, dont elle gardoit pareillement les
portes. L'Infant entra dans la Ville, dans l'ordre susdit, au
bruit des tymbales, trompettes & tambours, & parut surpris
de la multitude des Habitans qui étoient dispersés sur son
passage : toutes les Dames parées, qui étoient aux fenêtres,
formoient un spectacle des plus magnifiques, que la beauté
du jour, qui succéda heureusement aux brouillards qui
l'avoient précédé, sembloit favoriser.

Le Prince alla descendre à l'Archevêché, que Son Eminence Monseigneur le Cardinal de Tencin lui avoit fait
préparer pour son logement : aussi-tôt qu'il y fut entré,
Monsieur le Prévôt des Marchands vint avec le Consulat
en robes violettes, & Messieurs les Exconsuls en robes
noires, lui faire un second compliment ; Monsieur le Marquis de Rochebaron y vint aussi, & lui présenta tous ceux
qui l'avoient suivi. Dans le même temps, & après que le
Consulat se fut retiré, les Sieurs Procureur général, Secretaire & Receveur, précédés des deux premiers Mandeurs,
lui offrirent au nom de cette Ville les présents, qui consistoient en habits, & en piéces des plus belles & des plus
magnifiques étoffes des Manufactures de cette Ville, en vins
& en liqueurs de toutes espéces, & en coffres de confitures
ornés de fleurs, en bêtes fauves & en poissons du lac de
Geneve & du Bourget ; ensuite Son Altesse Royale se retira
pour faire ses dépêches. A cinq heures elle alla à l'Opéra,
dans le carrosse de Monsieur le Prévôt des Marchands,

D. PHILIPPE,
Infant d'Es-
pagne.
17 *Février*
1744.

K k k

qu'il lui avoit envoyé avec deux autres pour fa fuite, & qui lui ont fervi pendant fon féjour. La loge étoit tapiffée de velours cramoifi, galonée en or ; il y en avoit deux autres attenantes pour ceux qui avoient l'honneur de l'accompagner ; toutes les autres étoient remplies de Dames de la Ville extrêmement parées : on repréfenta l'Opéra d'Ajax. En revenant le Prince voulut paffer par le milieu de la Ville, & fit le tour de la Place de Louis le Grand pour voir les illuminations, dont il parut très-fatisfait : les quais de Villeroy & de Saint Antoine fe diftinguoient fur tous les autres, & le baffin formé par les deux ponts, qui étoient bordés de pots à feu de même que l'Arcenal, & placés à très-p: tite diftance, produifoient un effet admirable. De retour à fon palais, Madame la Prévôte des Marchands, Madame l'Intendante & les Dames les plus diftinguées de la Ville eurent l'honneur de lui faire la révérence ; on tira un fort beau feu d'artifice que le Confulat avoit fait placer fur la riviere, à quelque diftance des fenêtres du Palais où logeoit le Prince.

L'emblême repréfenté en peinture fur la charpente, étoit un Ciel étoilé avec la cométe, au-deffous un peuple nombreux qui obferve ce phénoméne, & pour devife :

Stent aftra, licebit,
Non deerit populo te veniente dies. Martial.

Sous les armes accolées du Prince & de fon augufte Epoufe, on lifoit ce vers de V. gile :

Sic genus amborum fcindit fe fanguine ab uno.

Le feu confiftoit en nombre de gerbes & de fufées en
l'air, & d'autres fufées lancées à l'eau qui formoient un
étang de feu, qui parut aufli fingulier qu'amufant pendant
un affez long efpace de temps.

Au Perron de l'Hôtel-de-Ville, dont la façade fut
illuminée pendant le féjour du Prince par des lampions en
compartiment très-artiftement rangés, on lifoit ces mots :

D. Philippe,
Infant d'Ef-
pagne.
17 Février
1744.

Hofpite læta fuperbit. Santeuil.

Le feu étant tiré, le monde fe retira, & le Prince foupa
feul en public.

Le Mardi 18 fur les onze heures du matin, l'Infant fur
une ftrade & fous un dais reçut les compliments de toutes
les Compagnies & Communautés de la Ville; il dîna feul
& en public, fervi par fes grands Officiers; il y eut un grand
concours de monde. A trois heures & demie il monta en
carroffe, & vint faire le tour de la Place de Louis le Grand,
ci-devant Belle-cour, & alla enfuite voir la Bibliothéque des
Jefuites : il reçut des compliments en vers, qui lui furent
faits par le fils de Monfieur le Prévôt des Marchands & par
d'autres jeunes Ecoliers ; il fut enfuite conduit dans le cabinet
des médailles & d'antiquité, qui eft des plus curieux, où il
refta fort long-temps à les examiner. Il fe promena enfuite fur
le quai neuf, alla jufqu'aux remparts & de là à l'Opéra,
on y repréfenta des Actes tirés des différents Opéra qu'il
avoit demandé, & dont il parut très-fatisfait. Il revint fouper chez lui, où l'affluence du monde fut extraordinaire.
A minuit & demi il fe tranfporta à l'Hôtel-de-Ville, où on

D. Philippe,
Infant d'Es-
pagne.
17 *Février*
1744.

lui avoit préparé un bal paré ; l'illumination de la face de cet Hôtel étoit augmentée ce jour-là.

La Compagnie des Arquebusiers étoit rangée en double haie sur le Perron, & l'Infant y fut reçu par Messieurs du Consulat, & conduit dans la salle du bal. Le grand escalier de l'Hôtel-de-Ville étoit garni d'une infinité de lustres & de flambeaux de cire blanche ; Son Altesse Royale le monta au bruit des tymbales & des trompettes, d'où il entra dans la salle du bal, qui est d'une vaste étendue : elle étoit éclairée d'un grand nombre de bougies dans des lustres & girandoles ; les deux côtés étoient remplis de Dames assises sur des gradins, toutes extrêmement parées avec une quantité prodigieuse de diamants. La salle étoit décorée de morceaux d'Architecture qui y sont ordinairement, & dans les entre-deux de riches tapisseries, qui fermoient aussi les croisées ; on avoit placé aux quatre coins les chiffres du Prince, & ses armes au dessus de la porte du milieu.

Le Prince s'assit d'abord dans le fauteuil qui lui étoit destiné & placé sous un dais galamment orné, & ouvrit ensuite le bal avec Madame la Prévôte des Marchands ; il dansa le second menuet avec Madame l'Intendante, & après qu'ont eut dansé quelques autres menuets, on dansa des contredanses jusqu'à huit heures du matin : les rafraîchissemens de toutes espèces y furent servis à profusion, & Monsieur le Prévôt des Marchands eut l'honneur d'en présenter à Son Altesse Royale.

A la sortie du bal, les canons placés dans le jardin de l'Hôtel-de-Ville firent une décharge comme à son arrivée.

Le

Le Mercredi 19 après le dîné, l'Infant honora de sa préfence l'Académie du Concert, où on lui avoit préparé un dais:
le Concert ne dura que demi-heure ; la Musique lui en parut
admirable & bien exécutée. Il alla ensuite à l'Hôtel-de-Ville ; il
y fut reçu par le Consulat en robes violettes sur la porte , la
Compagnie des Arquebusiers étant sous les armes avec tambours & trompettes ; il fut conduit dans une première salle,
où on lui fit voir toute l'opération qui concerne le tirage
de l'or depuis le commencement jusqu'à la fin ; ensuite Son
Altesse Royale monta dans une autre salle, où l'on avoit
établi deux métiers qui étoient peints & dorés ; on avoit
fait habiller proprement les Ouvriers destinés pour y travailler , & l'on fit voir au Prince tout ce qui concerne la
manufacture des étoffes : de-là il traversa la grande salle
illuminée comme la veille, alla à l'Opéra ; on y représenta
Thesée, qui parut faire encore plus de plaisir au Prince
que les précédents Opéra qu'on lui avoit donnés. Il trouva à son retour dans son Palais une si prodigieuse affluence
de monde pour le voir souper, qu'à peine pouvoit-il passer,
& par son extrême bonté, il ne voulut par permettre que
l'on fît sortir personne.

Le Jeudi 20 Son Altesse Royale partit à onze heures du
matin dans le même ordre qu'il étoit arrivé, & trouva à la
porte de la Ville le Corps Consulaire qui lui renouvella les
assurances de ses respects ; à quoi le Prince répondit avec la
même affabilité & les mêmes graces qu'il avoit fait le jour
de son arrivée, emportant avec lui les cœurs de tous les
Habitans de la Ville charmés de ses bontés & de ses graces ;

D. Philippe,
Infant d'Es-
pagne.
17 Février
1744.

& il témoigna fa fatisfaction à Monfieur le Prévôt des Marchands dans les termes les plus obligeants, de même qu'à Monfieur l'Intendant & à Monfieur le Marquis de Rochebaron.

Toutes les Compagnies, tant des Portes que du Guet & des Arquebufiers fe font diftinguées par leur exactitude, & les Officiers qui étoient tous à leur tête ont donné à l'envi des marques de leur zèle & de leur attention.

La Bourgeoifie ne s'eft pas moins fignalée dans tous fes poftes tant à la garde du Prince que fur fon paffage, & le Major de la Ville a prévu à tout ce qui pouvoit contribuer à la difcipline & au bon ordre, au point qu'on a remarqué qu'il n'y avoit pas eu un feul coup de fufil de tiré à l'arrivée, ni pendant tout le féjour de Son Alteffe Royale dans la Ville. Fait au Confulat, par nous Prévôt des Marchands & Echevins de ladite Ville, le 28 Avril 1744.

RECEPTION

DE S. A. R. MADAME DE FRANCE,
Femme de DOM PHILIPPE, Infant d'Espagne, le 12
Octobre 1749.

LES Sieurs Prévôt des Marchands & Echevins * ayant jugé nécessaire de faire insérer dans les Régistres des Actes consulaires une relation des honneurs qui ont été rendus à MADAME, INFANTE D'ESPAGNE, Femme de S. A. R. l'Infant Dom Philippe, & à S. A. R. l'INFANTE ELIZABETH, sa Fille, à lur passage en cette Ville & pendant leur séjour, ils auroient délibéré qu'il en seroit dressé un procès verbal par le Sieur Secretaire de cette Ville, ainsi qu'il suit.

Le Consulat ayant été informé que Madame & la Princesse sa fille devoient arriver le 12 Octobre en cette Ville sur les quatre heures après midi, & que l'intention du Roi étoit que lesdits Sieurs Prévôt des Marchands & Echevins n'allassent point à la porte de Vaize l'y recevoir en robes violettes de cérémonie & haranguer, suivant le cérémonial réglé pour les Enfans de France & les Princes & les Princesses du Sang, & pour se conformer aux ordres précis de Sa Majesté à cet égard, ils se feroient rendus au Palais qui leur étoit destiné dans deux maisons de la Place

MADAME DE
FRANCE,
Femme de
D. PHILIPPE.
12 *Octobre*
1749.

---

* Monsieur Riverieulx de Varax, Prévôt des Marchands; Messieurs Bourbon, de la Chappelle, Richeri & Flachat, Echevins.

Madame de
France,
Femme de
D. Philippe.
12 Octobre
1749.

de Louis le Grand, du côté du Soleil levant, pour les y attendre, & leur rendre leurs premiers hommages.

Les Princeſſes, qui avoient couché à Tarare, arrivèrent aux portes de la Ville environ ſur les trois heures : auſſi-tôt le canon de Pierre-ſcize fit pluſieurs décharges, & les boîtes qui avoient été placées en pluſieurs endroits juſqu'à leur Palais, en firent ſans diſcontinuation ; mais depuis l'Arbreſle elles trouvèrent ſur le grand chemin plus de huit cens jeunes-gens montés ſur les plus beaux chevaux & les plus ſuperbement enharnachés , qui étoient allés à leur rencontre, & une infinité de carroſſes remplis de Dames qui étoient ſorties de la Ville pour voir les Princeſſes des premières.

Lorſqu'elles arrivèrent au pont de la porte d'Halincourt ſur lequel il y avoit un peuple infini , & après l'avoir paſſé elles trouvèrent ſur le quai la Bourgeoiſie en armes ſous une double haie , & paſsèrent au milieu : cette Bourgeoiſie étoit pareillement rangée dans toutes les ruës, places & quais juſqu'au Palais.

Du quai d'Halincourt elles paſsèrent ſur celui des Auguſtins, & étant arrivées au Port de la Feuillée, elles prirent la ruë de la Boucherie des Terreaux ; de-là paſsèrent à la Place des Carmes , ſur celle des Terreaux, & allèrent ſur le quai de Retz par la ruë du Puit-Gaillot juſqu'à leur Palais, & tous ces quais, places & ruës étoient remplis d'une ſi grande affluence de monde, de même qu'aux fenêtres de toutes les maiſons, que l'on peut dire que jamais l'on n'a vu tant d'empreſſement à nos Citoyens de voir des Princeſſes de l'auguſte Sang de nos Rois : ce qui y contribua beaucoup ,

ce

ce fut la beauté du jour, qui sembloit avoir voulu favoriser l'entrée des Princesses en cette Ville.

Lorsqu'elles furent arrivées à la Place de Louis le Grand, ce fut un spectacle nouveau ; elle étoit également remplie de monde, & toutes les fenêtres des maisons remplies de spectateurs.

Toute la Jeunesse qui étoit allée en cavalcade hors de la Ville, précédoit le cortège des Princesses, & se rangea devant le Palais, de même que la Maréchaussée qui les avoit escortées depuis Tarare ; Monsieur le Marquis de Rochebaron, Commandant pour le Roi en cette Ville & dans les Provinces, étoit allé jusqu'au fauxbourg de Vaize, sa santé ne lui ayant pas permis d'aller plus loin, il arriva au Palais quelques instants avant elles. Monsieur le Comte de Noailles, chargé de leur conduite, arriva le premier, & se trouva au bas de l'escalier, où étoit Monsieur de Rochebaron, Monsieur l'Intendant, le Consulat & grand nombre de personnes de distinction, pour présenter la main à Madame à la descente de son carrosse, où tout le monde eut l'honneur de lui rendre ses hommages, de même qu'à S. A. R. l'Infante Elisabeth, qui suivoit dans un autre carrosse ; on les suivit dans leurs appartemens, où étant arrivées, le Consulat fut de nouveau présenté par Monsieur le Comte de Noailles à Mesdames ; & s'étant retiré, les Sieurs Procureur général & Secretaire leur offrirent au nom de cette Ville les présents qui consistoient en une magnifique corbeille doublée d'un drap d'argent brodé en or, & surmontée par une couronne également brodée, représentant

M m m

MADAME DE
FRANCE,
Femme de
D. PHILIPPE.
12 *Octobre*
1749.

les armes de France, celles d'Efpagne & de Parme, & cette corbeille étoit remplie des plus belles fleurs artificielles: outre cela il y avoit plufieurs belles corbeilles tant pour Madame que pour S. A. R. la Princeffe fa fille, doublées de taffetas & garnies de grands réfeaux d'or ou d'argent, remplies de coffrets de dragées & de confitures, & les vins & les liqueurs lui furent préfentés en même temps.

Cette cérémonie finie, le Confulat rentra dans l'appartement de Madame, qui dit que le lendemain matin elle iroit fur les onze heures entendre la Meffe à l'Eglife Cathédrale, & que fur les trois heures de relevée, elle iroit voir la Bibliothéque des Jefuites du grand Collége, pour enfuite fe rendre fur les quatre heures à l'Hôtel-de-Ville. On avoit pofté à côté du Palais une garde; mais Madame ordonna qu'on la fît retirer.

Le même jour 12 Octobre fur les fept heures du foir, le Confulat donna ordre que l'on éclairât les lampions qu'il avoit fait placer autour de la baluftrade de la figure équeftre de Louis le Grand, & des baluftres qui entourent les gazons de ladite Place, & ceux qui avoient été placés artiftement autour des deux jets d'eau : en même temps on fit éclairer les lampions des cinq maifons qui font face au Palais de Madame, par la difpofition defquels on avoit confervé l'ordre d'architecture defdites maifons, & principalement de celle du milieu qui appartient à Monfieur le Prévôt des Marchands. *

*M. de Varax.

Quand tout fut éclairé, on pria Mefdames d'avoir la bonté de fe mettre aux fenêtres pour voir cette illumination, qui parut dans toute fa beauté, le temps étant très-favorable n'y ayant point de vent : cette grande quantité de lampions faiſoit un effet admirable, dont Meſdames parurent extrê- mement contentes, de même que de l'artifice que le Conſulat avoit fait préparer vis-à-vis le Palais, qui fut trouvé très- beau & très-bien exécuté, les départs ſe ſuccédant les uns aux autres ſans diſcontinuation. Cela fini, Madame ſe mit à table, & permit qu'on laiſsât entrer tout le monde pour la voir manger ; enſorte que la compagnie qui eut cet hon- neur, fut grande & très-nombreuſe, compoſée des perſonnes les plus diſtinguées de la Ville. Le lendemain le Conſulat ſe rendit au Palais en Corps ſur les dix heures du matin, dans le même ordre que la veille, ſans robes violettes ; il eut l'honneur de rendre de nouveau ſes reſpects aux Princeſſes, & y reſta juſqu'à ce qu'elles montèrent en carroſſe pour ſe rendre dans l'Egliſe de Saint Jean ; & Madame dit tout de nouveau à Monſieur le Prévôt des Marchands qu'elle ſeroit ſur les quatre heures à l'Hôtel-de-Ville, où le Conſulat ſe rendit ſur les trois heures en robes violettes de cérémonie, accompagné des Sieurs Exconſuls en robes noires ; & pour les recevoir on avoit fait poſter le quartier des Terreaux, les Officiers en tête, ſur la Place des Terreaux, pour que les Princeſſes paſſaſſent au milieu de cette Bourgeoiſie, qui étoit rangée ſur deux lignes à droit & à gauche.

Si-tôt que les carroſſes parurent ſur la Place, le Conſulat deſcendit le grand eſcalier de l'Hôtel-de-Ville pour attendre les Princeſſes ; il prit la droite, & les Sieurs Exconſuls la gauche ; & la Compagnie des Arquebuſiers étoit rangée ſur ledit eſcalier à droit & à gauche, les Officiers en tête avec leurs efpontons jufqu'au grand efcalier ; le Confulat reçut Madame & la Princeffe à la portière de leurs carroffes, & les accompagna dans les Salles de l'Hôtel-de-Ville.

Quand elles arrivèrent dans la grande falle, elles furent étonnées de la grande quantité de monde qu'elles y trouvèrent, & principalement des Dames placées fur des gradins couverts de tapifferie, & qui étoient très-parées : la falle étoit ornée de tapifferies des plus belles, par la difpofition defquelles on avoit confervé l'ordre d'architecture du boifage de ladite falle, dans laquelle on avoit pofé plufieurs luftres & girandoles pour l'éclairer, au cas que les Princeffes fortiffent de l'Hôtel-de-Ville la nuit. Les Princeffes ayant traverfé la grande falle, furent conduites dans celle des portraits, où on avoit fait préparer tout ce qui concerne le tirage de l'or depuis le commencement jufqu'à la fin, & Madame fe fit expliquer & rendre compte dans le plus grand détail de toutes ces différentes opérations dont elle fut auffi contente que charmée.

De là elles repafsèrent par la grande falle pour aller dans celle du Confeil, où l'on avoit établi trois métiers, fervant à la fabrique des étoffes d'or & d'argent & de foie, qui étoient peints & dorés ; on avoit fait habiller très-magnifiquement les Ouvriers deftinés à travailler fur ces métiers, dont l'un étoit de la nouvelle invention du Sieur Falcon, fur lequel de même que fur l'autre on travailla, en préfence des Princeffes, des plus belles & des plus riches étoffes, & Madame donna la même attention à ces ouvrages, qu'elle l'avoit fait au tirage de l'or ; le troifième métier étoit pour

le

le lifage des deſſeins des étoffes , qui lui parut une méchanique
très-extraordinaire.

Dans la même ſalle , qui étoit fort éclairée par pluſieurs luſtres & girandoles , la nuit étant preſque venue , on avoit étalé ſur une table pluſieurs piéces des plus riches étoffes en or & en argent , que l'on pria Meſdames de vouloir bien examiner ; Madame parut ſurpriſe de la richeſſe & de la beauté des deſſeins : alors Monſieur le Prévôt des Marchands , à la tête du Conſulat , la pria de lui faire l'honneur de les accepter ; il y en avoit pour Madame , pour la Princeſſe Elizabeth & pour les trois premières Dames de leur ſuite , & Madame donna dans cette occaſion de nouvelles marques de bonté au Conſulat , en le remerciant de ſes belles étoffes.

Pendant que les Princeſſes étoient reſtées dans la ſalle des métiers , on avoit donné ordre d'éclairer tous les luſtres & girandoles de la grande ſalle , au bout de laquelle du côté de la cheminée on avoit placé une eſtrade de deux marches , ſur laquelle il y avoit un tapis de pied , & deſſus étoient placés deux fauteuils & un grand dais deſſus ; on les pria d'avoir la bonté de s'aſſeoir un moment , pour que tout le public eût l'honneur de les voir : quand les Princeſſes furent aſſiſes , on fit apporter des glaces ; Monſieur le Prévôt des Marchands eut l'honneur d'en préſenter à Madame , & Monſieur de la Chappelle , premier Echevin , à S. A. R. la Princeſſe Elizabeth. Après avoir pris ces rafraîchiſſemens , elles reſtèrent encore quelque temps à examiner la décoration de cette ſalle qu'elles trouvèrent magnifique ; enſuite voulant fortir, elles repaffèrent par le grand efcalier, qui étoit éclairé par des luftres & de gros flambeaux de cire blanche, de même que le periftyle, où étant, elles apperçurent une illumination de lampions au fond de la grande cour, qui faifoit un fort bel effet, & dont elles parurent très-fatisfaites. Le Confulat eut l'honneur de les accompagner jufqu'à la portière de leurs carroffes, d'où elles virent une affluence extraordinaire de peuple, qui les fuivit par tout où elles pafsèrent, par le quai de Retz où on avoit placé de diftance en diftance depuis l'Opéra jufqu'à la porte du Rhône des pots à feu fur des poteaux, qui éclairoient tout le quai, de manière à faire le plus bel effet du monde; & le foir en arrivant à leur Palais, elles trouvèrent la Place de Louis le Grand illuminée comme la veille.

Le lendemain 14 dudit mois d'Octobre jour du départ des Princeffes, qui devoient partir fur les onze heures du matin, le Confulat fe rendit au Palais avant dix heures en habit ordinaire, comme à leur arrivée, pour avoir l'honneur de leur rendre leurs derniers hommages; Madame fit de nouveaux remerciments de la manière dont elle avoit été reçue en cette Ville, en parlant à Monfieur le Prévôt des Marchands; elle lui dit, qu'elle en avoit rendu compte au Roi. Elles entendirent la Meffe dans la première falle du Palais; & tout étant prêt pour leur départ, la Maréchauffée de ces Provinces qui devoit les efcorter jufqu'à l'entrée de la Province du Dauphiné, étant devant le Palais, & les Gardes du Corps à cheval, les Princeffes fe mirent en état de fortir: tout ce qu'il y avoit de perfonnes de diftinction dans la Ville s'étoient rendues au Palais ; elles traversèrent tous les apparte-mens, & saluèrent tout le monde à droit & à gauche, & ayant descendu l'escalier, elles montèrent en leurs carrosses, qui les attendoient au bas à la sortie du Palais. Il y avoit autant de monde sur la Place pour les voir partir qu'à leur arrivée, & dans l'instant les canons & les boîtes qui avoient été placés sur les remparts, firent continuellement des dé-charges jusqu'à ce qu'elles eurent passé le pont du Rhône; dont & du tout a été dressé le présent procès verbal, & signé par les Prévôt des Marchands & Echevins susdits, le Jeudi 20 Novembre 1749.

MADAME DE
FRANCE,
Femme de
D. PHILIPPE,
12 Octobre
1749.

RECEPTION

DE SON ALTESSE SERENISSIME

MADAME LA COMTESSE DE TOULOUSE,

Le Mardi 29 Septembre 1750.

Madame la Comtesse de Toulouse. 29 Septembre 1750.

LES Sieurs Prévôt des Marchands & Echevins * ayant confidéré qu'il étoit néceffaire que l'on fût informé du cérémonial qui a été obfervé au paffage en cette Ville, de Son Alteffe Séréniffime Madame LA COMTESSE DE TOULOUSE, que le Roi avoit ordonné être reçue en qualité de Princeffe du Sang ; il a été délibéré qu'il en feroit dreffé procès verbal, & enregiftré dans les Regiftres des Actes Confulaires de cette Ville, pour y avoir recours quand befoin feroit.

Le Mardi 29 Septembre, on fe feroit affemblé extraordinairement chez Monfieur le Prévôt des Marchands, pour déterminer tout ce qu'il convenoit de faire pour la réception de S. A. S. qui devoit arriver le lendemain ; à l'effet de quoi il fut arrêté que le lendemain on s'affembleroit encore chez Monfieur le Prévôt des Marchands, en robes violettes fur les dix heures du matin ; mais comme il avoit eu la précaution de dépêcher un Courrier pour fçavoir l'heure de fon arrivée, il apprit à fon retour que cette Princeffe

---

* Monfieur Dugas, Prévôt des Marchands ; Meffieurs Richeri, Flachat, Garnier & Pautrier, Echevins.

ne devoit arriver que le lendemain sur le midi, même par un Courrier qu'elle avoit dépêché pour tout préparer dans le Palais qui lui étoit destiné, & qui étoit l'Hôtel du Gouvernement sur le rempart. Cette nouvelle venue, le Consulat se sépara pour se rassembler également chez Monsieur le Prévôt des Marchands le lendemain à la même heure, après néanmoins être convenu que l'on observeroit ce qui est porté par le cérémonial à l'égard des Princes & Princesses du Sang, lorsqu'ils viennent en cette Ville.

Sur les sept heures du soir du même jour 29, Monsieur le Prévôt des Marchands fut informé que la Princesse arrivoit; la Bourgeoisie, qui avoit resté sous les armes toute l'après midi, depuis la porte de la Guillotière, (par où elle devoit entrer dans la Ville,) jusqu'à son Palais, avoit été renvoyée, & on n'eut que le temps de faire tirer le canon & les boîtes, qui avoient été placés dès le matin pour son arrivée. Cette nouvelle détermina Monsieur le Prévôt des Marchands à faire avertir sur le champ le Consulat de se rendre chez lui, & quand il fut assemblé, on alla rendre ses premiers respects à la Princesse, lui marquer la joie que l'on avoit de la voir, & prendre ses ordres pour se présenter chez elle le lendemain en robes de cérémonie : elle reçut le Consulat avec mille marques de bonté, & dit qu'elle le recevroit le lendemain à trois heures de relevée : après quoi le Jeudi premier Octobre, le Consulat s'étant rendu chez Monsieur le Prévôt des Marchands, en robes violettes de cérémonie, assisté des Sieurs Exconsuls en robes noires, précédés des Mandeurs portant leurs grands écussons

Madame la Comtesse de TOULOUSE. 29 Septembre 1750.

O oo

Madame la Comtesse de Toulouse.
1 *Octobre* 1750.

aux armes de la Ville, les Mandeurs servans, portant leurs manteaux violets, suivant lesdits Sieurs Exconsuls ; on se mit en marche sur les trois heures, & étant arrivé au Palais de la Princesse, il trouva la Compagnie qui y avoit monté la garde dès le soir de son arrivée ; & le Consulat ayant été introduit dans son appartement, Monsieur le Prévôt des Marchands étant à la tête, lui fit un compliment avec la dignité, l'éloquence & les graces qui lui sont personnelles, auquel Son Altesse Sérénissime répondit avec beaucoup de bonté pour celui qui portoit la parole & pour la Ville en général, & dit que le lendemain Vendredi elle iroit à l'Hôtel-de-Ville sur le midi. Cette cérémonie faite, le Consulat se retira, & quelque temps après les Sieurs Procureur général & Secretaire de la Ville, en robes violettes, précédés des deux premiers Mandeurs, se rendirent dans l'appartement de la Princesse pour lui offrir les présents de la Ville, qui consistèrent en une corbeille artistement accommodée, remplie des plus belles fleurs artificielles de Genes, & douze grands coffrets de confitures & de dragées, garnis en dedans & autour de taffetats, & plusieurs balles de vin de Bourgogne, de vin d'Espagne & de liqueurs : la Princesse reçut ces présents avec beaucoup de sensibilité.

Le Vendredi deuxième Octobre, le Consulat vint à l'Hôtel-de-Ville sur les onze heures du matin en robes violettes, & les Sieurs Exconsuls en robes noires, pour y attendre la Princesse ; la Compagnie des Arquebusiers, leurs Officiers en tête, étoit rangée sur le Perron de l'Hôtel-de-Ville & dans le peristyle sur une double haie ; les fifres, les tambours

& les trompettes étoient fur le balcon, & on avoit fait placer les canons au Port Saint Clair, pour qu'à fon arrivée fur le quai de Retz on fît plufieurs décharges.

Madame la Comteffe de TOULOUSE. 2 Octobre. 1750.

A la première le Confulat defcendit le Perron pour la recevoir à la portière de fon carroffe; quand elle en fut defcendue, on la conduifit par le grand efcalier dans la grande falle, qu'elle trouva très-belle, où on avoit placé des rouets, pour lui faire voir comme on filoit & écachoit l'or & l'argent; elle ne s'arrêta pas pour lors à voir ce travail, & on la fit paffer dans la falle des portraits, où tout ce qui concerne la fabrique des Tireurs d'or étoit préparé; cette Princeffe voulut voir toutes les opérations de cette manufac-ture, & entra dans les plus grands détails: de là elle repaffa dans la grande falle, où on lui montra tout ce qui concerne l'art des Guimpiers, Ecachiers & Fileurs d'or & d'argent, dont elle parut très-fatisfaite; enfuite on la conduifit dans la falle du Confeil, où on avoit fait placer trois métiers, un d'un velours d'une nouvelle invention, un autre d'une étoffe brochée en or, & le troifième pour lui faire voir la manière dont on lit les deffeins, pour monter les métiers de la manufacture des étoffes d'or, d'argent & de foie, & fe fit expliquer toute la méchanique de cet art-là, qui lui parut très-fingulier dans toutes fes parties; après quoi elle fe retira, & le Confulat eut l'honneur de la fuivre & de l'accompagner jufqu'à fon carroffe, & dans cet inftant elle lui marqua toute fa fatisfaction: à fon départ les tambours, les fifres & les trompettes recommencèrent à jouer, & le canon à tirer; mais avant de monter en carroffe, elle

Madame la
Comtesse de
Toulouse.
3 Octobre
1750.

déclara son départ pour le lendemain, & dit qu'elle ne vouloit pas que le Consulat allât en robes de cérémonie chez elle, ni qu'il se trouvât en robes de cérémonie à la porte de Vaize, par laquelle elle devoit sortir.

Le Samedi 3 Octobre, le Consulat se rendit en habits ordinaires au Palais de Son Altesse Sérénissime, suivant ses ordres, pour lui rendre ses derniers respects, qu'elle reçut encore avec mille témoignages de bonté, & parut très-sensible à toutes les attentions du Consulat & à la misère générale des Ouvriers, qui la suivoient par-tout pendant son séjour en cette Ville; & en ayant demandé la cause, Monsieur le Prévôt des Marchands lui dit que cette misère provenoit de la cessation totale de nos manufactures, dont elle parut très-touchée.

Le Consulat l'ayant vu monter dans son carrosse, se retira; & elle ne fut pas plutôt partie que l'on entendit le canon & les boîtes tirer de tous côtés jusqu'au dehors de la Ville, & sur son passage elle trouva la Bourgeoisie sous les armes jusqu'au fauxbourg de Vaise; mais attendu l'éloignement extrême de l'Hôtel du Gouvernement à la porte de Vaize, & qu'il auroit fallu faire prendre les armes à presque toute la Bourgeoisie pour former une double haie, on dispersa par pelotons dans les principales Places les soixante hommes qui avoient été commandés dans chacun des vingt-huit Quartiers; dont & du tout a été dressé le présent procès verbal pour servir & valoir ce que de raison, & signé par les Prévôt des Marchands & Echevins susdits, le Mardi 24 Novembre 1750.